法考应试薄讲义（主客一体）理论法

觉晓法考组　编著

中国政法大学出版社

2024·北京

声　明　　1. 版权所有，侵权必究。

　　　　　　2. 如有缺页、倒装问题，由出版社负责退换。

图书在版编目（CIP）数据

法考应试薄讲义：主客一体. 理论法 / 觉晓法考组编著. -- 北京：中国政法大学出版社，2024.
12. -- ISBN 978-7-5764-1810-1
　Ⅰ．D92
中国国家版本馆 CIP 数据核字第 20249E4V38 号

出　版　者	中国政法大学出版社
地　　　址	北京市海淀区西土城路 25 号
邮寄地址	北京 100088 信箱 8034 分箱　邮编 100088
网　　　址	http://www.cuplpress.com（网络实名：中国政法大学出版社）
电　　　话	010-58908285(总编室) 58908433（编辑部）58908334(邮购部)
承　　　印	重庆天旭印务有限责任公司
开　　　本	787mm×1092mm　1/16
印　　　张	14.5
字　　　数	360 千字
版　　　次	2024 年 12 月第 1 版
印　　　次	2024 年 12 月第 1 次印刷
定　　　价	88.00 元

CSER 高效学习模型

觉晓坚持每年组建"**名师 + 高分学霸**"教学团队，按照 Comprehend（讲考点→理解）→ System（搭体系→不散）→ Exercise（刷够题→会用）→ Review（多轮背→记住）学习模型设计教学产品，让你不断提高学习效果。

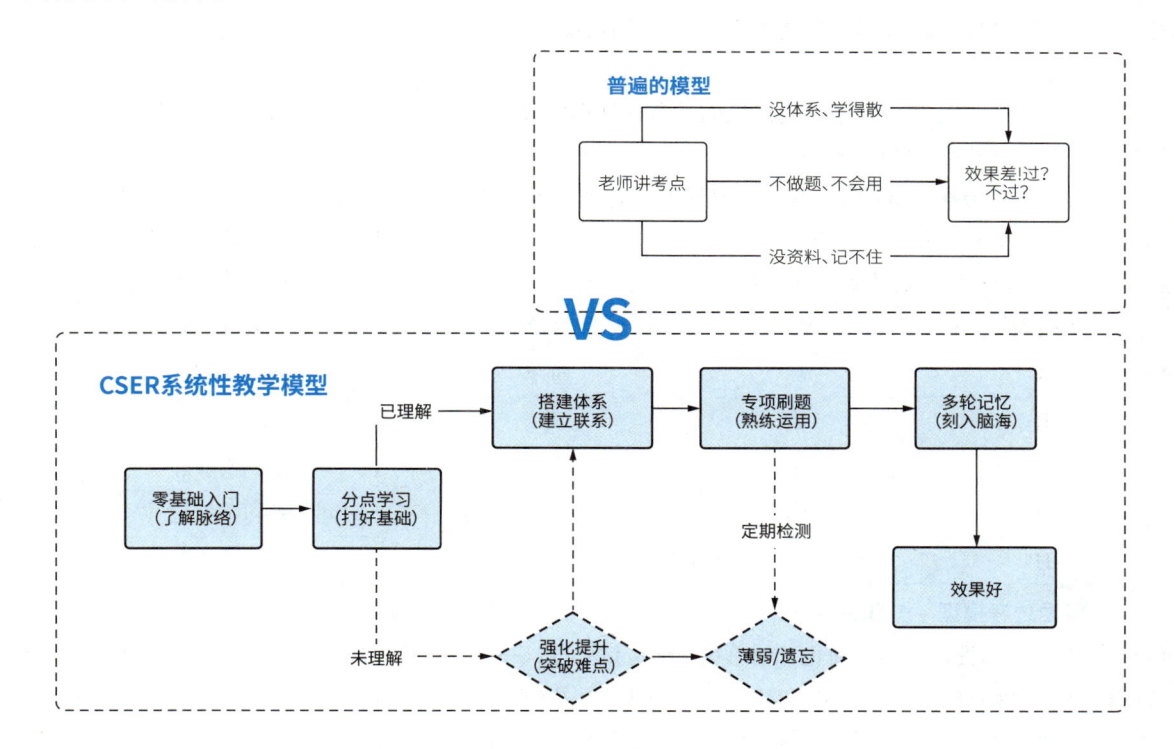

普遍的模型

老师讲考点 → 没体系、学得散 / 不做题、不会用 / 没资料、记不住 → 效果差!过？不过？

VS

CSER系统性教学模型

零基础入门（了解脉络）→ 分点学习（打好基础）→ 已理解 → 搭建体系（建立联系）→ 专项刷题（熟练运用）→ 多轮记忆（刻入脑海）→ 效果好

未理解 → 强化提升（突破难点）→ 薄弱/遗忘 ← 定期检测

前面理解阶段跟名师，但后面记忆应试阶段，"高分学霸"更擅长，这样搭配既能保证理解，又能应试；时间少的在职考生可以直接跟"学霸"学习高效应试。

同时，知识要成体系性，后期才能记住，否则学完就忘！因此，觉晓有**推理背诵图（推背图）、诉讼流程图**等产品，辅助你建立知识框架体系，后期可以高效复习！

KEEP AWAKE

坚持数据化学习

"觉晓法考"APP已经实现"学→练→测→背→评"全程线上化学习。在学习期间，觉晓会进行数据记录，自2018年APP上线，觉晓已经积累了上百万条数据，并有几十万真实考生的精准学习数据。

觉晓有来自百度、腾讯、京东等大厂的AI算法团队，建模分析过线考生与没过线考生的数据差异，建立"过考模型"，指导学员到底要听多少课，做多少题，正确率达到多少才能飘过或者稳过。

过考模型的应用层包括：

1. 完整的过考方案和规划： 内部班的过考规划和阶段目标，均按照过考模型稳过或过考标准制定；让学员花更少地时间，更稳得过线。

2. 精准的过考数据指标： 让你知道过线每日需要消耗的"热量、卡路里"，有标准，过线才稳！

3. 客观题知识图谱： 按往年180分、200分学员学习数据，细化到每个知识点的星级达标标准，并根据考频和考查难度，趋势等维度，将知识点划分为ABCDE类。还能筛选"未达标"针对提分。

知识类型	考频	难度	学习说明
A	高	简单	必须掌握
B	高	难	必须掌握（主+客）
C	中	简单	必须掌握
D	中	难	时间不够可放弃（主+客）
E	考频低或者很难、偏		直接放弃

4. 根据过考模型+知识图谱分级教学： BD类主客观都要考，主客融合一起学，E类对过考影响不大，可直接放弃，AC性价比高，简化背诵总结更能应试拿分，一些对过线影响不大的科目就减少知识点，重要的就加强；课时控制，留够做题时间，因为中后期做题比听课更重要！

5. AI智能推送查缺补漏包： 根据你学习的达标情况，精准且有效地推送知识点课程和题目，查漏补缺，让你的时间花得更有价值！

6. 精准预测过考概率（预估分）： 实时检测你的数据，对比往年相似考生数据模型，让你知道，你这样学下去，最后会考多少分！明确自己距离过线还差多少分，从而及时调整自己的学习状态。

注：觉晓每年都会分析当年考生数据，出具一份完整的过考模型数据分析报告，包括"客观题版""主客一体版""主观题二战版"，可以下载觉晓APP领取。

目 录 Contents

法理学

第一章 法的本体 ... 3
 第一节 法的概念 ... 3
 第二节 法的价值 ... 7
 第三节 法的要素 ... 9
 第四节 法的渊源 ... 16
 第五节 法的效力 ... 19
 第六节 法律部门与法律体系 ... 20
 第七节 法律关系 ... 21
 第八节 法律责任 ... 26

第二章 法的运行 ... 29
 第一节 立法 ... 29
 第二节 法的实施 ... 29
 第三节 法适用的一般原理 ... 33
 第四节 法律解释 ... 36
 第五节 法律推理 ... 39
 第六节 法律漏洞的填补 ... 41

第三章 法的演进 ... 43
 第一节 法的起源与历史类型 ... 43
 第二节 法的传统与法律文化 ... 44
 第三节 法系 ... 45
 第四节 法的现代化 ... 46
 第五节 法治理论 ... 47

第四章 法与社会 ... 49
 第一节 法与社会的一般理论 ... 49
 第二节 法与经济 ... 50
 第三节 法与政治 ... 51
 第四节 法与道德 ... 52
 第五节 法与宗教 ... 53

宪法学

第一章 宪法的基本理论 ... 56
第二章 政治、经济、文化、社会制度 ... 69
第三章 国家结构 ... 76
第四章 选举制度 ... 79
第五章 民族区域自治制度 ... 84
第六章 特别行政区制度 ... 86
第七章 基层群众自治制度 ... 91
第八章 公民的基本权利和义务 ... 94
第九章 全国人大及其常委会 ... 100
第十章 国家主席、国务院等其他国家机构 ... 105
第十一章 国家标志 ... 111
第十二章 立法制度 ... 112

中国法律史

第一章 西周 ... 119
第二章 春秋战国 ... 122
第三章 秦朝 ... 125
第四章 汉代 ... 129
第五章 魏晋南北朝 ... 132
第六章 隋唐 ... 134
第七章 宋元明清 ... 140
第八章 清末民初 ... 147
第九章 中国共产党民主政权宪法文件 ... 151
附录：中国法制史之最 ... 156

法律职业道德

第一章	司法制度与法律职业道德概述	158
第二章	审判制度与法官职业道德	164
第三章	检察制度与检察官职业道德	172
第四章	律师制度与律师职业道德	178
第五章	公证制度与公证员职业道德	187

习近平法治思想

第一章 习近平法治思想的形成发展及重大意义 193
 第一节 习近平法治思想的形成发展 193
 第二节 习近平法治思想的重大意义（重点）... 195

第二章 习近平法治思想的核心要义 197
 第一节 坚持党对全面依法治国的领导（重点）... 197
 第二节 坚持以人民为中心（重点）.................. 199
 第三节 坚持中国特色社会主义法治道路（重点）.................. 201
 第四节 坚持依宪治国、依宪执政（重点）...... 202
 第五节 坚持在法治轨道上推进国家治理体系和治理能力现代化（重点）.................. 204
 第六节 坚持建设中国特色社会主义法治体系（重点）.................. 206
 第七节 坚持依法治国、依法执政、依法行政共同推进，法治国家、法治政府、法治社会一体建设（重点）.................. 209
 第八节 坚持全面推进科学立法、严格执法、公正司法、全民守法（重点）.................. 212
 第九节 坚持统筹推进国内法治和涉外法治 215
 第十节 坚持建设德才兼备的高素质法治工作队伍（重点）.................. 216
 第十一节 坚持抓住领导干部这个"关键少数"... 218

第三章 习近平法治思想的实践要求 220
 第一节 充分发挥法治对经济社会发展的保障作用 220
 第二节 正确认识和处理全面依法治国一系列重大关系 222

法理学

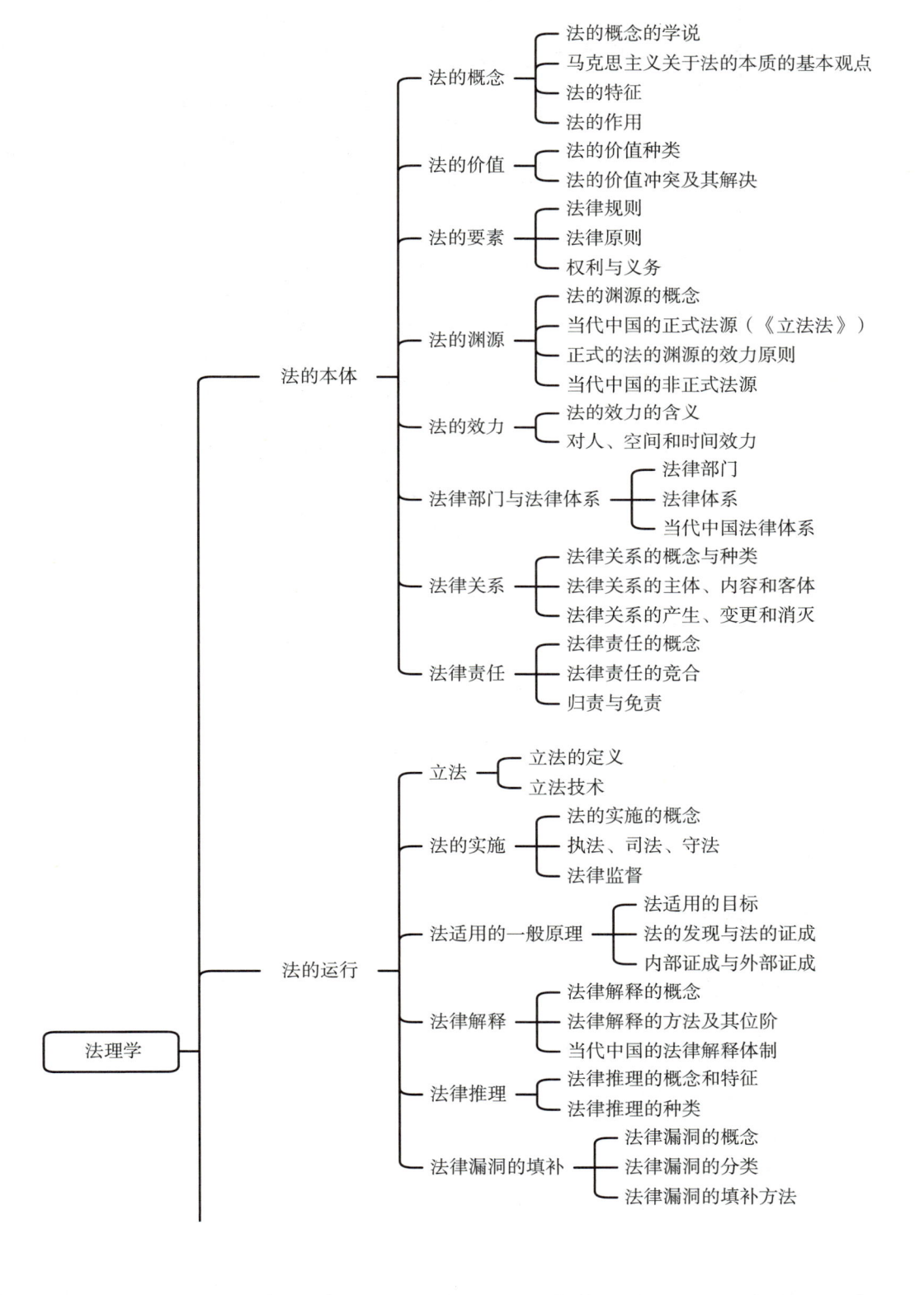

- 法理学
  - 法的本体
    - 法的概念
      - 法的概念的学说
      - 马克思主义关于法的本质的基本观点
      - 法的特征
      - 法的作用
    - 法的价值
      - 法的价值种类
      - 法的价值冲突及其解决
    - 法的要素
      - 法律规则
      - 法律原则
      - 权利与义务
    - 法的渊源
      - 法的渊源的概念
      - 当代中国的正式法源（《立法法》）
      - 正式的法的渊源的效力原则
      - 当代中国的非正式法源
    - 法的效力
      - 法的效力的含义
      - 对人、空间和时间效力
    - 法律部门与法律体系
      - 法律部门
      - 法律体系
      - 当代中国法律体系
    - 法律关系
      - 法律关系的概念与种类
      - 法律关系的主体、内容和客体
      - 法律关系的产生、变更和消灭
    - 法律责任
      - 法律责任的概念
      - 法律责任的竞合
      - 归责与免责
  - 法的运行
    - 立法
      - 立法的定义
      - 立法技术
    - 法的实施
      - 法的实施的概念
      - 执法、司法、守法
      - 法律监督
    - 法适用的一般原理
      - 法适用的目标
      - 法的发现与法的证成
      - 内部证成与外部证成
    - 法律解释
      - 法律解释的概念
      - 法律解释的方法及其位阶
      - 当代中国的法律解释体制
    - 法律推理
      - 法律推理的概念和特征
      - 法律推理的种类
    - 法律漏洞的填补
      - 法律漏洞的概念
      - 法律漏洞的分类
      - 法律漏洞的填补方法

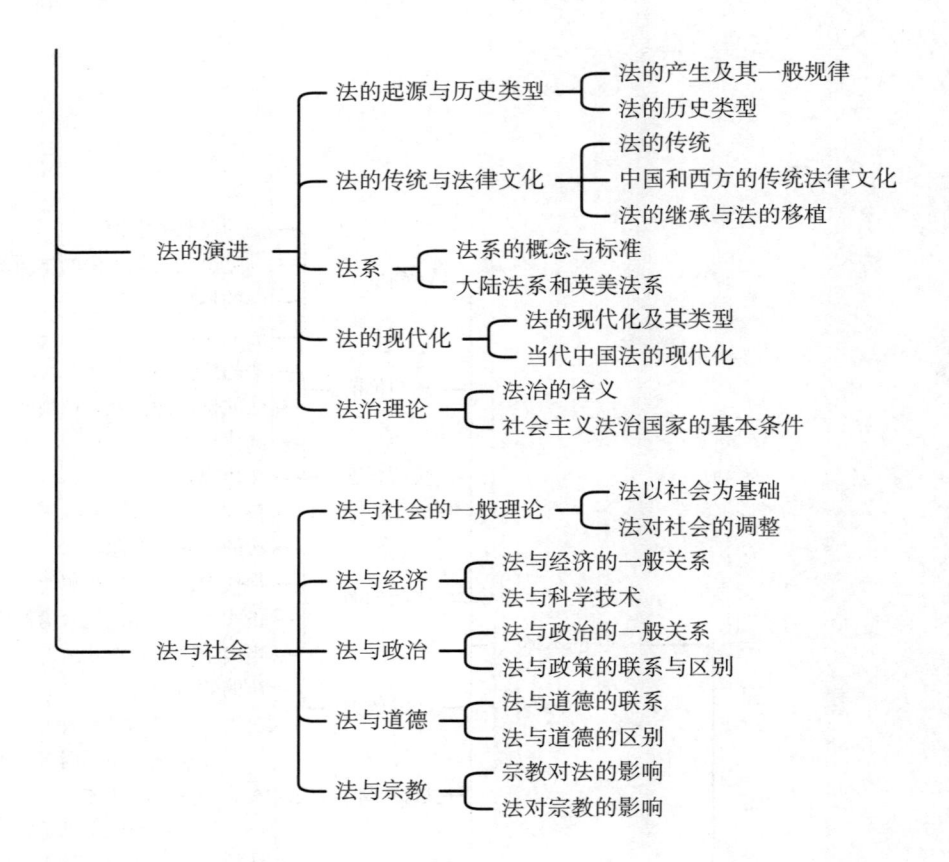

```
                              ┌─ 法的起源与历史类型 ─┬─ 法的产生及其一般规律
                              │                      └─ 法的历史类型
                              │                      ┌─ 法的传统
                              ├─ 法的传统与法律文化 ─┼─ 中国和西方的传统法律文化
                              │                      └─ 法的继承与法的移植
            ┌─ 法的演进 ──────┼─ 法系 ───────────────┬─ 法系的概念与标准
            │                 │                      └─ 大陆法系和英美法系
            │                 ├─ 法的现代化 ─────────┬─ 法的现代化及其类型
            │                 │                      └─ 当代中国法的现代化
            │                 └─ 法治理论 ───────────┬─ 法治的含义
            │                                        └─ 社会主义法治国家的基本条件
            │
            │                 ┌─ 法与社会的一般理论 ─┬─ 法以社会为基础
            │                 │                      └─ 法对社会的调整
            │                 ├─ 法与经济 ───────────┬─ 法与经济的一般关系
            └─ 法与社会 ──────┤                      └─ 法与科学技术
                              ├─ 法与政治 ───────────┬─ 法与政治的一般关系
                              │                      └─ 法与政策的联系与区别
                              ├─ 法与道德 ───────────┬─ 法与道德的联系
                              │                      └─ 法与道德的区别
                              └─ 法与宗教 ───────────┬─ 宗教对法的影响
                                                     └─ 法对宗教的影响
```

第一章 法的本体

第一节 法的概念

一、法的概念的学说【法的定义 C】

法概念争议的中心问题是法与道德的关系问题，因此问题区分出两种立场——实证主义与非实证主义。

实证主义	法与道德之间，或者说"实际上是怎样的法"与"应该是怎样的法"之间，不存在概念上的必然联系，反对用道德标准否定法的效力，即"恶法亦法"
	内部流派： 1. 分析法学：定义法的要素上，以权威性制定为主，社会实效为辅 2. 法社会学和法律现实主义：定义法的要素上，以社会实效为主，权威性制定为辅
非实证主义	法与道德相互联结，存在概念上的必然联系，主张法律必须符合道德，否则就将失去法的效力与权威，即"恶法非法"
	内部流派： 1. 古典自然法学：以内容的正确性（即道德）为唯一定义法的要素 2. 第三条道路：以权威性制定、社会实效和内容的正确性等三个方面作为定义法的要素 【总结：古典自然法学：道德是唯一要素 VS 第三条道路：三要素同时具备】

📝 判断分析

关于实证主义法学和非实证主义法学，下列说法不正确的是？（2013年第1卷第88题）[1]

A. 实证主义法学认为，在"实际上是怎样的法"与"应该是怎样的法"之间不存在概念上的必然联系【正确】

B. 非实证主义法学在定义法的概念时并不必然排除社会实效性要素和权威性制定要素【正确】

C. 所有的非实证主义法学都可以被看作是古典自然法学【错误，非实证主义法学派除了古典自然法学派，还包括综合法学等】

D. 仅根据社会实效性要素，并不能将实证主义法学派、非实证主义法学派和其他法学派（比如社会法学派）在法定义上的观点区别开来【正确】

---

[1] 由于改革后，客观题考两天有两卷【共200题】，每张试卷为乱序，并且司法部不公布试题答案，18年及以后的真题均为回忆版真题，无法区分具体哪天考察，真题题号规则直接对应觉晓App的题号规则，所以存在超过100题情况。

二、马克思主义关于法的本质的基本观点【法的本质 C】

首先反映：法的阶级性	法在阶级对立的社会中体现的国家意志是统治阶级的意志
	1. 法属于社会结构中的上层建筑，是人的有意识活动的产物
	2. 法体现的统治阶级的意志是由统治阶级的根本的整体的利益所决定的共同意志，而非某一个别意志或个别意志的简单相加
	3. 为了缓和阶级矛盾，法可能反映被统治阶级的某些愿望和要求
	4. 统治阶级的意志只有经过国家机关的特定程序才可能成为法【注意：统治阶级的意志可能表现为法，也可能表现为政策等】
最终反映：法的物质制约性	统治阶级意志的内容是由特定社会的物质生活条件决定的，即法的内容的最终决定因素是物质生活条件【注意：大部分法学家都承认法的内容受社会因素制约，只是马克思进一步看到最终决定因素是物质生活条件】
	1. 统治阶级不能为所欲为地制定与实施法，而必须以其所处的特定社会中的客观物质生活条件为根本，否则法就成了"无源之水"【总结：国家不是在创造法律，而只是在表述法律】
	2. 物质生活条件并非影响法的唯一要素，法律的具体内容还可能受到道德、宗教、习惯等其他非经济因素的影响

判断分析

马克思曾说："社会不是以法律为基础，那是法学家的幻想。相反，法律应该以社会为基础。法律应该是社会共同的，由一定的物质生产方式所产生的利益需要的表现，而不是单个人的恣意横行。"根据这段话所表达的马克思主义法学原理，下列哪一选项是正确的？（2007年第1卷第1题）

A. 强调法律以社会为基础，这是马克思主义法学与其他法学派别的根本区别【错误，社会法学派也特别重视社会对法律的制约作用】

B. 法律在本质上是社会共同体意志的体现【错误，马克思主义法学认为法律在本质上是统治阶级意志的体现】

C. 在任何社会，利益需要实际上都是法律内容的决定性因素【错误，法律内容的决定性因素并不是利益需要，而是社会物质生活条件】

D. 特定时空下的特定国家的法律都是由一定的社会物质生活条件所决定的【正确】

三、法的特征【法的特征 C】

规范性	法是调整人与人之间关系的社会规范，只针对人的行动，不针对思想
正式性	法是国家制定或认可的具有特定形式的社会规范
	1. 制定：国家立法机关按照法定程序创制新法
	2. 认可：国家通过特定方式承认其他社会规范具有法律效力
国家强制性	法以国家强制力为后盾保证实施【注意：任何社会规范都有强制性】
	1. 法的强制性是由国家暴力保证的，非自然力
	2. 法的强制性是一种"他律"：不管人们的内在动机，只强调外在行为是否符合法的规定
	3. 国家强制力是后盾：法的实施不一定必须依靠国家强制力，也会依靠社会舆论、法治观念和思想教育等手段

续表

普遍性	法是具有普遍性的社会规范
	1. 空间的普遍性：国家主权管辖范围内普遍有效
	2. 对象的普遍性：平等地对待一切人，要求法律面前人人平等【注意：不是事实平等，不意味着均等，不禁止合理区别】
	3. 普遍一致性：法律的内容始终具有与人类的普遍要求相一致的趋向
权利义务性	法是以权利和义务为内容的社会规范
	【注意：权利是目的，义务是手段，即权利本位】
程序性	法是强调程序、规定程序和实行程序的规范体系
	1. 道德、习惯等其他社会规范不具有程序性
	2. 政策、宗教等其他社会规范虽具有一定的程序性，但不如法明显、严格、正式
可诉性	法是一种必须被特定国家的法院适用的规范体系
	1. 可争讼性：当事人将法律作为起诉或应诉的依据
	2. 可裁判性：法院可以将法律作为司法裁判的直接依据【注意：可以说"道德、政策不具有可诉性"，但不能说"道德、政策不能作为裁判依据"】

判断分析

法是以国家强制力为后盾，通过法律程序保证实现的社会规范。关于法的这一特征，下列哪些说法是正确的？（2013年第1卷第55题）

A. 法律具有保证自己得以实现的力量【正确】

B. 法律具有程序性，这是区别于其他社会规范的重要特征【正确】

C. 按照马克思主义法学的观点，法律主要依靠国家暴力作为外在强制的力量【正确】

D. 自然力本质上属于法的强制力之组成部分【错误，法的强制性是由国家暴力保证的，自然力不是国家强制力的组成部分】

四、法的作用【法的规范作用B；法的社会作用E；法律作用的局限性A】

规范作用【对象为个体】	指引作用：法对行为人本人未发生行为具有引导作用
	1. 对象是"本人+未来的行为"
	2. 类别：
	（1）确定的指引，与义务性规则相关【"应为""勿为"】
	（2）不确定的指引，又称有选择的指引，与权利性规则相关【"可为"】
	评价作用：判断、衡量他人行为合法与否
	1. 对象是他人+已发生的行为，区别于指引作用
	2. 结论是合法与否，标准是法律
	例：A公司拒绝支付货款，被法院依据民法典评价为违约，民法典的相关条款发挥了评价作用。
	预测作用：预先估计人们相互之间的行为及行为后果【相互性+将来行为】
	例：法科生小姜对朋友咨询的小王故意杀人案，预测小王可能会被法院判15年，体现了法的预测作用

续表

规范作用 【对象为个体】	教育作用：通过法律实施对一般人的行为产生示范或示警作用 1. 对象是一般人 + 已发生的行为 2. 目的是促进公民法律意识，使其自觉遵守法律 例：楼某偷拿超市蔬菜，在超市保安问话过程中，楼某突发脑溢血，后其家人起诉要求超市赔偿16万元。法院审理后认为，楼某存在不诚信购物行为，过错在先，超市未对其实施侵权行为，且在其病发后处置措施得当，故驳回楼某家人的全部诉讼请求。该判决对老年人碰瓷事件具有教育作用，使得老年人及其家人明白碰瓷不是发财致富之道 强制作用：通过制裁违法犯罪行为来强制人们遵守法律 例：小王因故意杀人被判处死刑，体现了法的强制作用
社会作用 【对象为社会】	三领域：社会经济、政治生活、思想文化 两方向：维护阶级统治【政治职能】、执行社会公共事务【社会职能】
法律作用的局限性	1. 法律本身的局限性： （1）滞后性【法律的稳定性与社会变化之间存在矛盾，可能存在立法空白和漏洞】 （2）抽象性【法抽象性和个案具体性存在矛盾】 （3）模糊性【语言表达的局限】 2. 法律的调整范围有限 例：法律不调整恋爱关系 3. 法律以社会为基础，具有社会物质制约性，不可能超出社会需要制定法律 4. 法律是社会规范之一，也受其他社会规范、社会条件的制约 例：法律受道德的制约 【命题思路】学员在作答考查法的局限性题目时，需要明确一个论点"反对法律万能论"，建设法治国家不仅需要法治还需要德治。法律发挥的是主导作用，但不是唯一手段，需要结合道德、政策等其他规范，灵活运用法律解释、法律推理等技术，弥补法律的漏洞

判断分析

关于法的规范作用，下列哪一说法是正确的？（2014年第1卷第10题）

A. 陈法官依据诉讼法规定主动申请回避，体现了法的教育作用【错误，陈法官根据法律关于回避的规定作出申请回避的行为，体现了法的指引作用】

B. 法院判决王某的行为构成盗窃罪，体现了法的指引作用【错误，体现了法的强制作用和评价作用，而非指引作用】

C. 林某参加法律培训后开始重视所经营企业的法律风险防控，反映了法的保护自由价值的作用【错误，反映了法对秩序价值的保护，而非保护自由价值】

D. 王某因散布谣言被罚款300元，体现了法的强制作用【正确，罚款属于惩罚行为，法律通过罚款制裁王某的违法行为，体现了法的强制性】

第二节 法的价值

一、法的价值种类【秩序、自由、正义、人权 A】

秩序—基础价值	1. 含义：是指通过法律机构、法律规范、法律权威形成的稳定的法律状态 2. 秩序是法的基础价值：【最基础价值，但不是最高价值】 （1）其他法律价值都必须以秩序为基础【但秩序应当接受自由和正义价值的限制】 （2）秩序本身的性质决定了秩序是法的基础价值 3. 秩序本身不是目的：法促进和实现秩序价值，不能片面地以牺牲其他法的价值为代价，必须要考虑到其他法的价值
自由—最高价值	1. 含义：是指人能够依赖自己的理性、根据自己的意志作决定与行为选择 2. 法以自由为最高价值目标 3. 自由是评价法律进步与否的标准 4. 法律在限制自由时要遵循的原则： （1）伤害原则：任何人的自由不能伤害其他人的合法权利与利益。"伤害原则"的重大意义在于指出个人和社会的权利界限 例：民法典的侵权编即以伤害原则为基础确立 （2）家长主义原则（父爱主义）：法律为阻止相对人自我伤害，或为帮助个人增进其利益，可以不同程度地限制相对人的自由或权利 例：《中华人民共和国交通道路安全法》（以下简称《交通道路安全法》）规定司机开车上路必须系好安全带即以家长主义原则为基础确立 （3）道德主义原则：任何人的自由不能与特定社会的人们的主流道德相背离。此处的道德不是特定社会中任何个人或群体的道德，而是人们所共享的道德 例：《中华人民共和国民法典》（以下简称《民法典》）的公序良俗原则即以道德主义原则为基础 【经典言论】 法律的目的不是废除和限制自由，而是保护和扩大自由。这是因为在一切能够接受法律支配的人类的状态中，哪里没有法律，哪里就没有自由——【英】洛克 自由就是指有权从事一切无害于他人的行为。因此，各人的自然权利的行使，只以保证社会上其他成员能享有同样权利为限制。此等限制仅得由法律规定之——法国《人权宣言》
正义	1. 主要包括实体正义和程序正义【又称结果正义和过程正义】：程序正义以实体正义为目标，实体正义以程序正义为基础 2. 正义是法的评价体系和基本标准：只有合乎正义的法，才是真正的法 3. 作为法的价值的正义主要指分配正义，其遵循的原则： （1）无差别原则：即每一个人作为社会成员，享有相同的基本权利与义务 （2）差别原则：即指每个社会成员得到自己应得的份额，即按照每个社会成员的贡献进行分配，例如工资、奖金 （3）个人需求原则：对可能存在先天缺陷或者处于弱势地位的人给予特殊照顾，例如社会救济 例：《中华人民共和国劳动法》（以下简称《劳动法》）对怀孕妇女的特殊保护

续表

人权	1. 含义：是指每个人作为人应该享有或者实际享有的权利【注意：人权来自"人自身"，只要是人就应当享有人权】 2. 人权具有历史属性：人权的内容总是随着人类历史的发展而变化 3. 人权具有道德属性：人权在逻辑上先于法律权利，可以作为判断特定国家法律善恶的标准 4. 人权需要法律化：（1）仅作为道德权利的人权缺乏保障力量；（2）人权法律化意味着人权由自律转为他律，可以国家强制力保障其实现

⚖ 判断分析

1.关于法与人权的关系，下列选项不正确的是？（2020年公法卷仿真题）

A.人权必须被法律化，所有的人权在实际上都被法律化【错误，人权是一种道德权利，其次才是一种法律权利，并非所有的人权在实际上都被法律化】

B.人权不是天赋的，最终由一定的物质生活条件所决定【正确】

C.人权可以诊断现实社会生活中法律侵权的症结，从而提出相应的法律救济的标准和途径【正确】

D.按照马克思主义法学的观点，人权在本原上具有历史性【正确】

2.关于公平正义，下列哪一说法是正确的？（2012年第1卷第4题）

A.人类一切法律都维护公平正义【错误，法律有善法和恶法之分，并不是所有的法律都是公平正义的体现】

B.不同的时代秉持相同的正义观【错误，公平正义是一个历史性范畴。不同社会条件下，公平正义的实际内容及其实现方式和手段具有重要差异】

C.公平正义是一个特定的历史范畴【正确】

D.严格执法等于实现了公平正义【错误，公平正义要求正确处理法理与情理的关系，而不能一味地追求"严格执法"】

二、法的价值冲突及其解决【法的价值冲突的解决 A】

必然性	法的各种价值在特定时空条件下必然会发生碰撞、抵触，甚至冲突与矛盾。例如，秩序与自由、人权之间的冲突，自由与正义之间的冲突，人权与正义之间的冲突
发生层面	法的价值之间的抵触或冲突在事实层面发生，在抽象层面一般不会发生
价值冲突的解决原则	1. 价值位阶原则【适用于不同位阶的价值发生冲突的场合】：是指高低位阶不同的价值之间发生冲突的时候，优先保护高位阶价值，牺牲低位阶价值【注意：一般来说，自由＞正义＞秩序，但是在具体的法律中，自由、正义、秩序的排序可能会有不同】 2. 比例原则：指在一个具体的个案中，选择更具优先性或分量的价值，即为了保护更大的价值而必须牺牲较小的价值时，对后者的牺牲或损害应被控制在最小限度之内

⚖ 判断分析

1.临产孕妇黄某由于胎盘早剥被送往医院抢救，若不尽快进行剖宫产手术将危及母子生命。当时黄某处于昏迷状态，其家属不在身边，且联系不上。经医院院长批准，医生立即实施了剖宫产手术，挽救

了母子生命。该医院的做法体现了法的价值冲突的哪一解决原则？（2015年第1卷第9题）

A. 价值位阶原则【正确】

B. 自由裁量原则【错误，为了生命权牺牲了知情权、同意权，体现了价值位阶原则】

C. 比例原则【错误，理由同上】

D. 功利主义原则【错误，理由同上】

2. 秦某以虚构言论、合成图片的手段在网上传播多条"警察打人"的信息，造成恶劣影响，县公安局对其处以行政拘留8日的处罚。秦某认为自己是在行使言论自由权，遂诉至法院。法院认为，原告捏造、散布虚假事实的行为不属于言论自由，为法律所明文禁止，应承担法律责任。对此，下列哪一说法是正确的？（2017年第1卷第8题）

A. 相对于自由价值，秩序价值处于法的价值的顶端【错误，相对于自由价值，秩序不是法的价值的顶端】

B. 法官在该案中运用了个案平衡原则解决法的价值冲突【错误，不是个案平衡，而是价值位阶原则】

C. "原告捏造、散布虚假事实的行为不属于言论自由"仅是对案件客观事实的陈述【错误，法官的观点本身不仅是对案件事实的陈述，也是一种价值判断】

D. 言论自由作为人权，既是道德权利又是法律权利【正确】

第三节　法的要素

一、法律规则

法律规则是一种以一定的逻辑结构形式具体规定人们的法律权利、法律义务以及相应的法律后果的法律规范。

（一）法律规则的逻辑结构【法律规则的逻辑结构A】

	含义	做题判断标准
假定条件	规定在什么条件下可以适用该法律规则的部分，包括时间条件、空间条件、对象条件等 例：《民法典》第九百七十九条规定："管理人没有法定的或者约定的义务，为避免他人利益受损失而管理他人事务的，可以请求受益人偿还因管理事务而支出的必要费用……"中，"管理人没有法定的或者约定的义务，为避免他人利益受损失而管理他人事务的"是假定条件	1. 法律规则中出现"如果"的，"如果"引导的部分是假定条件 2. 法律规则中没有出现"如果"，可以改写成"如果"句式的部分是假定条件
行为模式	规定人们怎样具体行为的部分，包括： 1. 可为模式：以权利为内容，是人们"可以"怎样行为的模式 例：《民法典》第九百七十九条规定："……；管理人因管理事务受到损失的，可以请求受益人给予适当补偿。"中，"可以请求受益人给予适当补偿"是可为模式 2. 应为模式：以积极义务为内容，是人们"应当或必须"怎样行为的模式 例：《民法典》第六百二十条："买受人收到标的物时应该在约定的检验期内检验。……"中，"应该在约定的检验期内检验"属于应为模式	1. 法律规则中存在"可以""有权"等标志词的部分，是可为模式 2. 法律规则中存在"应当""必须"等标志词的部分，是应为模式 3. 法律规则中存在"不得""禁止"等标志词的部分，是勿为模式

续表

行为模式	3. 勿为模式，以消极义务为内容，是人们"禁止或不得"怎样行为的模式 例：《民法典》第三十五条第一款规定："……监护人除为维护被监护人利益外，不得处分被监护人的财产。"中，"不得处分被监护人的财产"是勿为模式	
法律后果	规定人们的行为符合或不符合行为模式时承担的相应结果，包括： 1. 合法后果：又称肯定式后果，是人们的行为符合行为模式时，法律予以肯定的结果 例：《刑法》第二十一条第一款规定："为了使国家、公共利益、本人或者他人的人身、财产和其他权利免受正在发生的危险，不得已采取的紧急避险行为，造成损害的，不负刑事责任。"中，"不负刑事责任"是合法后果 2. 违法后果：又称否定式后果，是人们的行为违反行为模式时，法律予以否定的结果 例：《刑法》第二百三十二条规定："故意杀人的，处死刑、无期徒刑或者十年以上有期徒刑；……"中，"处死刑、无期徒刑或者十年以上有期徒刑"是违法后果	1. 法律规则中具有"保护""许可""奖励"等肯定性含义的部分，是合法后果【注意：可为模式下皆为合法后果】 2. 法律规则中具有"制裁""不予保护""撤销""停止""要求补偿"等否定性含义的部分，是违法后果

⚖️ 判断分析

《中华人民共和国刑事诉讼法》（以下简称《刑事诉讼法》）第五十四条（现五十六条）规定："采用刑讯逼供等非法方法收集的犯罪嫌疑人、被告人供述和采用暴力、威胁等非法方法收集的证人证言、被害人陈述，应当予以排除。"表达了法律规则中的假定条件、行为模式和法律后果【错误，该条文只规定了假定条件和行为模式，没有规定法律后果】

（二）法律规则与法律条文【法律规则与法律条文A】

法律条文的分类	1. 规范性条文：直接表述法律规范，即直接表述法律规则和法律原则的条文 2. 非规范性条文：不直接表述法律规范，而是规定法律概念和法律技术的条文
表述法律规则的两种语句	1. 规范句（最常见的形式） 表达法律规则的语句往往是一种规范语句，包括命令句和允许句，前者直接使用"应当""不得"之类的道义助动词规定义务，后者使用"可以"之类的道义助动词规定权利 2. 陈述句（描述句） 法律规则也可以通过陈述语气或陈述句表达。这类语句虽然不直接使用道义助动词，但可以根据其语义推导出其规定的是权利还是义务 例：《民法典》第二十五条规定："自然人以户籍登记或者其他有效身份登记记载的居所为住所；……"属于陈述句
法律规则和法律条文区别	法律规则是法律条文的内容，法律条文是法律规则的表现形式，并不是所有的法律条文都直接规定法律规则，也不是每一个条文都完整地表述一个规则或只表述一个法律规则

第一章 法的本体

具体情形	1. 一个完整的法律规则由数个法律条文来表述
	2. 法律规则的内容分别由不同规范性法律文件的法律条文来表述
	3. 一个条文表述不同的法律规则或其要素
	4. 法律条文仅规定法律规则的某个要素或若干要素

判断分析

下列关于法律规则、法律原则和法律条文的说法，错误的是？（2018年公法卷仿真题）

B. 法律条文既可以表达法律规则，也可以表达法律原则，还可以表达规则或原则以外的内容，而规范性条文就是直接表达法律规则的条文【错误，规范性条文的内容不一定是法律规则，也可能是法律原则】

D. 法律规则与法律条文的关系为内容与形式的关系，因此，法律规则既可以通过法律条文来表达，也可以通过法律条文以外的形式来表达，典型如判例和习惯【正确】

（三）法律规则的分类【法律规则的分类 B】

分类标准	类别		判断方法【做题技巧】
内容规定 【行为模式】	授权性规则		规定可以作出或不作出一定行为的规则，以"有权""享有""可以"等为标志词 例：《民法典》第二百四十条规定："所有权人对自己的不动产或者动产，依法享有占有、使用、收益和处分的权利。"
	义务性规则	命令性规则	规定积极义务，要求必须作出某种行为的规则，以"必须""有义务""应（当）"等为标志词 例：《民法典》第二百九十条规定："不动产权利人应当为相邻权利人用水、排水提供必要的便利；……"
		禁止性规则	规定消极义务，要求不得作出某种行为的规则，以"禁止""不准""不得"等为标志词 例：《民法典》第二百四十一条规定："……用益物权人、担保物权人行使权利，不得损害所有权人的权益。"
内容的确定性程度	确定性规则		规定的内容已经明确，无须参照或制定其他规定的规则 法律条文中规定的法律规则多属此类
	委任性规则		规定的内容尚未确定，而由特定机关另行予以确定的规则 例：《中华人民共和国道路运输条例》（以下简称《道路运输条例》）第八十一条规定："出租车客运和城市公共汽车客运的管理办法由国务院另行规定。"
	准用性规则		没有规定具体内容，需要援引或参照其他规定确定的规则 例：《民法典》第三百一十一条第三款规定："当事人善意取得其他物权的，参照适用前两款规定。"
对行为的限定程度	强行性规则		具有强制性质，规定人们必须遵守内容的规则 义务性规则 = 强行性规则
	任意性规则		规定人们可以在一定范围内选择或协商的规则 授权性规则 = 任意性规则

【注意：某个条文表述的法律规则可能会归于多类，如属于义务性规则的法律规则通常也属于强行性规则。条文表述的法律规则也可能是混合性规则，要避免以偏概全】

判断分析

我国《民法典》第六百一十七条规定："出卖人交付的标的物不符合质量要求的，买受人可以依据本法第五百八十二条至第五百八十四条的规定请求承担违约责任。"下列哪一选项符合这一规定的表述？（2018年公法卷仿真题）

A. 授权性规则和委任性规则【错误，从内容是否确定的角度，当事人的权利内容需要援引、参考其他法条才能明确，属于准用性规则，而非委任性规则】

B. 命令性规则和准用性规则【错误，权利受到损害的买受人有权要求对方承担违约责任，是以权利为内容的规定，属于授权性规则，而非命令性规则】

C. 授权性规则和准用性规则【正确】

D. 任意性规则和委任性规则【错误，理由同A项】

二、法律原则

法律原则是一种为法律规则提供某种基础或本源的综合性、指导性的原理或价值准则的法律规范。

《民法典》基本原则	《中华人民共和国刑法》（以下简称《刑法》）基本原则	《中华人民共和国行政诉讼法》（以下简称《行政诉讼法》）基本原则
第四条 民事主体在民事活动中的法律地位一律平等 第五条 民事主体从事民事活动，应当遵循自愿原则，按照自己的意思设立、变更、终止民事法律关系 第六条 民事主体从事民事活动，应当遵循公平原则，合理确定各方的权利和义务 第七条 民事主体从事民事活动，应当遵循诚信原则，秉持诚实，恪守承诺 第八条 民事主体从事民事活动，不得违反法律，不得违背公序良俗 第九条 民事主体从事民事活动，应当有利于节约资源、保护生态环境	第三条 法律明文规定为犯罪行为的，依照法律定罪处刑；法律没有明文规定为犯罪行为的，不得定罪处刑。 第四条 对任何人犯罪，在适用法律上一律平等。不允许任何人有超越法律的特权 第五条 刑罚的轻重，应当与犯罪分子所犯罪行和承担的刑事责任相适应	第四条 人民法院依法对行政案件独立行使审判权，不受行政机关、社会团体和个人的干涉…… 第五条 人民法院审理行政案件，以事实为根据，以法律为准绳 第六条 人民法院审理行政案件，对行政行为是否合法进行审查 第七条 人民法院审理行政案件，依法实行合议、回避、公开审判和两审终审制度 第八条 当事人在行政诉讼中的法律地位平等 第十条 当事人在行政诉讼中有权进行辩论 第十一条 人民检察院有权对行政诉讼实行法律监督

（一）法律原则的种类【法律原则的种类C】

公理性原则和政策性原则（按照法律原则产生的基础不同）	1. 公理性原则，即由法律原理（法理）构成的原则，是由法律上之事理推导出来的法律原则，是严格意义的法律原则，如法律平等原则、诚实信用原则、等价有偿原则、无罪推定原则、罪刑法定原则等，它们在国际范围内具有较大的普适性

续表

公理性原则和政策性原则（按照法律原则产生的基础不同）	2. 政策性原则是一个国家或民族出于一定的政策考量而制定的，如我国《中华人民共和国宪法》（以下简称《宪法》）中规定的"依法治国，建设社会主义法治国家"的原则，"国家实行社会主义市场经济"的原则等。政策性原则具有针对性、民族性和时代性
基本原则和具体原则（按照法律原则对人的行为及其条件之覆盖面的宽窄和适用范围大小）	1. 基本法律原则是整个法律体系或某一法律部门所适用的、体现法的基本价值的原则，如宪法所规定的各项原则 2. 具体法律原则是在基本原则指导下适用于某一法律部门中特定情形的原则，如（英、美）契约法中的要约原则和承诺原则、错误原则等
实体性原则和程序性原则（按照法律原则涉及的内容和问题不同）	1. 实体性原则是指直接涉及实体法问题（实体性权利和义务等）的原则，例如，宪法、民法、刑法、行政法中所规定的多数原则属于此类 2. 程序性原则是指直接涉及程序法（诉讼法）问题的原则，如诉讼法中规定的"一事不再理"原则、辩护原则、非法证据排除原则、无罪推定原则等

（二）法律原则与法律规则的区别【法律原则与法律规则的区别 A】

	法律原则	法律规则
内容	1. 既关注主体行为与条件的共性，又关注个别性，要求笼统模糊 2. 为法官的自由裁量留下了一定的余地	1. 关注主体行为与条件的共性，要求明确具体 2. 限制法律适用上的"自由裁量"
适用范围	具有宏观的指导性，比法律规则宽广	只适用于某一类型的行为
适用方式	多个原则通过权衡"强度"应用于个案【总结：可以同时适用，只是分量不同】	以"全有或全无"的方式应用于个案【总结：要么适用，要么不适用】

【注意：法律原则也限制法官的自由裁量，只是程度比法律规则低。之所以说法律原则关注行为与条件的个别性，是因为法律原则规定得比较抽象，要结合具体案情才能确定相关原则的情形】

判断分析

1. 2011 年，李某购买了刘某的一套房屋，准备入住前从他处得知该房内两年前曾发生一起凶杀案。李某诉至法院要求撤销合同。法官认为，根据我国民俗习惯，多数人对发生凶杀案的房屋比较忌讳，被告故意隐瞒相关信息，违背了诚实信用原则，已构成欺诈，遂判决撤销合同。关于此案，下列哪些说法是正确的？（2015 年第 1 卷第 56 题）

A. 不违背法律的民俗习惯可以作为裁判依据【正确】

B. 只有在民事案件中才可适用诚实信用原则【错误，诚实信用原则不仅适用于民事案件，还可以适用于其他案件】

C. 在司法判决中，诚实信用原则以全有或全无的方式加以适用【错误，法律原则并非以"全有或全无"的方式加以适用的】

D. 诚实信用原则可以为相关的法律规则提供正当化基础【正确】

2. 法谚云："一切规则皆有例外，例外也明示原则。"对这一说法的解释，下列说法不正确的是？（2020 年公法卷仿真题）

A. 规则为原则之例外【错误，法律规则属于法律原则内容的具体化的结果】

B. 规则有漏洞，原则无歧义【错误，法律原则的内容宽泛抽象，并不是没有歧义】

C. 规则乃共通规则，原则系特别规则【错误，原则乃共通规则，规则系特别规则】

D. 规则具化原则，原则证成规则【正确】

（三）法律原则的适用条件【法律原则的适用条件 C】

	具体内容	总结
穷尽法律规则	只有不存在可供适用法律规则时，才可以用法律原则填补漏洞。即使存在法律规则的例外情况，除非有非常强的理由，否则不能以法律原则否定法律规则 【注意：法律规则能最大程度实现法的安定性和权威性】	无规则可用 （规则有漏洞）
实现个案正义	只有当某个法律规则适用于个案会导致极端的、不可容忍的、非正义的裁判结果时，法官才能舍弃法律规则而直接适用法律原则 【注意：在法的安定性和合目的性之间应首选安定性】	极端不正义 （规则太僵硬）
提供更强理由	判断是否满足第二个条件，即是否极端违背正义是很困难的。如果为了实现个案正义适用法律原则，就必须提供比适用法律规则更强的理由 【注意：在已经存在相应法律规则的前提下，如果适用法律原则的理由只是和适用法律规则的理由分量相当甚至更低，那就缺乏逻辑和说服力】	更强的理由 （论证义务）

判断分析

1. 关于法律原则的适用，下列哪些选项是错误的？（2008 年第 1 卷第 51 题）

A. 案件审判中，先适用法律原则，后适用法律规则【错误，在一般情况下，应当先适用法律规则】

B. 案件审判中，法律原则都必须无条件地适用【错误，除非为了实现个案正义，否则不得舍弃法律规则而直接适用法律原则】

C. 法律原则的适用可以弥补法律规则的漏洞【正确】

D. 法律原则的适用采取"全有或全无"的方式【错误，法律原则的适用方式不同于法律规则，它不是像后者那样采取"全有或全无"的方式】

2. 新郎经过紧张筹备准备迎娶新娘。婚礼当天迎亲车队到达时，新娘却已飞往国外，由其家人转告将另嫁他人，离婚手续随后办理。此事对新郎造成严重伤害。法院认为，新娘违背诚实信用和公序良俗原则，侮辱了新郎人格尊严，判决新娘赔偿新郎财产损失和精神抚慰金。关于本案，下列哪些说法可以成立？（2014 年第 1 卷第 52 题）

A. 由于缺乏可供适用的法律规则，法官可依民法基本原则裁判案件【正确】

D. 只有依据法律原则裁判的情形，法官才需提供裁判理由【错误，裁判理由是任何裁判都需要提供的，"只有"说法过于绝对】

3. 法谚云："原则不容许反对或否认"，下列说法中正确的是？（2024 年公法卷仿真题）

A. 原则在个案中适用，不影响其他原则【正确】

B. 原则之间不能否认和冲突【错误，不同的法律原则具有不同的"强度"，这些不同强度的原则甚至冲突的原则都可能存在于一部法律之中】

C. 规则不能和任何原则相冲突【错误，法律原则之间存在冲突，原则也有可能会有例外】

D. 原则可否认规则【错误，原则不能影响规则的适用，更不能否认规则】

三、法律概念

内涵	法律概念指任何具有法律意义的概念，既包括法律特有的概念如"法人""债权"，也包括来自日常生活但有法律意义的概念如"故意""过失"
分类	1. 根据定义要素是否清晰，分为确定性概念（如"未成年人"）与不确定性概念（如"情节严重"）； 2. 根据概念的功能，分为描述性概念（如"自然灾害"）、评价性概念（如"正当防卫"）、论断性概念（如"宣告死亡"）等

四、权利与义务【法律权利与义务的分类 A；法律权利与义务的关系 A；法律权利与义务的语义类型 E】

分类	1. 基本权利义务和普通权利义务（根据根本法与普通法律规定的不同） （1）基本权利义务是宪法所规定的人们在国家政治生活、经济生活、文化生活和社会生活中的根本权利和义务 （2）普通权利义务是宪法以外的普通法律所规定的权利和义务 2. 绝对权利义务与相对权利义务（根据相对应的主体范围） （1）绝对权利和义务又称"对世权利"和"对世义务"，是对应不特定的法律主体的权利和义务 （2）相对权利和义务又称"对人权利"和"对人义务"，是对应特定的法律主体的权利和义务
联系	1. 从结构上看，两者是紧密联系、不可分割的。一方的存在和发展都必须以另一方的存在和发展为条件 2. 从数量上看，两者的总量是相等的 3. 从产生和发展上看，两者经历了一个浑然一体到分裂对立再到相对一致的过程 4. 从价值上看，权利和义务代表了不同的法律精神，它们在历史上受到重视的程度有所不同，因而两者在不同国家的法律体系的地位是有主次之分的
语义类型	权利	1. 语义类型： （1）主张权：可以要求他人做或不做某些行为（针对他人）； （2）自由权：可以自主决定自己做或不做某些行为（针对自己）； （2）权力权：拥有使法律关系发生变化的能力（针对法律关系）。 2. 阶层划分： （1）一阶权利：主张权和自由权 （2）二阶权利：权力权
	义务	（1）职责性义务：对应一阶权利，即有义务做或不做某些行为； （2）服从性义务：对应二阶权利，即服从法律地位或法律关系的改变。

⚖ 判断分析

许某与妻子林某协议离婚，约定 8 岁的儿子小虎由许某抚养，林某可随时行使对儿子的探望权，许某有协助的义务。离婚后两年间林某从未探望过儿子，小虎诉至法院，要求判令林某每月探视自己不少于 4 天。对此，下列说法正确的是？（2017 年第 1 卷第 89 题）

A. 依情理林某应探望儿子，故从法理上看，法院可判决强制其行使探望权【错误，探望权这种与人

身性质密切相连的内容，不适用于强制执行】

  B.从理论上讲，权利的行使与义务的履行均具有其界限【正确】

  C.林某的探望权是林某必须履行一定作为或不作为的法律约束【错误，探望权原则上应当认为是林某的权利，并非法律上的义务】

  D.许某的协助义务同时包括积极义务和消极义务【正确】

第四节　法的渊源

一、法的渊源的概念【法的正式渊源 B；法的非正式渊源 A】

定义	法的渊源，是指特定法律共同体所承认的具有法的约束力或具有法律说服力并能够作为法律人的法律决定之大前提的规范或准则来源的那些资料，如制定法、判例、习惯、法理等
分类	正式的法的渊源 1.含义：具有明文规定的法律效力并且直接作为法律人的法律决定的大前提的规范来源的那些资料 例：国际条约、宪法、法律、法规等 2.地位：应被优先考虑和适用
	非正式的法的渊源 1.含义：指不具有明文规定的法律效力，但具有法律说服力并能够构成法律人的法律决定的大前提的准则来源的那些资料 例：理性原则、政策、道德、乡规民约、社团规章等 2.地位：辅助正式渊源运用；弥补正式渊源漏洞

二、当代中国的主要正式法源【《中华人民共和国立法法》（以下简称《立法法》）】

宪法	1.是根本大法，具有最高的法律效力
	2.全国人大及其常委会监督宪法的实施，全国人大常委会解释宪法
	3.我国《宪法》未司法化
法律	1.基本法律，即由全国人大制定和修改的刑事、民事、国家机构和其他方面的规范性文件，如刑法、刑事诉讼法等
	2.基本法律以外的其他法律，是由全国人大常委会制定和修改的规范性文件，如文物保护法、商标法等
	3.在全国人大闭会期间，全国人大常委会也有权对全国人大制定的法律在不同该法律基本原则相抵触的条件下进行部分补充和修改
	4.全国人大可以授权全国人大常委会制定相关法律
行政法规	1.指国家最高行政机关即国务院所制定的规范性文件，其法律地位和效力仅次于宪法和法律
	2.国务院制定的行政法规，不得与宪法和法律相抵触
	3.全国人大常委会有权撤销国务院制定的同宪法、法律相抵触的行政法规、决定和命令
监察法规	国家监察委制定

第一章　法的本体

续表

地方性法规	1. 具有立法权的地方人大及其常委会根据本行政区域的具体情况和实际需要，依法制定的在**本行政区域内**具有法的效力的规范性文件
	2. **省、自治区、直辖市**以及**设区的市**和**自治州**的**人民代表大会及其常委会**有权制定地方性法规
	3. 地方性法规，在不同宪法、法律、行政法规相抵触的前提下才有效
自治条例和单行条例	1. 民族自治地方的人民代表大会有权依照当地民族的政治、经济和文化的特点，制定自治条例和单行条例
	2. 自治区的自治条例和单行条例，报**全国人民代表大会常务委员会批准后生效**
	3. 民族自治法规只在**本自治区域内**有效
规章	1. 包括**部门规章**和**地方政府规章**
	2. 部门规章是指**国务院各部、委员会、中国人民银行、审计署**和**具有行政管理职能的直属机构以及法律规定的机构**根据法律和国务院的行政法规、决定、命令在本部门的权限内制定的规章
	3. 地方政府规章是指**省、自治区、直辖市和设区的市、自治州人民政府**根据法律、行政法规和本省、自治区、直辖市的地方性法规制定的规章
国际条约、国际惯例	1. 国际条约是指我国作为国际法主体同外国缔结的双边、多边协议和其他具有条约、协定性质的文件
	2. 国际惯例是指以国际法院等各种国际裁决机构的判例所体现或确认的国际法规则和国际交往中形成的共同遵守的不成文的习惯
	3. 国际条约和国际惯例的法的效力。例：《民用航空法》第一百八十四条规定："中华人民共和国缔结或者参加的国际条约**同本法有不同规定的，适用国际条约的规定**；但是，**中华人民共和国声明保留的条款除外**。中华人民共和国法律和中华人民共和国缔结或者参加的国际条约**没有规定的，可以适用国际惯例**"

三、正式的法的渊源的效力原则

不同位阶	1. **上位法优于下位法**
	2. 如果上位法和下位法不抵触，则优先使用下位法
同一位阶	1. **特别法优于一般法；新法优于旧法**
	2. **例外：新的一般法**与**旧的特别法冲突，报有关机关裁决**
位阶交叉	1. 自治条例和单行条例依法对法律、行政法规、地方性法规作变通规定的，在本自治地方适用自治条例和单行条例的规定
	2. 经济特区法规根据授权对法律、行政法规、地方性法规作变通规定的，在本经济特区适用经济特区法规的规定
	3. 地方性法规、规章之间不一致时，由有关机关依照下列规定的权限作出裁决： （1）**同一机关**制定的新的一般规定与旧的特别规定**不一致**时，由**制定机关裁决**

	续表
位阶交叉	（2）地方性法规与部门规章之间对同一事项的规定不一致，不能确定如何适用时，由国务院提出意见，国务院认为应当适用地方性法规的，应当决定在该地适用地方性法规的规定；认为应当适用部门规章的，应当提请全国人民代表大会常务委员会裁决 （3）部门规章之间、部门规章与地方政府规章之间对同一事项的规定不一致时，由国务院裁决 （4）根据授权制定的法规与法律规定不一致，不能确定如何适用时，由全国人民代表大会常务委员会裁决

📌 判断分析

1995年颁布的《保险法》第九十一条规定："保险公司的设立、变更、解散和清算事项：本法未作规定的，适用公司法和其他有关法律、行政法规的规定。"2009年修订的《保险法》第九十四条规定："保险公司，除本法另有规定外，适用《中华人民共和国公司法》的规定。"根据法的渊源及其效力原则，下列理解正确的是？（2012年第1卷第88题）

A. 相对于《公司法》规定而言，《保险法》对保险公司所作规定属于"特别法"【正确】

B.《保险法》对保险公司的规定不同于《公司法》的，优先适用《保险法》【正确】

C.《保险法》对保险公司没有规定的，适用《公司法》【正确】

四、当代中国的非正式法源

适用情形	1. 没有正式法源【禁止拒绝裁判原则】 2. 适用正式法源可能导致个案不正义 3. 一种正式法源可能会产生两种解释的不确定性 【非正式法源特定情况下可以单独作为民商事案件判案根据，刑事案件受罪刑法定原则限制，往往无法发挥非正式法源填补漏洞的价值】
具体形式	1. 习惯：社会习惯、共同理性的体现、不得违背公序良俗 2. 判例或指导性案例（最高司法机关发布）：可以弥补制定法的不足。一方面，判例或指导性案例是当代中国的一种非正式的法的渊源；另一方面，作为非正式的法的渊源的指导性案例只能由最高人民法院发布 3. 党的政策、国家政策

📌 判断分析

关于非正式法源，下列哪些选项是正确的？（2008年第1卷第52题）

A. 它具有一定的说服力【正确】

B. 它可以弥补正式法源的漏洞【正确】

C. 它没有正式的法律效力，司法机关不能以它作为裁判案件的理由【错误，非正式的法的渊源可以弥补正式法源的漏洞，具有法律意义，司法机关可以以它作为裁判案件的理由】

D. 它具有法律意义【正确】

第五节　法的效力【法的对人效力、时间效力和空间效力 A】

含义	1. 广义的法的效力，是指所有法律文件的效力，无论是规范性法律文件还是非规范性法律文件，均具有法律效力
	2. 狭义的法的效力，仅指规范性法律文件的效力
对人效力	法对人的效力，是指法律对谁有效力，适用于哪些人。存在四种对人的效力的原则：
	1. 属人主义，即法律只适用于本国公民，无论其身在国内还是国外；非本国公民即便身在该国领域内也不适用
	2. 属地主义，法律适用于该国管辖地区内的所有人，无论是否本国公民，都受法律约束和法律保护；本国公民不在本国，则不受本国法律的约束和保护
	3. 保护主义，即以维护本国利益作为是否适用本国法律的依据。任何侵害了本国利益的人，无论其国籍和所在地域，都要受该国法律的追究
	4. 折中主义，以属地主义为主，与属人主义、保护主义相结合
空间效力	法的空间效力，是指法在哪些地域有效力，适用于哪些地区
	一国法律适用于该国主权范围所及的全部领域
	一国法律除了域内效力之外，其中的某些法律还具有域外效力
时间效力	法的时间效力，是指法何时生效、何时失效以及法对其生效以前的事件和行为有无溯及力
	1. 法的生效时间。法律的生效时间主要有三种： （1）自法律公布之日起生效 （2）由该法律规定具体生效时间 （3）规定法律公布后符合一定条件时生效
	2. 法的失效时间。法的失效，即法被废止，指法的效力消灭 （1）明示的废止，即在新法或其他法律文件中明文规定废止旧法 （2）默示的废止，即在适用法律过程中出现新法与旧法冲突时，适用新法而使旧法事实上被废止
	3. 法的溯及力。它也被称为法溯及既往的效力，是指法对其生效以前的事件和行为具有约束力 （1）原则：一般不溯及既往，原因是法律具有普遍性和可预测性，不能以今天的规则要求昨天的行为 （2）例外：刑法适用"从旧兼从轻"原则，即新法原则上不溯及既往，但新法不认为犯罪或处罚较轻的，适用新法，又称为"有利原则"；在某些民事权利的法律中，有可能溯及既往

判断分析

《中华人民共和国刑法》第八条规定："外国人在中华人民共和国领域外对中华人民共和国国家或者公民犯罪，而按本法规定的最低刑为三年以上有期徒刑的，可以适用本法，但是按照犯罪地的法律不受

处罚的除外。"关于该条文，下列哪些判断是正确的？（2012年第1卷第52题）

A. 规定的是法的溯及力【错误，题目中条文规定的是法的对人效力，与时间效力没有关系】

B. 规定的是法对人的效力【正确】

C. 体现的是保护主义原则【正确】

D. 体现的是属人主义原则【错误，本题中规定的是刑法对外国公民的适用，不是属人主义的体现】

第六节 法律部门与法律体系

一、法律部门【法律部门的概念及划分标准 C】

含义	法律部门，又称部门法，是根据一定标准和原则对一国现行的全部法律规范进行划分所形成的同类法律规范的总称
法律部门与规范性法律文件关系	1. 有的法律部门的名称与该部门基本的规范性法律文件的名称一致，如作为一个法律部门的"刑法"和作为一个规范性文件的《刑法》 2. 刑法部门的规范并不仅仅表达于《刑法》之中，还被表达在其他规范性法律文件中 3. 某些规范性法律文件中并非仅仅包含单一法律部门的规范，可能还包含属于其他法律部门的规范
划分标准	1. 主要标准→调整对象【调整的社会关系的性质和种类】 2. 辅助标准→调整方法
公法、私法与社会法	1. 公法与私法的划分，最早由古罗马法学家乌尔比安提出，是大陆法系国家基本的法律部门分类 2. 公法：旨在限制国家权力，法无授权即禁止，我国公法部门包括宪法、行政法、刑法、诉讼法等 3. 私法：旨在保障公民权利，法无禁止即自由，我国私法部门包括民法、商法等 4. 社会法：随着"法律社会化"，产生了公私法融合的现象，形成了社会法，我国社会法部门包括劳动合同法、社会保障法等

二、法律体系【法律体系的概念和特征 C】

定义	将一国全部现行有效的法律规范划分为不同的法律部门而形成的内部和谐一致、有机联系的整体
特征	1. 现行法：不包括已废止、未生效或者未制定的法律 2. 国内法：不包括完整意义上的国际公法，但包括国际私法 3. 构成法律体系的要素是法律部门而不是规范性文件，法律部门的构成要素是法律规范不是法律条文

三、当代中国法律体系

宪法及宪法相关法	作为部门法的宪法主要调整的是国家与公民之间的关系，它划分了国家的权力、义务与公民的权利、义务之间的界限，因此，它是由有关国家机关的组织与结构、公民在国家中的地位等方面的法律规范所构成的
行政法	行政法是调整国家行政机关与行政管理相对人之间因行政管理活动而产生的社会关系的法律规范的总称。它规定了行政机构的组织、职能、权限和职责
民商法	民法和商法两部分构成。民法所调整的事务或社会关系是人作为私人的领域的事务或关系。商法是调整商事主体之间的商事关系的法律规范的总称
经济法	经济法是调整国家从社会整体利益出发对经济活动实行干预、管理或调控所产生的社会经济关系的法律规范的总称
社会法	社会法是指调整有关劳动关系、社会保障和社会福利关系的法律规范的总称
刑法	刑法是规定犯罪和刑罚的法律规范的总称
诉讼与非诉讼程序法	诉讼与非诉讼程序法是指调整因诉讼活动和以非诉讼方式解决纠纷的活动而产生的社会关系的法律规范的总称

判断分析

关于法的渊源和法律部门，下列哪些判断是正确的？（2011年第1卷第51题）

A. 自治条例和单行条例是地方国家权力机关制定的规范性文件【正确】

B. 行政法部门就是由国务院制定的行政法规构成的【错误，行政法部门是调整行政法律关系的法律规范的总和，包括法律、行政法规、地方性法规等，而不仅仅限于行政法规】

C. 国际公法是中国特色社会主义法律体系的组成部分【错误，中国特色社会主义法律体系由国内法组成，不包括国际公法】

D. 划分法律部门的主要标准是法律规范所调整的社会关系【正确】

第七节 法律关系

一、法律关系的概念与种类

（一）定义与特征【法律关系的概念和特征E】

定义	法律关系是法律规范在调整社会关系的过程中形成的特定主体之间的权利义务关系
特征	1. 合法性：依据法律规范建立的社会关系才是法律关系，并非所有社会关系都受法律调整 2. 意志性：必然体现国家意志，因为法律关系建立的依据即法律规范，体现国家意志，也可能体现当事人意志 3. 权利义务性：法律关系以权利义务为内容

（二）分类【法律关系的种类 C】

分类依据	类别	特点
法律关系产生的依据、执行的职能和实现规范的内容	调整性法律关系	1. 基于合法行为产生 2. 不需要适用法律制裁 例：行政合同法律关系、担保法律关系
	保护性法律关系	1. 基于违法行为产生 2. 适用法律制裁 例：刑事法律关系、行政处罚关系
法律主体在法律关系中的地位	纵向法律关系（隶属）	1. 主体地位不平等 2. 权利义务的内容具有强制性 例：行政强制关系
法律主体在法律关系中的地位	横向法律关系（平权）	1. 主体地位平等 2. 权利义务的内容具有任意性 例：合同法律关系
法律主体的数量及权利义务是否一致	单向法律关系	1. 权利人仅享有权利不履行义务，义务人仅履行义务不享有权利 2. 权利义务不存在一一对应关系 例：不附条件的赠与法律关系
	双向法律关系（双边）	主体的权利义务相对应 例：合同法律关系
	多向法律关系（多边）	三个或三个以上相关法律关系的复合体 例：连带责任关系
法律关系的作用和地位	第一性法律关系	不依赖其他法律关系而独立存在/多向法律关系中居于支配地位的法律关系 例：合同法律关系、实体法律关系
	第二性法律关系	由第一性法律关系引起、居于从属地位的法律关系 例：担保法律关系、诉讼法律关系 【注意：一般情况下，调整性法律关系是第一性法律关系，保护性法律关系是第二性法律关系；实体是第一性法律关系，程序是第二性法律关系】

⚖ 判断分析

1. 新婚夫妇张某与李某到某影楼拍摄婚纱照。由于影楼工作人员的疏忽，导致新拍婚纱照的底片报废，这对新婚夫妇遂将影楼诉至法院，有关法律关系的说法，下列哪些选项是正确？（2021年公法卷仿真题）

A. 新婚夫妇与影楼之间形成的是平权型法律关系【正确】

B. 新婚夫妇与影楼之间形成的法律关系体现了双方的意志【正确】

C. 新婚夫妇与影楼之间形成的诉讼法律关系为相对法律关系【正确】

第一章 法的本体

2. 某家具厂老板张某与其员工李某发生纠纷，张某威胁不给李某发工资，李某气愤之下拿了一个杯子砸向张某但没有砸中，张某找人把李某打成重伤。李某报案后，公安局逮捕了张某，检察机关提起公诉，李某也提出刑事附带民事诉讼，法院依法进行了裁判。之前，检察院和张某签订了一项家具买卖合同。对此，下列说法不正确的是？（2018年公法卷仿真题）

A. 张某和李某之间既有调整性法律关系又有保护性法律关系【正确】
B. 张某和检察院之间的买卖合同属于横向法律关系【正确】
C. 张某与法院之间是纵向法律关系【正确】
D. 张某和公安局之间是调整性法律关系【错误，张某和公安局之间的法律关系因张某的犯罪行为所引发，故属于保护性法律关系】

二、法律关系主体【法律关系的主体和客体 C】

（一）法律关系主体的种类

概念	法律关系中的权利享有者和义务承担者
种类	1. 公民（自然人）：无国籍人和外国人一定条件下可以作为法律关系的主体
	2. 组织和机构：这主要包括三类：一是各种国家机关（立法机关、行政机关和司法机关等）；二是各种企事业组织；三是各政党和社会团体
	3. 国家：特殊情况下，国家可以成为法律关系主体

（二）权利能力和行为能力

权利能力	1. 含义：权义能力（权利义务能力），是指能够参与一定的法律关系，依法享有一定权利和承担一定义务的法律资格
	2. 公民的权利能力：是任何人取得公民法律资格的基本条件，通常从出生时起到死亡时止，不能被任意剥夺或解除
	3. 法人的权利能力：自法人成立时产生，至法人解体时消灭。其范围是由法人成立的宗旨和业务范围决定的
行为能力	1. 含义：是指法律关系主体能够通过自己的行为实际取得权利和履行义务的能力
	2. 确定公民有无行为能力，其标准有二：一是能否认识自己行为的性质、意义和后果；二是能否控制自己的行为并对自己的行为负责。因此，公民是否达到一定年龄、神智是否正常，就成为公民有无行为能力的标志
	3. 分类：根据其内容不同分为权利行为能力、义务行为能力和责任行为能力 （1）权利行为能力是指通过自己的行为实际行使权利的能力 （2）义务行为能力是指能够实际履行法定义务的能力 （3）责任行为能力是指行为人对自己的违法行为后果承担法律责任的能力
	4. 公民的行为能力：世界各国的法律，一般都把本国公民划分为完全行为能力人、限制行为能力人和无行为能力人 （1）完全行为能力人。这是指达到法定年龄、智力健全、能够对自己的行为完全责任的自然人（公民）

续表		
行为能力	（2）限制行为能力人。这是指行为能力受到一定限制，只具有部分行为能力的公民。例如，在民法上，8周岁以上的未成年人，不能完全辨认自己行为的精神病人，是限制行为能力人 （3）无行为能力人。这是指完全不能以自己的行为行使权利、履行义务的公民。在民法上，不满8周岁的未成年人，完全的精神病人是无行为能力人 5.法人的行为能力： （1）公民的行为能力有完全与不完全之分，而法人的行为能力总是有限的，由其成立宗旨和业务范围所决定 （2）公民的行为能力和权利能力并不一定是同时存在的。与此不同，法人的行为能力和权利能力却是同时产生和同时消灭的	

三、法律关系的内容

1.内容：法律关系主体之间的法律权利和法律义务	
2.权利可以分为：绝对（对世）权与相对（对人）权	
3.权利和权利能力的关系	两者的联系表现在：权利以权利能力为前提，是权利能力这一法律资格在法律关系中的具体反映
	两者的区别是： （1）任何人具有权利能力，并不必然表明他可以参与某种法律关系，而要能够参与法律关系，就必须要有具体的权利 （2）权利能力包括享有权利和承担义务这两方面的法律资格，而权利本身不包括义务在内

四、法律关系的客体【法律关系的主体和客体 C】

物	法律意义上的物是指法律关系主体支配的、在生产上和生活上所需要的客观实体 物理意义上的物要成为法律关系客体，须具备以下条件： 1.应得到法律之认可 2.应为人类所认识和控制。不可认识和控制之物（如地球以外的天体）不能成为法律关系客体 3.能够给人们带来某种物质利益，具有经济价值 4.须具有独立性	有以下几种物不得进入国内商品流通领域，成为私人法律关系的客体： 1.人类公共之物或国家专有之物，如海洋、山川、水流、空气 2.除了集体、私人所有的文物之外的文物 3.军事设施、武器（枪支、弹药等） 4.危害人类之物（如毒品、假药、淫秽书籍等）
人身	人身是由各个生理器官组成的生理整体（有机体） 1.活人的（整个）身体，不视为法律上之"物"，不能作为物权、债权和继承权的客体 2.权利人对自己的人身不得进行违法或有伤风化的活动，不得滥用人身，或自践人身和人格 3.对人身行使权利时必须依法进行，不得超出法律授权的界限，严禁对他人人身非法强行行使权利	人身（体）部分的法律性质： 1.当人身之部分尚未脱离人的整体时，即属人身本身 2.当人身之部分自然地从身体中分离，已成为与身体相脱离的外界之物时，可视为法律上之"物" 3.当该部分已植入他人身体时，即为他人人身之组成部分

续表

精神产品	精神产品是人通过某种物体（如书本、砖石、纸张、胶片、磁盘）或大脑记载下来并加以流传的思维成果
行为结果	1. 物化结果：义务人的行为（劳动）凝结于一定物体，产生一定的物化产品或营建物（房屋、道路、桥梁等） 2. 非物化结果：义务人的行为没有转化为物化实体，而仅表现为一定的行为过程，直至终了，最后产生权利人所期望的结果（或效果）

五、法律关系的产生、变更和消灭

（一）法律关系的产生、变更和消灭的必备条件：法律规范 + 法律事实 = 法律关系。

（二）法律事实及其种类

含义	法律规范所规定的、能够引起法律关系产生、变更和消灭的客观情况或现象
种类	1. 法律事件：是法律规范规定的、不以当事人的意志为转移而引起法律关系形成、变更或消灭的客观事实。包括： （1）社会事件 例：战争、罢工、革命 （2）自然事件 例：死亡、台风、洪灾 2. 法律行为：可以作为法律事实而存在，以当事人的意志为转移，能够引起法律关系形成、变更和消灭的人的行动。可以分为善意行为、合法行为与恶意行为、违法行为
两种复杂的现象	1. 同一个法律事实（事件或者行为）可以引起多种法律关系的产生、变更和消灭 2. 两个或两个以上的法律事实引起同一个法律关系的产生、变更或消灭

判断分析

1. 甲与乙因琐事发生口角，甲冲动之下将乙打死。公安机关将甲逮捕，准备移送检察机关提起公诉。这时，甲因病而亡。公安机关遂做出撤销案件的决定。公安机关是基于下列哪一种原因撤销案件的？（2008年第1卷第6题）

A. 法律行为【错误，本题中甲因病而亡属于不以当事人意志为转移的法律事件，不是法律行为】

B. 违法行为【错误，本题中甲因病而亡属于不以当事人意志为转移的法律事件，不是法律行为，更不是违法行为】

C. 事实构成【错误，事实构成是指按法律规定，要引起一定法律关系所需要的两个以上的事实群，本案中死亡已经是完整的事实不属于事实构成】

D. 自然事件【正确】

2. 王某恋爱期间承担了男友刘某的开销计20万元。后刘某提出分手，王某要求刘某返还开销费用。经过协商，刘某自愿将该费用转为借款并出具了借条，不久刘某反悔，以不存在真实有效借款关系为由拒绝还款，王某诉至法院。法院认为，"刘某出具该借条系本人自愿，且并未违反法律强制性规定"，遂判决刘某还款。对此，下列哪些说法是正确的？（2014年第1卷第53题）

B. 出具借条是导致王某与刘某产生借款合同法律关系的法律事实之一【正确】

D. 本案的裁判是以法律事件的发生为根据作出的【错误，本案裁判的依据是当事人之间意志自由且不违背法律强制性规定的法律行为，而不是法律事件】

第八节　法律责任

一、法律责任的概念

含义	法律责任，是指行为主体因违法行为、违约行为或仅因法律规定而应该承担的一种不利的法律后果
原因	法律责任是由三种原因引起的： 1. 违法行为 2. 违约行为 3. 仅仅法律特别规定，虽然行为人在主观上没有过错，但是只要在客观上侵犯了别人的法律权利，也要承担法律责任
特征	1. 法律责任是由法律规定的，具有法定性。它是法律规范对某种行为及其后果的否定性评价，是由法律明确规定的 2. 法律责任的追究在最终上是由国家强制力保证的，具有国家强制性

二、法律责任的竞合【法律责任的竞合C】

含义	由于同一行为人的同一行为导致两个或两个以上的法律责任，而这些法律责任之间存在冲突的现象 例1：小王因故意伤害罪被追究刑事责任和民事责任，未构成法律责任竞合【刑事责任和民事责任之间不存在冲突】 例2：小贾用5万元假币购买一块劳力士手表，其行为同时触犯诈骗罪与使用假币罪，构成法律责任的竞合		
特点	1. 多个法律责任的主体是同一个法律主体 2. 多个法律责任是由同一个法律主体的同一个法律行为所导致的 3. 多个法律责任之间是相互冲突的，这里所谓的冲突是指下列情况：法律主体因自己的同一个法律行为而应该同时承担多种法律责任，但是他或她又不可能同时承担和履行这些法律责任		
处理方式	1. 民事侵权责任和违约责任竞合时，交由当事人选择 2. 不同法律部门之间的责任发生竞合时，一般从一重追究 例：王某因在禁渔区使用禁用工具捕捞水产品，情节严重，其行为同时违反《渔业法》和《刑法》，最终以非法捕捞水产品罪追究其刑事责任		
相关法条	《民法典》	《刑法》	《行政处罚法》
	第一百八十六条　因当事人一方的违约行为，损害对方人身权益、财产权益的，受损害方有权选择请求其承担违约责任或者侵权责任	第二百六十条之一　【虐待被监护、看护人罪】对未成年人、老年人、患病的人、残疾人等负有监护、看护职责的人虐待被监护、看护的人，情节恶劣的，处三年以下有期徒刑或者拘役 单位犯前款罪的，对单位判处罚金，并对其直接负责的主管人员和其他直接责任人员，依照前款的规定处罚 有第一款行为，同时构成其他犯罪的，依照处罚较重的规定定罪处罚	第二十九条　对当事人的同一个违法行为，不得给予两次以上罚款的行政处罚。同一个违法行为违反多个法律规范应当给予罚款处罚的，按照罚款数额高的规定处罚

第一章 法的本体

判断分析

下列构成法律责任竞合的情形是？（2014年第1卷第91题）

A. 方某因无医师资格开设诊所被卫生局没收非法所得，并被法院以非法行医罪判处3年有期徒刑【错误，刑事责任与附带民事赔偿责任被同时追究，则不存在责任竞合的问题】

B. 王某通话时，其手机爆炸导致右耳失聪，可选择以侵权或违约为由追究手机制造商法律责任【错误，手机制造商只承担产品侵权责任，并不承担违约责任】

C. 林某因故意伤害罪被追究刑事责任和民事责任【错误，刑事责任与附带民事赔偿责任被同时追究，则不存在责任竞合的问题】

D. 戴某用10万元假币购买一块劳力士手表，其行为同时触犯诈骗罪与使用假币罪【正确】

三、归责与免责【归责、免责与法律制裁 A】

归责原则	1. 归责，它是指特定国家机关根据法定职权与程序对行为人应该承担的法律责任进行判断与认定 2. 归责原则：责任法定原则、公正原则、效益原则、责任自负原则
免责条件	1. 时效免责 2. 不诉免责 3. 自愿协议免责 4. 不可抗力、正当防卫、紧急避险免责 5. 自首、立功免责 6. 人道主义免责
法律责任与法律制裁的关系	1. 在逻辑上，法律责任先于法律制裁，没有法律责任就没有法律制裁 2. 法律责任不一定必然导致法律制裁，因为责任人可以主动承担与履行法律责任

判断分析

1. 李某向王某借款200万元，由赵某担保。后李某因涉嫌非法吸收公众存款罪被立案。王某将李某和赵某诉至法院，要求偿还借款。赵某认为，若李某罪名成立，则借款合同因违反法律的强制性规定而无效，赵某无需承担担保责任。法院认为，借款合同并不因李某犯罪而无效，判决李某和赵某承担还款和担保责任。关于该案，下列哪些说法是正确的？（2016年第1卷第59题）

A. 若李某罪名成立，则出现民事责任和刑事责任的竞合【错误，这两个法律责任并不互相冲突，可以同时追究】

B. 李某与王某间的借款合同法律关系属于调整性法律关系【正确】

C. 王某的起诉是引起民事诉讼法律关系产生的唯一法律事实【错误，一个民事诉讼法律关系的产生，除了需要王某的起诉以外，还需要法院的受理立案决定】

D. 王某可以免除李某的部分民事责任【正确】

2. 中学生小张课间打篮球时被同学小黄撞断锁骨，小张诉请中学和小黄赔偿1.4万余元。法院审理后认为，虽然2被告对原告受伤均没有过错，不应承担赔偿责任，但原告毕竟为小黄所撞伤，该校的不当行为也是伤害事故发生的诱因，且原告花费1.3万余元治疗后尚未完全康复，依据公平原则，法院酌

定被告各补偿 3000 元。关于本案，下列哪一判断是正确的？（2012 年第 1 卷第 12 题）

  A. 法院对被告实施了法律制裁【错误，法律制裁的前提是 违法者不履行其法律责任而强制其履行，在本案中，并没有到这一步】

  B. 法院对被告采取了不诉免责和协议免责的措施【错误，本案采取了诉讼手段，法院进行了判决，不属于不诉免责，也未体现协议免责】

第二章 法的运行

第一节 立法

一、立法的定义

广义的立法	泛指**一切有权的国家机关**依法制定、认可、修改和废止不同效力等级的法律、法规的活动
狭义的立法	国家立法权意义上的概念，仅指**享有国家立法权的国家机关**的立法活动，即国家的**最高权力机关及其常设机关**依法制定、修改和废止宪法和法律的活动
立法的特征	1. 立法是由**特定主体**进行的活动
	2. 立法是依据一定的职权进行的活动
	3. 立法是依照**法定程序**所进行的活动
	4. 立法是具有**专业性**和**技术性**的活动
	5. 立法是**制定**、**认可**、**修改和废止**法的活动

二、立法技术

概念	立法技术是指在立法过程中所形成一切知识、经验、规则、方法和技巧的总和
分类	根据立法的进程，立法技术可以分为立法预测技术、立法规划技术和立法表达技术
	1. **立法预测技术**是指对立法的发展状况、趋势和各种情况进行预计、测算的科学方法、手段和规则
	2. **立法规划技术**是指对经过立法预测的立法项目进行计划、部署、编制、安排的科学方法、手段和规则
	3. **立法表达技术**是指对法律规范的结构、形式、概念、术语、语言、文体等进行表述的科学方法、手段和规则

第二节 法的实施【执法、司法、守法、法律监督C】

一、法的实施的概念

法的实施	法的实施，亦称法律的实施或法律的施行，是指法律在社会现实生活中具体运用的过程。法律实施包括**执法**、**司法**、**守法**和**法律监督**四个环节

续表

法的实现	法的实现是指法的要求在社会生活中被转化为现实 法的实现与法的实施不同，法的实施是人们施行法律，使法从应然状态到实然状态的过程和活动。法的实施也不同于法的实效，法的实效是法律被人们实际施行的状态和程度，侧重于结果

二、执法

含义	执法，又称法的执行。广义的执法，或法的执行，是指所有国家行政机关、司法机关及其公职人员依照法定职权和程序实施法律的活动。狭义的执法，则专指国家行政机关及其公职人员依法行使管理职权、履行职责、实施法律的活动
特点	1. 执法活动具有国家权威性和国家强制性 2. 执法主体具有特定性 3. 执法内容具有广泛性 4. 执法具有主动性和单方面性 5. 执法权的行使具有优益性
基本原则	1. 合法性原则。这是指行政机关必须根据法定权限、法定程序和法治精神进行管理，越权无效 2. 合理性原则。这是指行政机关在执法时应当权衡多方面的利益因素和情境因素，在严格执行规则的前提下做到公平、公正、合理、适度，避免由于滥用自由裁量权而形成执法轻重不一、标准失范的结果 3. 效率原则。这是指行政机关应当在依法行政的前提下，讲究效率，主动有效地行使其权能，以取得最大的行政执法效益

判断分析

郑子产有疾。谓子大叔曰："我死，子必为政。唯有德者能以宽服民，其次莫如猛。夫火烈，民望而畏之，故鲜死焉。水懦弱，民狎而玩之，则多死焉，故宽难。"疾数月而卒。关于执法，下列选项正确的是？（2019年公法卷仿真题）

A. 法就是法律，执法必须严格，不能搞人文情怀【错误，执法可以根据具体情况采取具体对策，体现人文情怀】

B. 执法应做到宽严相济【正确】

C. 执法必须严厉，不能"宽容"，否则易纵容犯罪【错误，执行应当做到宽严相济，在法律范围内，当严则严，当宽则宽，做到宽与严的有机统一】

D. 为上者有德，就可以做到以宽服民，不需要法律的治理【错误，当代社会最重要的调控手段是法律，但法律不是万能的，还需要道德等其他调控手段的治理】

三、司法

含义	司法，又称法的适用，通常是指国家司法机关根据法定职权和法定程序，具体应用法律审理案件的专门活动

续表

特点	1. 司法是由特定的国家机关及其公职人员，按照法定职权实施法律的专门活动，具有国家权威性
	2. 司法是司法机关以国家强制力为后盾实施法律的活动，具有国家强制性
	3. 司法是司法机关依照法定程序、运用法律处理案件的活动，具有严格的程序性及合法性
	4. 司法必须有表明法的适用结果的法律文书，如判决书、裁定书和决定书等
司法与执法的区别	1. 主体不同。司法是由司法机关及其公职人员适用法律的活动，而执法是由国家行政机关及其公职人员来执行法律的活动
	2. 内容不同。司法活动的对象是案件，主要内容是裁决涉及法律问题的纠纷和争议及对有关案件进行处理，而执法是以国家的名义对社会进行全面管理，行政管理的事务涉及社会生活方方面面，执法的内容远比司法广泛
	3. 程序性要求不同。司法活动有严格的程序性要求，而执法活动虽然也有相应的程序规定，但由于执法活动本身的特点，特别是基于执法效能的要求，其程序性规定没有司法活动那样严格和细致
	4. 主动性不同。司法活动具有被动性，案件的发生是引起司法活动的前提，而执法则具有较强的主动性，对社会进行行政管理的职责要求行政机关应积极主动地去实施法律，不基于相对人的意志引起和发动
司法的基本原则	1. 司法公正原则。司法公正是社会公正的一个重要组成部分，对社会公正具有重要引领作用。司法公正既包括实质公正，也包括形式公正，其中尤以程序公正为重点
	2. 司法平等原则。在司法领域，"公民在法律面前一律平等"的基本含义是： （1）在我国，法律对于全体公民，不分民族、种族、性别、职业、社会出身、宗教信仰等，都是统一适用的，所有公民依法享有同等的权利并承担同等的义务 （2）任何权利受到侵犯的公民一律平等地受到法律保护，不能歧视任何公民 （3）在诉讼中，要保证诉讼当事人享有平等的诉讼权利，不能偏袒任何一方当事人；要切实保障诉讼参加人依法享有的诉讼权利 （4）对任何公民的违法犯罪行为，都必须同样地追究法律责任，依法给予相应的法律制裁
	3. 司法合法原则。要求在司法过程中要严格依法司法，既要依实体法，也要依程序法。在我国，司法合法原则具体体现为"以事实为根据，以法律为准绳"原则
	4. 司法机关依法独立行使职权原则 （1）司法权的专属性，即国家的司法权只能由国家各级审判机关和检察机关统一行使，其他任何机关、团体和个人都无权行使此项权力 （2）行使职权的独立性，即人民法院、人民检察院依照法律独立行使自己的职权，不受行政机关、社会团体和个人的非法干涉 （3）行使职权的合法性，即司法机关审理案件必须严格依照法律规定，正确适用法律，不得滥用职权，枉法裁判
	5. 司法责任原则。该原则是指司法机关和司法人员在行使司法权过程中由于侵犯公民、法人和其他社会组织的合法权益，造成严重后果而承担相应责任

📜 判断分析

甲因乙不能偿还欠款将其告上法庭,并称有关证据被公安机关办理其他案件时予以扣押,故不能提供证据。法官负责任地到公安机关调查,并复制了相关证据材料。此举使甲最终胜诉。从法理学角度看,对该案的下列说法,哪些可以成立?(2003年第1卷第33题)

A. 本案的承办法官对"以事实为根据,以法律为准绳"原则有着正确的理解【正确】

B. 法官在审理此案时,违背了法官中立原则【错误,法官调查取证的行为是依法进行的,目的是查明案件事实,作出正确裁判,没有违背法官中立和司法公正的原则】

C. 本案的承办法官对司法公正的认识有误,法律职业素养有待提高【错误,理由同上】

D. 本案的审理比较好地体现了通过审判保障公民权利的司法功能【正确】

四、守法

含义	守法,是指公民、社会组织和国家机关以法律为自己的行为准则,依照法律行使权利、履行义务的活动
构成	1. 主体:即要求谁守法,**全民守法**是社会主义法治的必要组成部分
	2. 范围:即所要遵守的法律的种类及范围。在我国,它不仅包括宪法和全国人民代表大会及其常务委员会制定的基本法律和非基本法律,而且包括与宪法和法律相符合的行政法规、地方性法规、行政规章等
	3. 内容:包括**行使法律权利**和**履行法律义务**,两者密切联系,不可分割
守法义务 【24新增】	指公民、社会组织和国家机关**遵守**或**服从法律**的义务。
	【注意】守法义务不是来自法律本身,普遍的观点认为,守法义务来自道德,即守法义务是**道德义务**而非法律义务
	自然法学派主张**实际存有**一个守法义务,但有的自然法学者认为守法义务只是一种**初始性义务**
	法实证主义者一般**否认守法义务**的存在,甚至否认初始性守法义务的实存

📜 判断分析

王某向政府申请信息公开属于守法行为。【正确】

五、法律监督

概念	1. 狭义上的法律监督,是指由**特定国家机关**依照法定权限和法定程序,对各种法律活动的合法性所进行的检查、监察、督促和指导以及由此形成的法律制度
	2. 广义上的法律监督,是指由**所有国家机关**、**各政党**、**各社会组织**、**媒体舆论和公民**对各种法律活动的合法性所进行的监督
构成	1. 法律监督的主体,即由谁来实施监督。在我国,监督主体具有**广泛性**和**多元性**
	2. 法律监督的对象,即监督谁或谁被监督。在我国,所有国家机关、政党、社会团体、社会组织、媒体舆论和公民既是监督的主体,也是监督的对象
	3. 法律监督的内容,监督对象行为的合法性是法律监督的核心内容

第二章　法的运行

续表

构成	4.法律监督的依据，宪法和法律是法律监督的依据
	5.法律监督的方式，法律监督的方式因监督主体和对象的不同而有所不同
体系	1.国家法律监督体系。国家法律监督，具体包括国家权力机关、行政机关、监察机关和司法机关的法律监督
	2.社会法律监督体系。包括中国共产党的监督、人民政协的监督、各民主党派的监督、人民团体和社会组织的监督、公民的监督、媒体舆论的监督等

第三节　法适用的一般原理

一、法适用的目标【法适用的目标E】

最直接的目标：获得合理的法律决定，所谓合理的法律决定就是指法律决定具有可预测性和正当性	
可预测性	1.形式法治：追求法的形式平等，即相同情况相同对待，类似情况类似处理 2.作出法律决定的要求：建立在一般性法律规范的基础上＋尽可能避免武断、恣意＋遵循一定的推理规则和解释方法
正当性	1.实质法治：追求法的实质平等和结果平等 2.作出法律决定的要求：法律必须体现自由、公平、人权等法律价值，符合实质价值或某些道德考量
可预测性 VS 正当性	1.法律决定的可预测性和正当性之间往往存在一定的紧张关系，其本质是形式法治与实质法治紧张关系的一种体现 2.合理的法律决定应当兼顾可预测性与正当性，若无法兼顾，则可预测性优先；但当选择可预测性可能会导致极端不公时，正当性优先

判断分析

1.关于法的适用，下列哪一说法是正确的？（2015年第1卷第15题）

A.在法治社会，获得具有可预测性的法律决定是法的适用的唯一目标【错误，法律决定具有可预测性和正当性是法律人适用法律的最直接的目标】

B.法律人查明和确认案件事实的过程是一个与规范认定无关的过程【错误，法律人查明和确认案件事实的过程是一个在法律规范与事实之间的循环过程，并非与规范认定无关】

C.法的适用过程是一个为法律决定提供充足理由的法律证成过程【正确】

D.法的适用过程仅仅是运用演绎推理的过程【错误，法律人在法律适用中主要的推理方式有演绎推理、归纳推理、类比推理、设证推理等，不只"演绎推理"一种】

2."法律人适用法律的最直接目标就是要获得一个合理的决定。在法治社会，所谓合理的法律决定就是指法律决定具有可预测性和正当性。"对于这一段话，下列说法正确的是？（2014年第1卷第92题）

A.正当性是实质法治的要求【正确】

B.可预测性要求法律人必须将法律决定建立在既存的一般性的法律规范的基础上【正确】

C.在历史上，法律人通常借助法律解释方法缓解可预测性与正当性之间的紧张关系【正确】

D.在法治国家，法律决定的可预测性是理当崇尚的一个价值目标【正确】

二、法的发现与法的证成【法律发现与法律论证 E】

	法的发现	法的证成
概念	是指特定法律人的心理因素与社会因素引发或引诱他针对特定案件做出某个具体的决定或判断的实际过程 例：法官获得判决结果的过程，就是法的发现	是指法律人将其实际上所作的决定或判断进行合理化的证明和证成以保证该决定或判断是理性的、正当的或正确的过程 例：法官为自己判决结果进行说理论证的过程，就是法的证成
区别	对法的发现的结论起决定性作用的是法律人自身的直觉和偏好，法律规范对结论的产生并不起决定性作用【总结：法的发现，因人而异】	对法的证成的结论起决定性作用的是法律规范，法律人自身的直觉和偏好只能起到有限的影响【总结：法的证成，大同小异】
联系	1. 二者并非前后独立发生的过程，而是一个过程的不同层面 2. 就法律决定的合理性而言，法律证成更具优先性	

判断分析

下列关于法律证成的说法，哪些选项是正确的？（2020年公法卷仿真题）
A. 庭审中当事人及律师对于案件事实的争论，属于外部证成【正确】
B. 法的证成就是法律人获得法律决定或判断的事实过程【错误，法的发现是法律人获得法律决定或判断的事实过程】
C. 法官对证据证明能力的认定过程，是纯粹的事实判断过程【错误，对证据证明能力的认定过程，既涉及事实判断，也涉及价值判断】
D. 内部证成的过程既涉及事实判断，也涉及价值判断【正确】

三、内部证成与外部证成【内部证成和外部证成 B】

（一）证成概述

1. 含义：为所得的决定或判断提供尽可能充足的理由支持的过程或活动。
例：我说我是天下第一聪明人，我找理由证明这个结论的过程就是证成。
2. 法律决定的合理性依据：
（1）法律决定是从给定的前提中按照一定的推理规则推导得出的；
（2）推导法律决定所依赖的前提是合理且正当的。

（二）内部证成与外部证成

内部证成	含义	法律决定必须按照一定的推理规则从相关前提中逻辑地推导出来
	内容	从前提到结论之间的推论是否有效【内部证成重逻辑】
	实现目标	法的可预测性
外部证成	含义	对法律决定所依赖的前提的证成
	内容	内部证成中所使用的前提本身的合理性【外部证成重前提】
	实现目标	法的可接受性

第二章 法的运行

联系	1. 外部证成与内部证成都涉及三段论推理方式 2. 外部证成与内部证成都要遵循一定的推理规则 3. 外部证成与内部证成的目标都是获得合理的法律决定

【提示与说明】

法官作为裁判者，不仅要给出一个判决，还要为其判决的合理性进行论证，而其论证分为外部和内部两方面：

1. 所谓"外部证成"，是要证明法官进行裁判所依据的法律规范（前提）是否恰当，换而言之，就是法律适用有无错误，如果前提找错了，结论必然错误；

2. 所谓"内部证成"，是要证明从前提到结论的推理过程有没有违背逻辑法则，是否出现了逻辑错误，如果推理过程错了，结论也必然错误。

简单来说，裁判所依据的法律规范对不对，是外部证成的任务，裁判的推理过程有没有逻辑错误，是内部证成的任务。

⚖ 判断分析

1. 关于适用法律过程中的内部证成，下列选项正确的是？（2013年第1卷第86题）

A. 内部证成是给一个法律决定提供充足理由的活动【正确】

B. 内部证成是按照一定的推理规则从相关前提中逻辑地推导出法律决定的过程【正确】

C. 内部证成是对法律决定所依赖的前提的证成【错误，外部证成是对法律决定所依赖的前提的证成】

D. 内部证成和外部证成相互关联【正确】

2. 关于内部证成和外部证成的表述，下列哪些选项是正确的？（2021年公法卷仿真题）

A. 内部证成和外部证成共同保证了法律决定的合理性【正确】

B. 内部证成由于采用演绎推理而可以保证法律决定的合法性，外部证成由于采取归纳推理而可以保证法律决定的合理性【错误，内部证成就是推导出法律决定的演绎推理的三段论过程，而外部证成则同样是通过演绎推理的三段论过程证成内部证成前提的真实性】

C. 外部证成是法官在审判中根据法条直接推导出判决结论的过程【错误，内部证成指法律决定必须按照一定的推理规则从相关前提中逻辑地推导出来】

D. 外部证成的过程必然涉及内部证成，对法律决定所依赖的前提的证成本身也是一个推理过程，也有一个内部证成的问题【正确】

3. 李某驾驶摩托车与高某驾驶的出租车相撞，李某死亡。交警部门认定高某、李某承担事故的同等责任。在交警部门主持下，高某与死者李某之妻达成调解协议，由高某赔偿李某家属各项费用12.2万元，双方永无纠葛。不久，李某之妻发现自己已有身孕，并在7个月后生下女儿小红。李某之妻依据全国人大制定的《民法通则》第一百一十九条，将受偿主体确定为死者生前"扶养"的人的规定，向高某索要女儿依据抚养费。高某根据国务院制定的《道路交通事故处理办法》第三十七条，将受偿主体确定为死者生前"实际扶养"的人为由，拒绝作出赔偿。下列说法错误的是？（2018年公法卷仿真题）

B. 双方当事人关于本案法律适用问题的辩论，属于外部证成【正确】

C. 法官对本案案件事实的确定过程，是一个纯粹的事实判断的过程【错误，案件事实本身就带有鲜明的规范性立场和裁判者价值判断，所以注定不是一个单纯的事实判断过程】

第四节　法律解释

一、法律解释的概念

含义	一定的人、组织以及国家机关在法律实施或适用过程中对表达法律的语言文字的意义进行揭示、说明和选择的活动
特点	1. 法律解释的对象是特定的，即是那些能够作为法律决定大前提来源的文本或资料
	2. 法律解释与具体案件密切相关
	3. 法律解释具有实践性和目的性

判断分析

法律谚语有云："法官是会说话的法律。"关于此法律谚语的理解，下列选项正确是？（2020 年公法卷仿真题）

A. 法律不经法官，则无从解释【错误，法官并非法律解释的唯一主体，特定的国家机关可以作出正式解释】

B. 法律不经解释，则不可适用【正确】

二、法律解释的方法【法律解释的方法与位阶 B】

法律解释方法是法律人在进行法律解释时所必须遵循的特定法律职业共同体所公认的规则和原则。

文义解释	1. 别称：语法解释、文法解释、文理解释【注意掌握，考试中遇到别称的时候要明白其所指】 2. 含义：是指解释者按照表达法律的语言文字的日常意义和专业术语意义来揭示和说明某个法律文本或资料的含义 【总结：字面解释，针对文本】 例：《最高人民法院关于审理未成年人刑事案件具体应用法律若干问题的解释》第一条对"未成年人刑事案件"的含义作出解释：是指被告人实施被指控的犯罪时已满十四周岁不满十八周岁的案件 3. 特点：它不是改正性的，也不是补充性的，只是按照日常的、一般的语言使用方式来解释法律
立法者目的解释	1. 别称：主观目的解释 2. 含义：是指根据参与立法的人的意图或立法资料揭示和说明某个法律文本或资料的意义 【总结：探寻、参考立法者目的】 例：某民法专家在解释《民法典》某条款时探寻了立法者制定法典时的目的，这一专家的解释为立法者目的解释
历史解释	含义：是指依据正在讨论的法律问题的历史事实对某个法律规定进行解释 【总结：新旧背景、新旧法律和新旧做法的对比，是一种否定性的解释】 例：王法官在判断遗产赠与"二奶"的效力时，发现以往判决认可这类赠与的效力但引起社会公众的强烈不满，基于这些历史因素，王法官认为应否认遗产赠与"二奶"的效力。王法官运用了历史解释

续表

比较解释	含义：是指根据外国的立法例和判例学说对某个法律规定进行解释 【总结：涉及与外国法的比较】 例：我国刑法理论与审判实务的多数观点认为，绑架罪是三面关系，而德国刑法理论中认为即便两面关系的，也成立绑架罪。王法官在判决绑架案时，参考了德国刑法关于绑架罪的界定，王法官运用了比较解释
体系解释	1. 别称：逻辑解释、系统解释 2. 含义：是指将被解释的法律条文放在整部法律中乃至整个法律体系中，联系此法条与其他法条的相互关系来解释法律 【总结：放入体系或利用法条间的相互关系；只要联系了其他法条，就是体系解释】 例：王法官在审理一起生产假化肥案件时，认为"假化肥"不属于《刑法》第一百四十条规定的"生产者、销售者在产品中掺杂、掺假，以假充真，以次充好或者以不合格产品冒充合格产品"中的"产品"范畴，因为《刑法》第一百四十七条对"生产假农药、假兽药、假化肥"有专门规定。王法官运用了体系解释
客观目的解释	含义：是指根据法律本身的客观目的，对某个法律规定进行解释 【总结：结合当前社会的现实需要来解释法律】 例：《刑法》规定的开设赌场罪中的"赌场"，原指线下赌场，但随着互联网技术的发展，线上赌博行为多发且无法被《刑法》所约束，故对"赌场"的解释扩大到线上的赌博网站，运用了客观目的解释

判断分析

1. 下列与法律解释相关的分析中，正确的是？（2018年公法卷仿真题）

A. 李某将其仇人的坟墓掘开并将骨头扔掉，其认为白骨不属于尸体，否认其构成侮辱尸体罪。他对白骨的解释属于无权解释、主观目的解释【错误，李某的解释并未参照立法意图和立法资料，不属于主观目的解释，属于文义解释】

B. 法官甲在审理案件中认为刑法中"伪造货币罪"中的货币不包括生肖纪念币，该解释为有权解释、文义解释【错误，法官的解释属于文义解释，但并非有权解释，属于不具备规范性效力的非正式解释】

C. 最高人民法院某副院长在接受媒体采访时表示，《中华人民共和国刑法修正案（八）》中的规定的"醉驾入刑"应结合《刑法》总则当中的"情节显著轻微，危害不大，不认为是犯罪"的规定来理解，因此并非只要醉驾就一定入刑，这属于体系解释方法的运用【正确】

D. 李某认为组织他人卖淫罪中"他人"不仅包括女性，而且包括男性。其理由是目前组织男性卖淫的现象很普遍，危害性很大，要发挥法律的社会功能，应包含男性。其对相关条文的解释为客观目的解释【正确】

2. 依《刑法》第一百八十条第四款之规定，证券从业人员利用未公开信息从事相关交易活动，情节严重的，依照第一款的规定处罚；该条第一款规定了"情节严重"和"情节特别严重"两个量刑档次。在审理史某利用未公开信息交易一案时，法院认为，尽管第四款中只有"情节严重"的表述，但仍应将其理解为包含"情节严重"和"情节特别严重"两个量刑档次，并认为史某的行为属于"情节特别严重"。其理由是《刑法》其他条款中仅有"情节严重"的规定时，相关司法解释仍规定按照"情节严重""情节特别严重"两档量刑。对此，下列说法是正确的？（2017年第1卷第60题）

B. 法院运用了体系解释方法【正确】

D. 法院的解释将焦点集中在语言上，并未考虑解释的结果是否公正【错误，法院的解释"情节严重"与"情节特别严重"的内容和量刑档次本身也是为了保障司法适用的公正性，并不仅仅是语言上的内容】

3. 甲因某公司安装的灯照射强度过高，诉至法院，法官审理中根据经验认为该灯的照射强度超过正常人的光照承受范围，遂判决拆除该灯。在本案中，法官运用了什么方法判决？（2024年公法卷仿真题）

B. 体系解释【错误，体系解释指将被解释的法律条文放在整部法律中乃至整个法律体系中，联系此法条与其他法条的相互关系来解释法律】

C. 比较解释【错误，比较解释指根据外国的立法例和判例学说对某个法律规定进行解释】

三、法律解释方法的位阶

位阶	不同的法律解释方法可以被用来证成不同的法律决定。法律解释方法的适用存在单一模式、累积模式和冲突模式。消除这种冲突的最好或最终方法是在各种法律解释方法之间确立一个位序或位阶关系
	现今大部分法学家都认可下列位阶：1. 文义解释→2. 体系解释→3. 立法者意图或目的解释→4. 历史解释→5. 比较解释→6. 客观目的解释
	法律解释方法的位阶是初步性的，这个位阶所确定的各种方法之间的优先性关系是相对的，而不是绝对的，即这种优先性关系是可以被推翻的。但是，法律人在推翻上述位阶所确定的各种方法之间的优先性关系时，必须要充分地予以论证

四、当代中国的法律解释体制【正式解释与非正式解释 C】

（一）正式解释与非正式解释的区分（法律解释主体与解释结果效力的不同）

1. 正式解释【又称有权解释】：是指特定国家机关、官员或其他有解释权的人作出的具有法律上普遍约束力的解释，包括立法解释、行政解释与司法解释三种。

2. 非正式解释【又称任意解释】：是指学者或其他个人及组织对法律规定所作的不具有普遍约束力的解释。

（二）当代中国的法律解释体制【当代中国的法律解释体制：一元多级 B】

解释类型	解释主体	解释对象及其情形
立法解释	全国人大常委会	宪法和法律：（1）法律的规定需要进一步明确具体含义的；（2）法律制定后出现新的情况，需要明确适用法律依据的。该解释与法律具有同等效力
司法解释	最高司法机关（两高）	凡属于法院审判工作中具体应用法律、法令的问题，由最高人民法院进行解释；凡属于检察院检察工作中具体应用法律、法令的问题，由最高人民检察院进行解释；最高人民法院和最高人民检察院的解释如果有原则性的分歧，报请全国人民代表大会常务委员会解释或决定
行政解释	国务院及主管部门	不属于审判和检察工作中的其他法律、法令如何具体应用的问题；且国务院及其主管部门有权对其在行使职权时对自己所制定的法规进行解释
地方性法规解释	有关地方国家机关	属于地方性法规条文本身需要进一步明确界限或作补充规定的，由制定该地方性法规的人民代表大会常务委员会进行解释或作出规定；凡属于地方性法规如何具体应用的问题，由同级的人民政府进行解释

📝 判断分析

1. 张某出差途中突发疾病死亡，被市社会保障局认定为工伤。但张某所在单位认为依据《工伤保险条例》，只有"在工作时间和工作岗位突发疾病死亡"才属于工伤，遂诉至法院。法官认为，张某为完成单位分配任务，须经历从工作单位到达出差目的地这一过程，出差途中应视为工作时间和工作岗位，故构成工伤。关于此案，下列哪些说法是正确的？（2015年第1卷第59题）

A. 解释法律时应首先运用文义解释方法【正确】

B. 法官对条文作了扩张解释【正确】

C. 对条文文义的扩张解释不应违背立法目的【正确】

D. 一般而言，只有在法律出现漏洞时才需要进行法律解释【错误，法律解释也具有<u>合理地确定法律规定的含义</u>的作用，并不只是在出现漏洞时才需要解释】

2.《最高人民法院、最高人民检察院关于办理赌博刑事案件具体应用法律若干问题的解释》第二条规定："以营利为目的，在计算机网络上建立赌博网站，或者为赌博网站担任代理，接受投注的，属于刑法第三百零三条规定的'开设赌场'"。关于该解释，下列哪一说法是不正确的？（2014年第1卷第14题）

A. 属于法定解释【正确】

B. 对刑法条文做了扩大解释【正确】

C. 应当自公布之日起30日内报全国人大常委会备案【正确】

D. 运用了历史解释方法【错误，该条的解释并未参照历史事实，运用的是文义解释】

第五节　法律推理

一、法律推理的概念和特征

概念	法律推理，就是指法律人在从一定的前提推导出法律决定的过程中所必须遵循的推论规则
特点	1. 法律推理以<u>法律规定</u>和<u>法学原理</u>为基础
	2. 法律推理依据<u>法的渊源</u>进行，包括正式渊源与非正式渊源
	3. 法律推理寻求的是"正当性证明"，而非"<u>绝对真相</u>"
	4. 法律推理的过程是<u>事实判断与价值判断相结合</u>的过程

二、法律推理的种类【法律推理的种类 B】

（一）定义

演绎推理	演绎推理是从一般到个别的推论。它是一种必然性推理，所谓"必然"，意味着<u>只要前提为真，则结论一定为真</u>。演绎推理是大陆法系国家通行的司法推理，具体表现为司法三段论
归纳推理	归纳推理是从<u>个别到一般</u>的推理。归纳推理的具体方法是：首先，汇集众多个别案件及经验事实；其次，对所汇集的对象进行比较、分类和概括；最后，发现个别案件和经验事实中那些共同的特征和属性，由此形成普遍性的判断和结论
类比推理	类比推理是从<u>个别到个别</u>的推论。类比推理就是根据两个或两类<u>不同事物的相似性</u>，或者说在某些属性上是相同的，从而推导出它们在另一个或另一些属性上也是相同的。法律领域的类比推理是根据两个案例在事实特征方面的相似性，推导出将其中一个案例的法律后果也适用于另一个案件的推论

续表

反向推理	反向推理，又称"反面推论"，是指从法律规范赋予某种事实情形以推出某个法律后果，这一后果不适用于法律规范未规定的其他事实情形
当然推理	当然推理指的是由某个更广泛的法律规范的效力推导出某个不那么广泛的法律规范的效力。当然推理包括两种形式：一是举轻以明重，二是举重以明轻
设证推理	设证推理又称"推定"，是指从某个结论或事实出发，依据某个假定的法则推导出某个前提或曾发生的事实的推论

（二）比较分析

推理类型	逻辑模式	推理特点	法律领域的运用
演绎推理	其一般模式如下： （1）大前提（L-法律规范） （2）小前提（F-案件事实） （3）因此，得出结论（J-法律裁判）	从一般到个别的推理，属于必然性推理，因此最可靠	大陆法系的司法审判中最常用的方法
归纳推理	其一般模式如下： （1）案例1具体情况 （2）案例2具体情况 （3）案例3具体情况 …… （4）因此，得出一般结论	从个别到一般的推理，属于或然性推理	英美法系审判中，法官从以往判例中归纳推出法律规则
类比推理	其一般模式如下： （1）A事物具有a、b、c、d等属性 （2）B事物也具有a、b、c属性 （3）因此，B事物也具有d属性	从个别到个别，或然性推理	在法律无具体规定时，依据最相近似条款类比适用解决疑难案件
反向推理	其一般模式如下： （1）A应当导致B （2）C不是A （3）因此，C不应当导致B	反向推理是或然的，也非逻辑形式上有效的推论	从法律规范赋予某种事实情形以某个法律后果，推出这一后果不适用于法律规范未规定的其他事实情形。罗马法谚"明示其一即否定其余"就体现了这种推理
当然推理	其一般模式如下： （1）如果较强的规范无效； （2）那么较弱的规范必然更加无效。	当然推理并非逻辑上有效的推论，而依赖于实质判断	由某个更广泛的法律规范的效力推导出某个不那么广泛的法律规范的效力。包括举轻以明重和举重以明轻
设证推理	其一般模式如下： （1）发现事实 （2）根据以往的知识、经验提出各种可能的解释，并依据可能性的强弱进行排序 （3）确定其中一种解释为最佳解释 （4）得出结论：该最佳解释可能为真	从结论假设最可能的原因，依赖个人经验，最不可靠的或然性推理	刑事侦查中警察从现有证据假设最可能的侦查方向

【总结】法律推理的判断方法：

1. 演绎推理："从一般到个别"；
2. 归纳推理："从个别到一般"；
3. 类比推理："从个别到个别"；
4. 反向推理："明确其一，则否定其余"；
5. 当然推理："举轻以明重、举重以明轻"；
6. 设证推理："先假设，再确证"。

判断分析

1. 新郎经过紧张筹备准备迎娶新娘。婚礼当天迎亲车队到达时，新娘却已飞往国外，由其家人转告将另嫁他人，离婚手续随后办理。此事对新郎造成严重伤害。法院认为，新娘违背诚实信用和公序良俗原则，侮辱了新郎人格尊严，判决新娘赔偿新郎财产损失和精神抚慰金。关于本案，下列哪些说法可以成立？（2014年第1卷第52题）

B. 本案法官运用了演绎推理【正确】

C. 确认案件事实是法官进行推理的前提条件【正确】

2. 徐某被何某侮辱后一直寻机报复，某日携带尖刀到何某住所将其刺成重伤。经司法鉴定，徐某作案时辨认和控制能力存在，有完全的刑事责任能力。法院审理后以故意伤害罪判处徐某有期徒刑10年。关于该案，下列说法是正确的？（2015年第1卷第58题）

C. 该案中法官运用了演绎推理【正确】

D. "徐某被何某侮辱后一直寻机报复，某日携带尖刀到何某住所将其刺成重伤"是该案法官推理中的大前提【错误，本题中"故意伤害致人重伤的，处三年以上十年以下有期徒刑"是大前提】

3. 法官参照最高法院发布的指导性案例所确定的"法人人格混同"标准作出相应案件判决是运用类比推理的体现【正确】

第六节 法律漏洞的填补【法律漏洞 A】

法律漏洞的概念	法律漏洞指的就是违反立法计划（规范目的）的不圆满性。换言之，也就是关于某个法律问题，法律依其规范目的应有所规定，却未设规定	
法律漏洞的分类	分类依据	具体类别
	法律对于某个事项是否完全没有规定	1. 全部漏洞：如果被判断为有被规范之需要的问题根本就未被法律规范，那就出现了全部漏洞，也称为"立法空白"
		2. 部分漏洞：如果被判断为有被规范之需要的问题虽已为法律所规范但并不完全，则为部分漏洞
	漏洞的表现形态	1. 明显漏洞是指关于某个法律问题，法律依其规范目的或立法计划，应积极地加以规定却未设规定【总结：范围过窄，该规定而未规定】
		2. 隐藏漏洞是指关于某个法律问题，法律虽已有规定，但依其规范目的或立法计划，应对该规定设例外却未设例外【总结：范围过宽，不该规定而规定】

续表

法律漏洞的分类	漏洞产生的时间	1. 自始漏洞是指法律漏洞在法律制定时即已存在。以立法者在立法时对法律规定的欠缺是否已有认知为标准，又可将自始漏洞分为明知漏洞与不明知漏洞
		2. 嗣后漏洞是指在法律制定和实施后，因社会客观形势的变化发展而产生了新问题，但这些新问题在法律制定时并未被立法者所预见以致没有被纳入法律的调控范围，由此而构成法律漏洞
法律漏洞的填补方法		填补明显漏洞和隐藏漏洞的方法分别是目的论扩张和目的论限缩
	目的论扩张	适用情形：目的论扩张面对的是"潜在包含"的情形，即法律文义所指范围窄于规范目的所指的范围，或者说立法者"词不达意"的情形
	目的论限缩	适用情形：目的论限缩面对的是法律之"过度包含"的情形，即法律文义所指的范围宽于规范目的所指的范围，或者说立法者"言过其实"的情形

判断分析

1. 沈某因继承祖父的遗产取得房屋所有权，起诉至法院要求继祖母李某搬离。法院认为，此住房是李某唯一住房，且李某年岁已高，无其他生活来源，如果让其搬离，会违背公序良俗。虽然此房屋并未登记设立居住权，但根据《民法典》规定居住权的立法目的，应当承认李某的居住权利。为了证成李某的权利，法院做了目的论扩张。【正确】

2. 下列关于法律漏洞和法律解释的说法，哪一项是正确的？（2020年公法卷仿真题）

A. 法律出现缺失即可称之为法律漏洞【错误，法律漏洞是关于某类事项，法律该规定未规定、该排除没有排除、该限制未限制的情况，而非简单的法律的缺失】

B. 对于"词不尽意"的法律漏洞可采用目的论限缩的方法予以弥补【错误，对于"词不尽意"的法律漏洞应采用目的论扩张的方法予以弥补】

C. 法律漏洞是法律中的客观存在，其有无不需要法官进行价值判断【错误，法律漏洞的有无是个价值判断问题，需要法官进行价值判断】

D. 目的论限缩的解释与缩小解释的差别之一在于有无改变法律规范的适用范围【正确】

第三章 法的演进

第一节 法的起源与历史类型

一、法的产生【法的起源 E】

马克思主义法学认为：法不是从来就有的，也不是永恒存在的，它是人类历史发展到奴隶社会阶段才出现的社会现象。法是随着生产力的提高、社会经济的发展、私有制和阶级的产生、国家的出现而产生的，经历了一个长期的渐进的过程	
法产生的主要标志：国家的产生、权利和义务观念的形成以及法律诉讼和司法审判的出现	
法律与原始社会规范的区别	1. 产生的方式不同。法是由国家制定或认可的，原始社会规范是先民在长期的生产和生活过程中自发形成的
	2. 反映的利益和意志不同。法反映统治阶级的利益和意志，原始社会规范反映原始社会全体成员的利益和意志
	3. 实施的机制不同。法以国家强制力保证实施，原始社会规范主要依靠社会舆论、传统力量和氏族部落领袖的威信保证实施
	4. 适用的范围不同。法适用于国家主权范围内的所有居民，原始社会规范只适用于相同血缘的本氏族部落成员

二、法产生的一般规律

1. 调整机制上：个别性调整→规范性调整→法的调整
2. 形式上：习惯→习惯法→制定法
3. 内容上：法与宗教、道德规范浑然一体→三者逐渐分化、法相对独立发展

三、法的历史类型

1. 奴隶制法：反映和维护奴隶主的等级特权
2. 封建制法：确认和维护封建等级特权
3. 资本主义的法：体现资本集团意志，维护其利益
4. 社会主义法：建立在生产资料公有制的经济基础之上，反映和维护了广大劳动人民的利益和意志，是更高历史类型的法

📖 判断分析

有学者这样解释法的产生：最初的纠纷解决方式可能是双方找到一位共同信赖的长者，向他讲述事情的原委并由他作出裁决；但是当纠纷多到需要占用一百位长者的全部时间时，一种制度化的纠纷解决机制就成为必要了，这就是最初的法律。对此，下列哪一说法是正确的？（2017年第1卷第13题）

A. 反映了社会调整从个别调整到规范性调整的规律【正确】

B. 说明法律始终是社会调整的首要工具【错误，在16世纪之后，法律成为调整社会的主要工具，而之前，主要靠道德和宗教】

C. 看到了经济因素和政治因素在法产生过程中的作用【错误，本题强调的是社会因素】

第二节　法的传统与法律文化

一、法的传统【法的传统E；法律意识E】

1. 法的传统：特定国家和民族世代相传、辗转相承的有关法的制度和观念的总和
2. 法的传统可以通过法律制度体现和传承
3. 法的传统也可以以法律意识体现和传承。法律意识在结构上可以分为两个层次：法律心理和法律思想 （1）法律心理是人们对法律现象表面的、直观的感性认识，属于法律意识的初级形式和初级阶段 （2）法律思想则属于法律意识的高级阶段，它以理论化、知识化和体系化为特征，是人们对法律现象理性认识的产物，一般以著作、论文等方式呈现出来

📖 判断分析

下列哪些选项属于法律意识的范畴？（2011年第1卷第52题）

A. 法国大革命后制定的《法国民法典》【错误，《法国民法典》属于法律规范和法律制度，不是法律意识】

B. 西周提出的"以德配天，明德慎罚"【正确】

C. 中国传统的"和为贵""少讼""厌讼"【正确】

D. 社会主义法治理念【正确】

二、中国和西方的传统法律文化

中国传统法律文化特点	西方传统法律文化特点
1. 礼法结合、德主刑辅	1. 法律受宗教的影响较大
2. 等级有序、家族本位	2. 强调个体的地位和价值
3. 以刑为主、民刑不分	3. 私法文化相对发达
4. 重视调解、无讼是求	4. 以正义为法律的价值取向

📖 判断分析

我国古代法律是"诸法合体"，没有部门法的划分，不存在法律体系。【错误，我国古代特定时期特

定朝代全国现行法律规范，是内部和谐一致、有机联系的整体，存在法律体系】

三、法的继承与法的移植【法的继承与法的移植E】

（一）法的继承

含义	不同历史时代的法律制度之间的延续和继受，一般表现为旧法对新法的影响、新法对旧法的继受
根据	1. 社会生活条件的历史延续性决定了法的继承性 2. 法的相对独立性决定了法的发展过程的延续性和继承性 3. 法作为人类文明成果决定了法的继承的必要性

（二）法的移植

含义	在鉴别、认同、调适、整合的基础上，引进、吸收、采纳、摄取、同化外国法，使之成为本国法律体系的有机组成部分
必然性和必要性	1. 社会和法的发展的不平衡性决定了法的移植的必然性 2. 经济全球化决定了法的移植的必要性 3. 法律移植有助于推动法的现代化发展

判断分析

关于法的移植与法的继承，下列说法正确的是？（2018年公法卷仿真题）

A. 法律移植的对象是外国的法律，国际法律和惯例不属于移植对象【错误，法律移植既包括对外国的法律，也包括对国际条约和国际惯例的吸收和转化】

B. 与法律继承不同，法律移植的主要原因是社会发展和法的发展的不平衡性【正确】

C. 当前我国对美国诉讼法的吸收不属于法律移植【错误，当前我国对于美国诉讼法的吸收属于典型的法律移植】

D. 法律继承的对象，必须局限于本民族的古代的法律【错误，继承的对象并不局限于本民族的古代法律】

第三节　法系

一、法系的概念与标准

概念	根据法的历史传统和外部特征的不同，对世界各国、各民族的法所作的宏观分类，凡属于同一法律传统或具有某些共同特征的各个国家或民族的法律构成一个法系
划分标准	1. 法的历史来源：指相关法律最初的、共同的历史来源 2. 主导性的法学思想方法：指指导一个法系发展的主流法学思想 3. 法的表现形式及其解释方法：在特定国家法以什么形式表现出来，其解释适用的方法如何 4. 特定的法律制度：具有明显特征的、可以用于辨识其法系归属的特定的制度

二、大陆法系和英美法系

	大陆法系	英美法系
含义	以古罗马法，特别是以19世纪初《法国民法典》为传统产生和发展起来的法律的总称	以英格兰中世纪所形成的普通法为基础和传统产生与发展起来的法律的总称
正式渊源	只包括制定法	既包括各种制定法，也包括判例法
法律思维	演绎型思维：法官从法律条文出发，涵摄案件事实，推理判决结果	归纳式思维，注重类比推理：法官需要归纳判例，总结出一般性规则；比较判例与案件，根据异同作出判决
法律分类	公法（宪法、刑法等）VS私法（民法、商法等）	普通法（处理一般案件）VS衡平法（处理特殊案件） 【注意：普通法和衡平法都是判例法】
诉讼程序	纠问制（职权主义）：法官主导	对抗制（当事人主义）：法官消极中立，律师作用突出
法典编纂	倾向法典编纂	比起法典编纂，更倾向单行法

【注意：在法律全球化背景下，两大法系虽日渐融合但仍有区别，其划分仍有意义】

⚖ 判断分析

关于英美法系、大陆法系两大法系特点的表述有：①以判例法为主要渊源；②以制定法为主要渊源；③以日耳曼法为历史渊源；④法官对法律的发展起举足轻重的作用；⑤以归纳为主要推理方法；⑥以演绎法为主要推理方法；⑦诉讼程序传统上倾向于职权主义，法官起积极主动的作用。下列哪一归纳是正确的？（2017年第1卷第20题）

A. 属于英美法系特点的有：①③⑥⑦【错误，⑥⑦属于大陆法系的特点】
B. 属于大陆法系特点的有：②④⑤⑦【错误，④⑤属于英美法系的特点】
C. 属于英美法系特点的有：①③④⑤【正确】
D. 属于大陆法系特点的有：②③⑤⑦【错误，③⑤属于英美法系的特点】

第四节　法的现代化

一、法的现代化及其类型

（一）法的现代化的内涵

法的现代化是社会生活现代化的产物，是适应现代化需要，增加现代性因素的过程；反过来，现代化的法又为现代社会生活提供制度保障

1. 法的现代化意味着法与道德的相对分离
2. 法的现代化意味着法成为形式法
3. 法的现代化意味着法对现代价值的体现和保护
4. 法的现代化意味着法具有形式合理性，即具有可理解性、精确性、一致性、普遍性、公开性，法律一般是成文的以及不具有溯及既往的效力等

（二）法的现代化的类型

内发型法的现代化	外源型法的现代化
自发性：西方文明的特定历史背景下自发创新，如英国等	被动性：受外力冲击的社会历史背景下被迫变革，如日本等
独立性：政治、经济的进步下，法逐渐适应社会发展	依附性：带有工具色彩，为政治、经济变革服务
平稳性：自下而上，由内而外，缓慢渐进，孕育于本土法文化	反复性：自上而下，由外而内，迅速突然，与本土法文化融合难度大

二、当代中国法的现代化

以收回领事裁判权为契机的清末修律，标志着中国走上了法律转型之路，开启了中国法的现代化之门

1. 从被动接受到主动选择

2. 从模仿大陆法系到建立中国特色的社会主义法律制度

3. 立法主导型的启动形式

4. 法律制度变革在前，法律观念更新在后

判断分析

关于法的现代化，下列哪一说法是正确的？（2017年第1卷第14题）

A. 内发型法的现代化具有依附性，带有明显的工具色彩【错误，不是内发型而是外源型具有工具色彩】

B. 外源型法的现代化是在西方文明的特定历史背景中孕育、发展起来的【错误，在西方文明的特定历史背景中孕育、发展起来的是内发型不是外源型】

C. 外源型法的现代化具有被动性，外来因素是最初的推动力【正确】

D. 中国法的现代化的启动形式是司法主导型【错误，中国法的现代化的启动形式是立法主导型而不是司法主导型】

第五节 法治理论

一、法治的含义【法制与法治 E】

1. 法治意味着法律在社会生活中具有最高权威。法治意味着任何人，无论是国家领袖还是普通公民，都不能高于法律，政府通过法律手段施政，其自身也受法律约束

2. 法治意味着是良法之治。良法必须以民众的福祉为目的，必须与社会公认的价值保持一致，这些价值包括自由、平等、正义、和平、和谐等；良法必须具有确定、清晰、规范、统一的外在形式，能够向公民提供确定的行为指引，能够有效约束政府行为和司法审判

3. 法治意味着人权应得到尊重和保障。只有切实地贯彻"尊重和保障人权"的原则，肯定人的主体地位，法律的存在才是"合目的"的、有价值和合法的，才有可能实现法治

续表

4. 法治意味着国家权力必须依法行使。国家权力的行使，必须遵循正当程序，任何超越权限或者违反程序的行为，均不具有合法性和权威性	
"法制"（legal system）与"法治"（rule of law）的区别： 1. 法制指一国的法律制度，法治指依法治国的良好状态 2. 凡是有国家的地方，就一定有法制。法治则是指以民主为基础，以法律为最高权威，尊重和保障人权的现代政治文明 3. 在历史上，法治是资本主义以来才有的现代政治文明现象，有法制并不一定有法治，而有法治则一定有法制	

二、社会主义法治国家的基本条件

社会结构条件	1. 必须以生活世界结构的分化或理性化为前提条件和基础 2. 需要以社会主义市场经济体制的形成为基础 3. 需要以社会主义民主制度的确立为基础 4. 必须以社会主义文化领域的功能专门化为前提条件和基础
制度条件	1. 必须有完备优良的法律体系 2. 必须有相对平衡和相互制约的权力运行机制 3. 必须有独立、公正、权威的司法体制 4. 必须有健全的法律职业制度
思想条件	1. 树立法律至上观念 2. 树立权利本位观念 3. 树立人人平等观念

【经典言论】

法治应包含两重含义：已成立的法律获得普遍的服从，而大家所服从的法律又应该本身是制定得良好的法律。——【古希腊】亚里士多德

判断分析

在某法学理论研讨会上，甲和乙就法治的概念和理论问题进行辩论。甲说：①在中国，法治理论最早是由梁启超先生提出来的；②法治强调法律在社会生活中的至高无上的权威；③法治意味着法律调整社会生活的正当性。乙则认为：①法家提出过"任法而治""以法治国"的思想；②法治与法制没有区别；③"法治国家"概念最初是在德语中使用的。下列哪一选项所列论点是适当的？（2003年第1卷第4题）

A. 甲的论点②和乙的论点①【正确】

B. 甲的论点①和乙的论点③【错误，正确的论点为甲的②③和乙的①③，错误的论点为甲的①和乙的②】

C. 甲的论点②和乙的论点②【错误，理由同上】

D. 甲的论点③和乙的论点②【错误，理由同上】

第四章 法与社会

第一节 法与社会的一般理论【法与社会的一般关系 A】

一、法以社会为基础

法是社会的产物	1. 社会的性质决定法的性质，不同性质的社会就有不同性质的法律
	2. 社会的发展阶段及其特征决定法的发展阶段及其特征
社会是法的基础	1. 法的发展重心不在立法、法学或判决，而在社会本身
	2. 制定、认可法律的国家以社会为基础，国家权力以社会力量为基础

二、法对社会的调整

法律是一种社会工程，是社会控制的工具之一，其任务在于调整各种相互冲突的社会利益。它虽然由社会决定，但也反作用于社会

1. 法律不仅具有维护社会稳定与秩序的作用，也具有促进社会变迁和变化的作用
2. 社会需要通过法来调和社会冲突，分配社会资源，维持社会秩序
3. 社会需要通过法来纠正自身存在的各类问题
4. 社会需要使法律与其他的资源分配系统（宗教、道德、政策等）相互配合来一起调整

判断分析

奥地利法学家埃利希在《法社会学原理》中指出："在当代以及任何其他的时代，法的发展的重心既不在立法，也不在法学或司法判决，而在于社会本身。"关于这句话涵义的阐释，下列哪一选项是错误的？（2009年第1卷第7题）

A. 法是社会的产物，也是时代的产物【正确】
B. 国家的法以社会的法为基础【正确】
C. 法的变迁受社会发展进程的影响【正确】
D. 任何时代，法只要以社会为基础，就可以脱离立法、法学和司法判决而独立发展【错误，在任何时代，法不能脱离立法、法学和司法判决而独立发展】

第二节　法与经济【法与经济 E】

一、法与经济的一般关系

经济基础对法具有决定作用	1. 法由经济基础所决定，并为经济基础服务： （1）经济基础的性质决定法的性质 （2）经济基础决定法的内容 （3）经济基础的发展变化决定法的发展变化 （4）经济基础决定法的作用的实现程度 2. 经济基础对法的决定作用是从最终的意义上讲的： 法并不是从经济基础中直接、自发地产生出来的，经济基础对法的决定作用要通过人的有意识的活动来实现
法对经济基础具有反作用	1. 法的这种反作用并不是自发实现的，而是在人们的自觉活动过程中进行和实现的： （1）法对经济基础具有指引和预测的作用 （2）法对经济基础也可能具有限制和削弱作用 2. 社会主义法对社会主义经济基础的作用体现在： （1）确认和维护社会主义基本经济基础 （2）对社会主义市场经济进行法律规制 （3）通过调整生产关系促进生产力的发展

判断分析

2007 年 8 月 30 日，我国制定了《中华人民共和国反垄断法》（以下简称《反垄断法》），下列说法哪些可以成立？（2009 年第 1 卷第 54 题）

A.《反垄断法》的制定是以我国当前的市场经济为基础的，没有市场经济，就不会出现市场垄断，也就不需要《反垄断法》，因此可以说，社会是法律的母体，法律是社会的产物【正确】

B. 法对经济有积极的反作用，《反垄断法》的出台及实施将会对我国市场经济发展产生重要影响【正确】

C. 我国市场经济的发展客观上需要《反垄断法》的出台，这个事实说明，唯有经济才是法律产生和发展的决定性因素，除经济之外法律不受其他社会因素的影响【错误，法的起源、本质、作用和发展变化，都要受到社会经济基础的制约，但是，不能因此就认为法律不受其他因素的影响或与其他社会现象无关】

D. 为了有效地管理社会，法律还需要和其他社会规范（道德、政策等）积极配合，《反垄断法》在管理市场经济时也是如此【正确】

二、法与科学技术【法与科技 C】

科技进步对法的影响	1. 科技对立法的影响： （1）科技的发展扩大了法律调整的社会关系的范围 （2）科技的发展在一定程度上提高了立法的质量和水平 （3）新技术的出现也导致了伦理困境和法律评价上的困难

续表

科技进步对法的影响	2.科技对司法的影响： 司法过程中事实认定和法律适用的环节越来越深刻地受到了现代科学技术的影响
法对科技进步的作用	1.可以运用法律管理科技活动，推动科技的进步
	2.可以通过法律促进科技成果的商品化
	3.法律要对科技可能导致的问题进行必要的限制，以防止产生不利的社会后果

判断分析

生物科技和医疗技术的不断发展，使器官移植成为延续人的生命的一种手段。近年来，我国一些专家呼吁对器官移植进行立法，对器官捐献和移植进行规范。对此，下列哪种说法是正确的？（2006年第1卷第6题）

A.科技作为第一生产力，其发展、变化能够直接改变法律【错误，科技的发展变化并不能直接改变法律本身】

B.法律的发展和变化也能够直接影响和改变科技的发展【错误，法律的发展变化也并不能直接影响和改变科技的发展，二者之间的相互作用只是一种"间接"的关系】

C.法律既能促进科技发展，也能抑制科技发展所导致的不良后果【正确】

D.科技立法具有国际性和普适性，可以不考虑具体国家的伦理道德和风俗习惯【错误，无论科技如何发展，法律如何更新，二者都以一国的伦理道德和风俗习惯为基础，具有某种地方性和特殊性】

第三节　法与政治【法与政治E】

一、法与政治的一般关系

政治对法的作用（主导作用）	1.法的产生和实现往往与一定的政治活动相关，反映和服务于一定的政治
	2.政治可以为法的发展提供条件和环境
	3.政治可以影响和制约法的内容
	4.政治关系的发展变化也在一定程度或意义上影响法的发展变化
法对政治的作用（确认、调整和影响作用）	1.法可以确认社会各阶层和集团在国家生活中的地位
	2.法可以反映和实现一定阶级和集团的目的和要求
	3.法可以为阶级和国家的中心任务服务
	4.法还可以对危害统治阶级的行为采取制裁措施，捍卫政治统治

二、法与政策的联系与区别

法与政策的联系	1.党的政策对法有指导作用
	2.社会主义法对党的政策有制约作用
法与政策的区别	1.规范形式不同。法表现为规范性法律文件或国家认可的其他渊源形式，内容一般具有确定性，权利义务的规定具体、明确。党的政策则一般表现为决议、宣言、决定、声明、通知等，内容相对规定得比较笼统，更多具有纲领性、原则性和方向性

续表

法与政策的区别	
	2. 实施方式不同。法依靠国家强制力即法律制裁保证实施；党的政策依靠宣传动员和党的组织工作等方式实施，违反政策会受到批评教育或党纪制裁
	3. 调整范围不相同。法只调整具有交涉性和可诉性的社会关系，党的政策调整的社会关系和领域比法律要广，对党的组织和党的成员的要求也比法的要求要高
	4. 稳定性、程序化程度不同。法具有较高的稳定性，任何变动都须遵循严格、固定的程序。党的政策可应形势变化作出较为迅速的反应和调整，具有较大灵活性

判断分析

"近现代法治的实质和精义在于控权，即对权力在形式和实质上的合法性的强调，包括权力制约权力、权利制约权力和法律的制约。法律的制约是一种权限、程序和责任的制约。"关于这段话的理解，下列哪些选项是正确的？（2013年第1卷第51题）

A. 法律既可以强化权力，也可以弱化权力【正确】

B. 近现代法治只控制公权，而不限制私权【错误，法律也限制私权，如法律保护人的自由，但自由也应受到法律的限制】

C. 在法治国家，权力若不加限制，将失去在形式和实质上的合法性【正确】

D. 从法理学角度看，权力制约权力、权利制约权力实际上也应当是在法律范围内的制约和法律程序上的制约【正确】

第四节　法与道德【法与道德A】

一、法与道德的联系

法与道德在概念上的联系	1. 肯定说：以自然法学为代表。它肯定法与道德在概念上存在必然联系，认为实在法只有在符合自然法、具有道德上的善时，才具有法的属性。一个同道德严重对立的"法"压根就不是法，即"恶法非法"
	2. 否定说：以法律实证主义为代表。它否定法与道德在概念上存在必然联系，主张某事物是不是法与它是否符合正义，是两个必须分离的问题。法律不会因违反道德而丧失法的效力，即"恶法亦法"
法与道德在内容上的联系	法与道德在内容上相互渗透： 1. 近代以前的法在内容上与道德的重合程度极高，有时甚至浑然一体。古代法学家大多倾向于尽可能将道德义务转化为法律义务，使法确认和体现尽可能多的道德内容 2. 近现代法在确认和体现道德时大多注意二者重合的限度，倾向于只将最低限度的道德要求转化为法律义务，明确法与道德的调整界限，因而将法律视为最低限度的道德
法与道德在功能上的联系	法与道德在功能上相辅相成，共同调整社会关系。法律调整与道德调整各具优势，且形成互补 1. 古代法学家更多强调道德在社会调控中的首要或主要地位，对法的强调也更多在其惩治功能上 2. 近现代后，法学家一般都倾向于强调法律在社会中的首要作用

二、法与道德的区别

1. 生成方式不同：法律是国家制定的产物，而道德是自然演化生成的
2. 表现方式不同：法律表现为规范性法律文件的形式，而道德表现为内心的伦理原则
3. 调整范围不同：法律只关注社会行为，道德还关注内在思想和动机
4. 内容结构不同：法律规定具体的权利义务（确定），道德一般是原则性规定（模糊）
5. 实施方式不同：法律依靠国家强制力保证实施，道德依靠内在约束、社会舆论加以实施

判断分析

1. 甲乙两人分两个苹果，甲先拿走大的，乙责怪甲自私，甲问乙若你先拿又如何，乙称会选小的，甲说道，既然如此我拿大的岂非正合你意，你又何必怪我，根据该故事，结合对法治和德治观念的理解，下列说法正确的是？（2019年公法卷仿真题）

A. 道德缺乏强制力，不能保障人在同样的情形下作出一致的选择【错误，任何社会规范都具有强制力，即保证自己不被随意违反的力量，道德规范也不例外】

B. 法律可以从外部约束人的行为，但对道德领域难题的解决并无帮助【错误，我们可以通过将一定限度的道德要求转化为法律规定，以相对清晰的行为标准来规制统一人们的行为，进而化解一定范围内的道德难题】

C. 适用不同的程序可能对同样的结果赋予不同的意义【正确】

D. 提前约定好事情的处理方案，对于解决矛盾、避免纠纷起到至关重要的作用【正确】

2. "一般来说，近代以前的法在内容上与道德的重合程度极高，有时浑然一体。……近现代法在确认和体现道德时大多注意二者重合的限度，倾向于只将最低限度的道德要求转化为法律义务，注意明确法与道德的调整界限。"据此引文及相关法学知识，下列判断正确的是？（2010年第1卷第91题）

A. 在历史上，法与道德之间要么是浑然一体的，要么是绝然分离的【错误，法与道德在内容上存在相互渗透的密切联系】

B. 道德义务和法律义务是可以转化的【正确】

C. 古代立法者倾向于将法律标准和道德标准分开【错误，近代以前的法在内容上与道德的重合程度极高，有时浑然一体】

D. 近现代立法者均持"恶法亦法"的分析实证主义法学派立场【错误，近现代关于法律与道德在本质上的联系有两种学说，一种是自然法学派的"恶法非法"，一种是分析实证主义法学派的"恶法亦法"】

第五节 法与宗教【法与宗教 E】

一、宗教对法的影响

积极影响	1. 宗教可以推动立法
	2. 宗教影响司法程序
	3. 宗教信仰有助于提高守法的自觉性
消极影响	由于宗教信仰产生的激情，会导致过分的狂热，某些宗教甚至妨碍司法公正的实现

二、法对宗教的影响

政教合一的国家里，法与宗教的关系是法律的宗教化与宗教的法律化：

1. **法律的宗教化**是指法律依靠宗教神学的辩护和支持，从而获得一种宗教性或神圣性，以作为法律合法性的终极根据，法律借助宗教得以实施

2. **宗教的法律化**是指宗教规范被赋予法律效力成为法律规范，如欧洲中世纪的教会法

现代法律对宗教的影响，主要表现为法对本国宗教政策的规定、对宗教信仰自由的规定

绝大多数国家把宗教信仰作为公民的一项基本人权来看待，以法律保障宗教信仰的自由

在我国，**宗教信仰自由**既是公民的一项**基本权利**，也是国家的一项**基本政策**

【经典言论】

法律赋予宗教以其社会性，宗教则给予法律以其精神、方向和法律获得尊重所需要的神圣性。在法律与宗教彼此分离的地方，法律很容易退化成为僵死的法条，宗教则易于变为狂信——【美】伯尔曼

判断分析

关于法与宗教的关系，下列哪种说法是错误的？（2006年第1卷第2题）

A. 法与宗教在一定意义上都属于文化现象【正确】

B. 法与宗教都在一定程度上反映了特定人群的世界观和人生观【正确】

C. 法与宗教在历史上曾经是浑然一体的，但现代国家的法与宗教都是分离的【错误，当今世界上还存在一些**政教合一**的国家（如梵蒂冈），在这些国家里宗教和法律密切关联】

D. 法与宗教都是社会规范，都对人的行为进行约束，但宗教同时也控制人的精神【正确】

宪法学

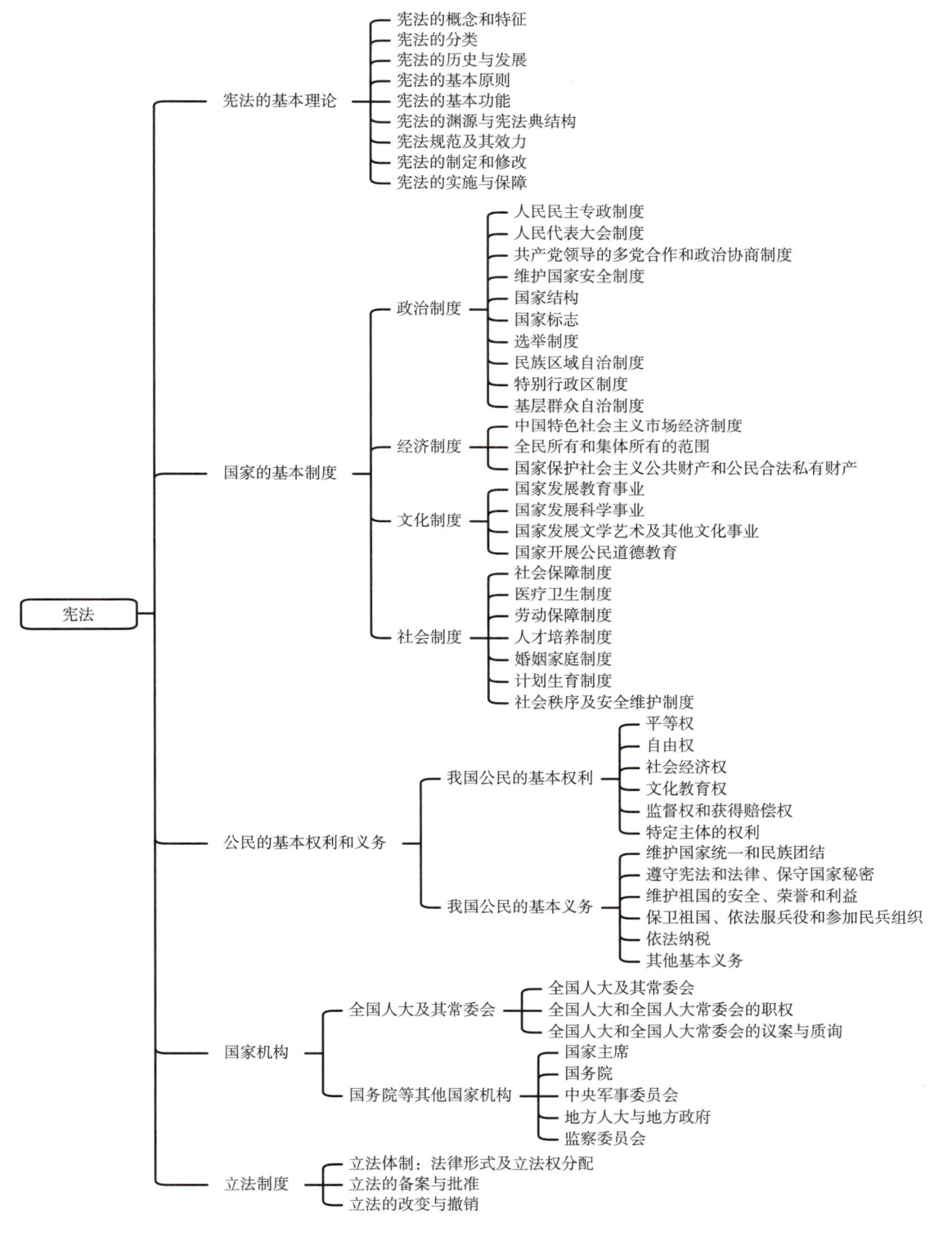

- 宪法
  - 宪法的基本理论
    - 宪法的概念和特征
    - 宪法的分类
    - 宪法的历史与发展
    - 宪法的基本原则
    - 宪法的基本功能
    - 宪法的渊源与宪法典结构
    - 宪法规范及其效力
    - 宪法的制定和修改
    - 宪法的实施与保障
  - 国家的基本制度
    - 政治制度
      - 人民民主专政制度
      - 人民代表大会制度
      - 共产党领导的多党合作和政治协商制度
      - 维护国家安全制度
      - 国家结构
      - 国家标志
      - 选举制度
      - 民族区域自治制度
      - 特别行政区制度
      - 基层群众自治制度
    - 经济制度
      - 中国特色社会主义市场经济制度
      - 全民所有和集体所有的范围
      - 国家保护社会主义公共财产和公民合法私有财产
    - 文化制度
      - 国家发展教育事业
      - 国家发展科学事业
      - 国家发展文学艺术及其他文化事业
      - 国家开展公民道德教育
    - 社会制度
      - 社会保障制度
      - 医疗卫生制度
      - 劳动保障制度
      - 人才培养制度
      - 婚姻家庭制度
      - 计划生育制度
      - 社会秩序及安全维护制度
  - 公民的基本权利和义务
    - 我国公民的基本权利
      - 平等权
      - 自由权
      - 社会经济权
      - 文化教育权
      - 监督权和获得赔偿权
      - 特定主体的权利
    - 我国公民的基本义务
      - 维护国家统一和民族团结
      - 遵守宪法和法律、保守国家秘密
      - 维护祖国的安全、荣誉和利益
      - 保卫祖国、依法服兵役和参加民兵组织
      - 依法纳税
      - 其他基本义务
  - 国家机构
    - 全国人大及其常委会
      - 全国人大及其常委会
      - 全国人大和全国人大常委会的职权
      - 全国人大和全国人大常委会的议案与质询
    - 国务院等其他国家机构
      - 国家主席
      - 国务院
      - 中央军事委员会
      - 地方人大与地方政府
      - 监察委员会
  - 立法制度
    - 立法体制：法律形式及立法权分配
    - 立法的备案与批准
    - 立法的改变与撤销

第一章 宪法的基本理论

一、宪法的概念和特征【宪法的概念和特征 C】

宪法的词源	1. 在中国古代典籍中，曾出现过"宪""宪法""宪令"等词语，但中国古代的"宪"与近现代宪法的性质和含义是不同的。在中国，将"宪法"一词作为国家根本法意义上的使用始于 19 世纪 80 年代		
	2. 在古代西方，"宪法"一词具有多义性： （1）古希腊的宪法，是关于城邦组织和权限方面的法律，类似于现在的组织法 （2）皇帝的诏书和谕旨 （3）确认西方教会、封建领主等特权以及他们与皇权关系的法律		
	3. 近代意义上"宪法"的词义：欧洲文艺复兴时期人文主义思潮出现以后确立		
宪法的特征	宪法是根本法	1. 内容：宪法规定一个国家最根本、最核心的问题。国家的根本制度、国家的性质、公民的基本权利和义务等最根本的问题，都在宪法中作出了明确规定	
		2. 效力：最高法律效力	针对立法： （1）宪法是普通法的依据，普通法是宪法的具体化 （2）任何法都不得与宪法的内容、原则和精神相违背
			针对行为：宪法是一切国家机关、社会团体和全体公民的最高行为准则
		3. 制定和修改程序：宪法的程序严于一般法律	
	宪法是公民权利的保障书	1. 宪法最重要、最核心的价值是保障公民权利和自由 2.1789 年法国《人权宣言》宣称：凡权利无保障和分权未确立的社会都没有宪法 3. 列宁：宪法就是一张写着人民权利的纸	
	宪法是民主事实法律化的基本形式	近代意义的宪法是资产阶级革命胜利的产物，将人们追求民主的成果通过宪法的形式固定下来，是资产阶级民主事实的法律化	
宪法的本质	宪法和其他法律一样，具有阶级性。在制定或修改宪法的时候，掌握国家政权的阶级综合考量各种政治力量的对比关系，并以此为基础规定宪法的基本内容。因此，宪法全面、集中体现各种政治力量的对比关系		

📝 判断分析

1. 我国《立法法》明确规定："宪法具有最高的法律效力,一切法律、行政法规、地方性法规、自治条例和单行条例、规章都不得同宪法相抵触。"关于这一规定的理解,下列哪一选项是正确的?(2016年第1卷第22题)

A. 宪法只能通过法律和行政法规等下位法才能发挥它的约束力【错误,宪法效力具有直接性,对依据宪法进行的各种行为产生直接的约束力】

B. 宪法的最高法律效力只是针对最高立法机关的立法活动而言的【错误,宪法同时对立法行为与依据宪法进行的各种行为产生直接的约束力】

C. 维护宪法的最高法律效力需要完善相应的宪法审查或者监督制度【正确】

2. 宪法是国家根本法,具有最高法律效力。下列有关宪法法律效力的哪一项表述是正确的?(2005年第1卷第11题)

B. 在我国,任何法律法规都不得与宪法规范、宪法基本原则和宪法精神相抵触【正确】

C. 宪法的法律效力主要表现为对公民的行为约束【错误,宪法是公民的权利保障书,宪法的法律效力主要表现为对公民基本权利和自由的保障,而非约束】

D. 宪法的法律效力不具有任何强制性【错误,宪法对立法行为与依据宪法进行的各种行为产生直接的约束力】

二、宪法的分类【宪法的分类 A】

(一)宪法的形式分类:资产阶级宪法学者的分类

分类标准	具体类型	代表
宪法是否具有统一法典的形式(英国蒲莱士)	1. 成文宪法:又称为文书宪法或制定宪法。明显特征:法律文件名称中大多使用"宪法"字眼,又大多冠以国名,并且成文宪法具有最高的法律效力	世界第一部成文宪法是1787年美国宪法;欧洲大陆第一部成文宪法是1791年法国宪法 当今世界上大多数国家都是成文宪法国家
宪法是否具有统一法典的形式(英国蒲莱士)	2. 不成文宪法:不具有宪法典的形式,散见于宪法性法律、宪法判例和宪法惯例的宪法。明显特征:法律文件并未冠以宪法之名,但却发挥着宪法的作用,不成文宪法效力与普通法律相同	英国是典型的不成文宪法国家,其宪法主要表现为:1628年《权利请愿书》、1679年《人身保护法》、1689年《权利法案》、1701年《王位继承法》等
宪法有无严格的制定、修改机关和程序(英国蒲莱士)	1. 刚性宪法:制定、修改的机关及程序严于一般法律	成文宪法国家往往是刚性宪法国家
宪法有无严格的制定、修改机关和程序(英国蒲莱士)	2. 柔性宪法:制定、修改的机关及程序和一般法律相同	不成文宪法国家往往是柔性宪法国家
制定宪法的主体不同	1. 钦定宪法:由君主或以君主的名义制定和颁布	1908年清政府的《钦定宪法大纲》;1889年《大日本帝国宪法》,即明治宪法
制定宪法的主体不同	2. 协定宪法:由君主与国民或者国民的代表机关协商制定	1215年《自由大宪章》;1830年法国宪法
制定宪法的主体不同	3. 民定宪法:由民意机关或者由全民公决制定	世界上大多数国家的宪法

（二）宪法的实质分类：马克思主义宪法学者的分类

分类标准	具体类型
国家的类型和宪法的阶级本质	1. 社会主义类型的宪法 2. 资本主义类型的宪法

判断分析

1. 下列关于宪法的分类，正确的选项是？（2018年公法卷仿真题）

A. 中国是典型的刚性宪法国家，宪法的修改程序严于普通法律，宪法修正案要求全国人大全体代表的三分之二以上通过，普通法律只需要二分之一以上通过即可【错误，普通法律的通过不是二分之一以上，而是过半数，不包含本数】

B. 在成文宪法国家，宪法典就是通常意义上的宪法，而在不成文宪法国家，其宪法往往体现为实质意义上的宪法性法律、宪法惯例等形式【正确】

C. 1889年的《明治宪法》和1830年的《法国宪法》是两部典型的钦定宪法【错误，1830年的《法国宪法》属于协定宪法】

2. 成文宪法和不成文宪法是英国宪法学家提出的一种宪法分类。关于成文宪法和不成文宪法的理解，下列哪一选项是正确的？（2017年第1卷第21题）

A. 不成文宪法的特点是其内容不见于制定法【错误，不成文宪法的特点在于没有统一的宪法典，散见于宪法性法律、宪法判例和宪法惯例】

B. 宪法典的名称中必然含有"宪法"字样【错误，也可以"XX基本法"的名称表现出来，例如《德意志联邦共和国基本法》】

C. 美国作为典型的成文宪法国家，不存在宪法惯例【错误，美国作为典型的成文宪法国家，也存在着大量的宪法惯例】

D. 在程序上，英国不成文宪法的内容可像普通法律一样被修改或者废除【正确】

3. 在不成文宪法的国家中，宪法的法律效力高于其他法律【错误，在不成文宪法的国家中，宪法与一般法律的效力几乎是相等的】

三、宪法的历史与发展【宪法的发展 C】

近代意义宪法的产生	1. 近代意义上的宪法是资产阶级革命的产物 2. 近代意义宪法的产生基础： （1）资本主义商品经济普遍化发展的必然结果 （2）资产阶级革命的胜利、资产阶级国家政权的建立和以普选制、议会制为核心的民主制度的形成，为近代宪法的产生提供了政治条件 （3）资产阶级启蒙思想家提出的民主、自由、平等、人权和法治等理论为近代宪法的产生奠定了思想基础
世界史上重要的宪法	1. 1787年美国宪法是世界上第一部成文宪法，开创了以修正案修改宪法的方式，是近代宪法的标志
	2. 1791年法国宪法是欧洲大陆第一部成文宪法

续表

世界史上重要的宪法	3.1918年《苏俄宪法》是世界上第一部社会主义宪法。《苏俄宪法》与1919年德国《魏玛宪法》被视为现代宪法的开端
中国重要的宪法	1. 1908年《钦定宪法大纲》是我国历史上第一部宪法性文件
	2. 1912年《中华民国临时约法》是我国历史上第一部（也是唯一一部）资产阶级性质的宪法性文件
	3. 1923年《中华民国宪法》（"贿选宪法"）是我国历史上首部正式颁行的宪法
	4. 1954年宪法是我国历史上第一部社会主义性质的宪法。1975年、1978年和1982年进行了宪法的全面修改。其中，1975年宪法是一部内容很不完善并且在指导思想上存在严重错误的宪法。1978年宪法经过了1979年和1980年两次部分修改，但仍不能适应新时期社会发展的需要。因此，1982年12月4日，五届全国人大五次会议通过了1982年宪法，即现行宪法
	5. 1982年宪法是对1954年宪法的继承和发展，全面总结了我国社会主义革命和建设的经验，为实行改革开放提供宪法基础，并保障了改革开放的顺利进行。1982年宪法经过了1988年、1993年、1999年、2004年和2018年五次修改，通过了52条宪法修正案

判断分析

关于宪法的历史发展，下列哪一选项是不正确的？（2014年第1卷第21题）

A. 资本主义商品经济的普遍化发展，是近代宪法产生的经济基础【正确】

B. 1787年美国宪法是世界历史上的第一部成文宪法【正确】

C. 1918年《苏俄宪法》和1919年德国《魏玛宪法》的颁布，标志着现代宪法的产生【正确】

D. 行政权力的扩大是中国宪法发展的趋势【错误，中国宪法逐步扩大公民的基本权利，并没有出现行政权力扩大的趋势】

四、宪法的基本原则【宪法基本原则 C】

人民主权原则	概念	也被称为主权在民，指国家的最高权力由人民享有
	在我国宪法中的体现	1.《宪法》第一条第一款规定：中华人民共和国是工人阶级领导的、以工农联盟为基础的人民民主专政的社会主义国家
		2.《宪法》第二条规定：中华人民共和国的一切权力属于人民。人民行使国家权力的机关是全国人民代表大会和地方各级人民代表大会。人民依照法律规定，通过各种途径和形式，管理国家事务，管理经济和文化事业，管理社会事务
基本人权原则	概念	人权指作为一个人所应享有的权利
	在我国宪法中的体现	1.2004年宪法修正案明确规定：国家尊重和保障人权。这是我国宪法第一次引入"人权"的概念
		2.我国宪法以专章的形式明确列举了公民的基本权利

续表

法治原则	概念	法治与人治相对，**指法律的统治**。核心思想在于：依法治理国家、法律面前人人平等、反对任何组织和个人享有法律之外的特权
	在我国宪法中的体现	1. 我国《宪法》第五条第一款规定：中华人民共和国实行**依法治国**，建设社会主义法治国家
		2.《宪法》第一百三十一条规定：人民法院依照法律规定独立行使审判权，不受行政机关、社会团体和个人的干涉
权力制约原则	概念	指国家权力的各部分之间相互监督、彼此牵制，从而保障公民权利。在资本主义国家表现为**分权**（**制衡**）**原则**；在社会主义国家表现为**监督原则**
	在我国宪法中的体现	1. 人民对国家权力进行监督。《宪法》第三条第二、三款规定：全国人民代表大会和地方各级人民代表大会都由民主选举产生，对人民负责，受人民监督。国家行政机关、监察机关、审判机关、检察机关都由人民代表大会产生，对它负责，受它监督
		2. 公民对国家机关的监督。《宪法》第四十一条第一款规定：中华人民共和国公民对于任何国家机关和国家工作人员，有提出批评和建议的权利
		3. 国家机关之间的监督。《宪法》第一百四十条规定：人民法院、人民检察院和公安机关办理刑事案件，应当分工负责，互相配合，互相制约，以保证准确有效地执行法律

判断分析

1. 我国《宪法》规定了"一切权力属于人民"的原则。关于这一规定的理解，下列选项正确的是？（2016年第1卷第91题）

A. 国家的一切权力来自并且属于人民【正确】

B. "一切权力属于人民"仅体现在直接选举制度之中【错误，不仅仅体现在直接选举制度中，而且贯穿于我国国家和社会生活的各领域】

C. 我国的人民代表大会制度以"一切权力属于人民"为前提【正确】

D. "一切权力属于人民"贯穿于我国国家和社会生活的各领域【正确】

2. 权力制约是依法治国的关键环节。下列哪些选项体现了我国宪法规定的权力制约原则？（2011年第1卷第59题）

A. 全国人大和地方各级人大由民主选举产生，对人民负责，受人民监督【正确】

B. 法院、检察院和公安机关办理刑事案件，应当分工负责，互相配合，互相制约【正确】

C. 地方各级人大及其常委会依法对"一府两院"监督【正确】

D. 法院对法律合宪性审查【错误，我国宪法没有规定法院对法律的合宪性进行审查】

第一章 宪法的基本理论

五、宪法的基本功能

宪法的一般功能	1. **确认功能**。确认宪法赖以存在的经济基础；确认国家权力的归属；确认国家法制统一的原则；确认社会共同体的基本价值目标与原则
	2. **保障功能**。宪法为民主制度和人权的发展提供有效的保障
	3. **限制功能**。宪法规定限制国家权力行使的原则与程序，确立所有公权力活动的界限
	4. **协调功能**。宪法能够以合理的机制平衡利益，寻求多数社会成员普遍认可的规则，以此作为社会成员普遍遵循的原则
宪法在社会主义法治国家建设中的作用	1. 在立法中的作用 （1）宪法确立了法律体系的基本目标 （2）宪法确立了立法的统一基础 （3）科学的法律体系的建立是实现宪法原则的基本形式之一 （4）宪法规定了解决法律体系内部冲突的基本机制 （5）宪法是立法体制发展与完善的基础和依据
	2. 在执法中的作用 **宪法约束执法活动**。一切执法活动不能违反宪法的原则与具体规定。国家机关工作人员必须树立宪法意识，恪守宪法原则，履行宪法使命
	3. 在司法中的作用 （1）**宪法是人民法院和人民检察院活动的基本准则** （2）法官和检察官的宪法意识对法治的发展产生重要影响
	4. 在守法中的作用 守法是法治发展的基础和重要因素，而守法首先就是要遵守宪法，培养宪法意识

判断分析

宪法作为国家根本法，在国家和社会生活中发挥着重要作用，关于宪法作用的说法，下列选项正确的是？（2018年公法卷仿真题）

A. 宪法修改是宪法作用发挥的重要前提【正确】

B. 宪法为避免法律体系内部冲突提供了具体机制【错误，宪法具有宏观性，能为避免法律体系内部冲突提供基本框架，但往往需要普通法律来具体发挥作用】

C. 宪法能够为司法活动提供明确而直接的依据【错误，我国宪法并未司法化，因此宪法规定本身不能直接作为法官裁判案件的依据】

六、宪法的渊源与宪法典的结构【宪法的渊源与宪法典的结构 B】

（一）宪法的渊源

宪法典	**一部法典集中**规定：成文宪法国家最重要的宪法表现形式，也是成文宪法国家的标志。绝大多数国家采用，将一国最根本、最重要的问题由统一的法律文书予以规定

续表

宪法性法律	1. 不成文宪法国家：国家最根本的问题由多部单行法律文书予以规定 例：英国的《王位继承法》和《男女选举平等法》 2. 成文宪法国家：既存在宪法典，也有为实施宪法典而制定的、具体规定宪法内容的单行法律 例：我国的《中华人民共和国立法法》（以下简称《立法法》）《中华人民共和国全国人民代表大会和地方各级人民代表大会选举法》（以下简称《选举法》）等
宪法惯例	宪法条文虽无明确规定，但在实际政治生活中已经存在，并为国家机关、政党及公众所普遍遵循，具有宪法效力的习惯或传统。宪法惯例具有规范性，其含义由权威机关加以解释确认
宪法判例	由司法机关在审判实践中逐渐形成并具有宪法效力的判例。其主要存在于普通法系国家
国际条约	国际条约能否成为宪法的渊源，则取决于各个国家的参与和认可

判断分析

1. 关于宪法表现形式的说法，下列哪些选项是正确的？（2010年第1卷第62题）

A. 宪法典是所有国家宪法结构体系的核心，均具有内容完整、逻辑严谨的特征【错误，不是所有国家都有成文的宪法典，例如英国】

B. 宪法判例主要存在于普通法系国家，这些国家具有"遵从先例"的司法传统【正确】

C. 宪法判例在美国只能通过联邦最高法院新的宪法判例才能推翻【错误，宪法判例在美国联邦最高法院和其他联邦上诉法院都可以用新的宪法判例进行推翻】

D. 宪法判例在英国有着调整英王、议会、内阁之间关系的决定性作用【正确】

2. 宪法的渊源即宪法的表现形式。关于宪法渊源，下列哪一表述是错误的？（2015年第1卷第21题）

A. 一国宪法究竟采取哪些表现形式，取决于历史传统和现实状况等多种因素【正确】

B. 宪法惯例实质上是一种宪法和法律条文无明确规定但被普遍遵循的政治行为规范【正确】

C. 宪法性法律是指国家立法机关为实施宪法典而制定的调整宪法关系的法律【错误，有的国家并没有宪法典，但却有宪法性法律，比如英国】

D. 有些成文宪法国家的法院基于对宪法的解释而形成的判例也构成该国的宪法渊源【正确】

（二）宪法典的结构

概念	宪法典结构是宪法内容的组织和排列方式。综观世界各国宪法，就宪法典的总体结构而言，包括序言、正文、附则三大部分。我国宪法典只有序言和正文
序言	1. 概念：是宪法精神和内容的概括，主要表述宪法的制定宗旨、目的和指导思想，国家基本任务和目标等宏观内容 2. 我国宪法序言主要包括如下内容： （1）历史发展的叙述 （2）规定国家的根本任务 （3）规定国家的基本国策

	续表
序言	（4）规定了宪法的**根本法地位**和**最高法律效力** 序言最后一个自然段指出：本宪法以法律的形式确认了中国各族人民奋斗的成果，规定了国家的根本制度和根本任务，是国家的根本法，具有最高的法律效力
正文	我国宪法典的正文共分为四章，其排列顺序为： 第一章 国家和社会生活的基本原则（总纲） **第二章 公民的基本权利和义务** **第三章 国家机构** 第四章 国旗、国歌、国徽、首都
附则	宪法附则是指宪法对于特定事项需要特殊规定而作出的附加条款，其与正文具有相同的**法律效力**。名称有暂行条款、过渡条款、临时条款等表述，具有特定性和临时性两大特点

判断分析

1. 宪法结构指宪法内容的组织和排列形式。关于我国宪法结构，下列哪一选项是不正确的？（2011年第1卷第22题）

A. 宪法序言规定了宪法的根本法地位和最高法律效力【正确】

B. 现行宪法正文的排列顺序是：总纲、公民的基本权利和义务、国家机构以及国旗、国歌、国徽、首都【正确】

C. 宪法附则没有法律效力【错误，附则是宪法的一部分，因而其法律效力当然应该与一般条文相同】

D. 宪法没有附则【正确】

2. 我国是（　　）的多民族国家，构建平等团结（　　）的民族关系。（2024年公法卷仿真题）

A. 单一，互助和谐【错误】

B. 单一，和谐美丽【错误】

C. 统一，互助和谐【正确，"中华人民共和国是全国各族人民共同缔造的统一的多民族国家。平等团结互助和谐的社会主义民族关系已经确立，并将继续加强。"】

D. 统一，友好互助【错误】

七、宪法规范及其效力【宪法规范及效力 A】

（一）宪法规范

概念	宪法规范是由国家制定或认可的、宪法主体参与国家和社会生活最基本社会关系的行为规范	
特点	1.根本性；2.最高性；3.原则性；4.纲领性；5.稳定性	
分类	确认性规范	确认性规范是对已经**存在的事实的认定**，其主要意义在于根据一定原则和程序，确立具体宪法制度和权力关系。又可分为**宣言性规范**、**调整性规范**（涉及国家基本政策的调整）、**组织性规范**（涉及国家政权机构的建立与职权）、授权性规范等 例.《宪法》第一条第一款确定我国的国体——中华人民共和国是工人阶级领导的、以工农联盟为基础的人民民主专政的社会主义国家

续表

分类			
	禁止性规范	禁止性规范是指对特定主体或行为的一种限制，也称为强制性规范。在我国《宪法》中，主要以"禁止""不得"等形式加以表现 例.《宪法》第六十五条第四款规定，全国人民代表大会常务委员会的组成人员不得担任国家行政机关、监察机关、审判机关和检察机关的职务	
	权利性规范与义务性规范	概念	主要是在调整公民基本权利与义务的过程中形成的，同时为行使权利与履行义务提供依据
		表现形式	1. 权利性规范。宪法赋予特定主体权利 例.《宪法》第三十五条第四款规定，中华人民共和国公民有言论、出版、集会、结社、游行、示威的自由
			2. 义务性规范 例.《宪法》第五十二条规定，中华人民共和国公民有维护国家统一和全国各民族团结的义务
			3. 权利性与义务性规范的结合，是我国宪法规范的鲜明特色 例.劳动和受教育既是权利也是义务
	程序性规范	具体规定宪法制度运行过程的程序，主要涉及国家机关活动程序方面的内容 例.宪法修改程序的规定，全国人大召开临时会议的程序等等	

判断分析

《宪法》第五条第三款规定："一切法律、行政法规和地方性法规都不得同宪法相抵触。"关于该条文，下列哪一说法是正确的？（2021年公法卷仿真题）

A. 该条文表述的宪法规范规定了行为模式【错误，该款没有规定人们该如何行为，没有规定行为模式】

B. 该条文表述的宪法规范属于确认性规范【错误，该款以"不得"的形式加以表现，是对除宪法以外的法律法规的一种限制，属于禁止性规范】

C. 该条文表述的宪法规范没有规定法律后果【正确】

D. 该条文表述的宪法规范是宣言性规范【错误，该款以"不得"的形式加以表现，是对除宪法以外的法律法规的一种限制，属于禁止性规范】

（二）宪法的效力

概念	指宪法作为法律规范所发挥的约束力与强制性，宪法效力具有最高性和直接性的特点。它不但是立法的基础，同时对立法行为与依据宪法进行的各种行为产生直接约束力	
对人的效力	1. 我国宪法适用于所有中国公民，我国公民的判断标准是中国国籍。因此，华侨也受中国宪法保护	
	2. 在特定条件下，外国人和法人也可以成为某些基本权利的主体	
对领土的效力	领土概念	领土包括一个国家的陆地、河流、湖泊、内海、领海以及它们的底床、底土和上空（领空），是主权国管辖的国家全部疆域
	领土性质	领土是国家的构成要素之一，是国家行使主权的空间，也是国家行使主权的对象

对领土的效力	效力	1. 宪法的空间效力及于国土的<u>所有领域</u>，这是由主权的唯一性和不可分割性所决定的，也是由宪法的根本法地位所决定的
		2. 宪法在不同领域的<u>适用上</u>是有所差异的

✒️ 判断分析

关于宪法效力的说法，下列选项正确的是？（2014年第1卷第94题）

A. 宪法不适用于定居国外的公民【错误，宪法的效力适用于所有中国公民，华侨也受中国宪法的保护】
B. 在一定条件下，外国人和法人也能成为某些基本权利的主体【正确】
C. 宪法作为整体的效力及于该国所有领域【正确】

八、宪法的制定【宪法的制定 E】

概念	宪法制定即<u>制宪</u>，是指制宪主体按照一定的程序创制宪法的活动
制宪主体	1. 人民作为制宪主体是现代宪法发展的基本特点，最早由法国思想家西耶斯在《第三等级是什么》中阐述
	2. 人民作为制宪主体并不意味着人民总是直接参与制宪的过程，而是可能通过制宪机构（如宪法的起草机关、通过机关等）来完成制定宪法
制宪权与修宪权	1. 都是根源性的国家权力，能够创造其他具体组织性的国家权力（如立法权、行政权、司法权等）
	2. 二者性质不同，制宪权是<u>原生性权力</u>，修宪权是依据制宪权而产生的一种<u>派生性权力</u>，受制宪权约束，不得违背制宪权的基本精神
我国宪法的制定	制宪主体	制宪主体是<u>人民</u>
	制宪机关	中华人民共和国成立后只有<u>一次</u>制宪行为，产生了1954年《中华人民共和国宪法》，<u>第一届全国人民代表大会第一次全体会议</u>是制宪机关和<u>公布</u>机关
宪法制定的程序	1. <u>设定制宪机关</u>。我国的制宪机关是第一届全国人民代表大会第一次全体会议 2. <u>提出宪法草案</u>。宪法草案应广泛听取民意，保证草案内容的民主性和科学性。我国在1954年宪法的制定过程中，确立了社会主义原则、民主原则，把领导意见和群众意见有机结合，使宪法草案具有广泛的民主基础 3. <u>通过宪法草案</u>。为保证宪法的权威性和稳定性，大多数国家均严格规定宪法草案的通过程序，通常要求宪法通过机关成员的2/3或3/4以上的多数赞成才有效 4. <u>公布宪法</u>。我国的第一部宪法于1954年9月20日第一届全国人民代表大会第一次全体会议通过并公布实施

✒️ 判断分析

宪法的制定是指制宪主体按照一定程序创制宪法的活动。关于宪法的制定，下列哪一选项是正确的？（2015年第1卷第20题）

A. 制宪权和修宪权是具有相同性质的根源性的国家权力【错误，修宪权源于制宪权，相对原始性的制宪权而言具有派生性】

B. 人民可以通过对宪法草案发表意见来参与制宪的过程【正确】

C. 1954年《宪法》通过后，由中华人民共和国主席根据全国人民代表大会的决定公布【错误，1954年《宪法》的公布主体是第一届全国人民代表大会第一次全体会议】

九、宪法的修改【宪法的修改 B】

宪法修改的原因	宪法作为根本法应当具备极强的稳定性，宪法修改只有在宪法规范**明显不适应现实生活变化**，与社会现实产生无法调和的严重矛盾时方可进行，否则并不必然需要启动修宪程序。我国修宪实践中既有对宪法的部分修改，也有对宪法的全面修改
我国的修宪机关	《宪法》第六十二条规定，**全国人民代表大会**负责修改宪法
我国的修宪程序	《宪法》第六十四条第一款规定，宪法的修改，由**全国人大常委会**或者 1/5 以上的全国人大代表提议，并由全国人大**全体**代表 2/3 以上多数通过
公布程序	我国宪法是以"**宪法修正案**"的形式进行修改的，并且修正案由"全国人大**主席团**"以全国人大公告的形式发布

判断分析

关于我国宪法修改，下列哪一选项是正确的？（2014年第1卷第22题）

A. 我国修宪实践中既有对宪法的部分修改，也有对宪法的全面修改【正确】

B. 经十分之一以上的全国人大代表提议，可以启动宪法修改程序【错误，五分之一以上的全国人大代表提议可以启动修宪程序】

C. 全国人大常委会是法定的修宪主体【错误，我国修宪主体是全国人大】

D. 宪法修正案是我国宪法规定的宪法修改方式【错误，这属于宪法惯例，未在宪法中明文规定】

十、宪法的实施与保障【宪法的实施与保障 B】

（一）宪法实施的概念

表现方式	宪法的遵守	指一切国家机关、社会组织和公民个人严格依照宪法规定从事各种行为的活动。这是宪法实施最基本的要求，是其**最基本**的方式
	宪法的适用	宪法的适用有两种途径：1.通过**宪法解释**消除分歧，保证宪法规范的准确适用；2.通过**宪法监督**纠正违宪行为，维护宪法秩序
	宪法实施的保障	包括三方面：政治保障、社会保障、法律保障

判断分析

关于宪法实施，下列哪一选项是不正确的？（2012年第1卷第22题）

A. 宪法的遵守是宪法实施最基本的形式【正确

B. 制度保障是宪法实施的主要方式【错误，宪法对违宪行为不直接规定制裁措施，而是通过具体法律来追究法律责任，因此制度保障不是宪法实施的主要方式】

C. 宪法解释是宪法实施的一种方式【正确】

D. 宪法适用是宪法实施的重要途径【正确】

（二）宪法的解释和保障机关

代议机关解释和保障体制	源于英国，其理论基础是"议会至上"
	我国宪法解释的机关是全国人大常委会，对宪法的解释具有最高的、普遍的约束力；宪法监督机关是全国人大及其常委会
司法机关解释和保障体制	源于美国，该制度确立于1803年"马伯里诉麦迪逊案"，只有在审理案件时才可以附带性地审查其所适用的法律是否违宪
专门机关解释和保障体制	专门机关解释是指由依据宪法或其他宪法性法律的授权而专门成立的有权解释宪法的机关。源自法国的护法元老院，后来发展成宪法保障的两种专门机关：宪法法院（德国）和宪法委员会（法国）

判断分析

宪法解释是保障宪法实施的一种手段和措施。关于宪法解释，下列选项正确的是？（2015年第1卷第94题）

A. 由司法机关解释宪法的做法源于美国，也以美国为典型代表【正确】

B. 德国的宪法解释机关必须结合具体案件对宪法含义进行说明【错误，专门机关解释宪法普遍采用司法积极主义原则，不对案件本身进行说明】

C. 我国的宪法解释机关对宪法的解释具有最高的、普遍的约束力【正确】

D. 我国国务院在制定行政法规时，必然涉及对宪法含义的理解，但无权解释宪法【正确】

（三）宪法实施的监督与保障

宪法监督的方式	事先审查	又称预防性审查，通常适用于法律文件的制定过程，是指法律文件颁布实施前，由特定机关对其是否合宪进行审查
	事后审查	法律文件颁布实施后，有关主体对其合宪性质疑所引发的审查
	附带性审查	司法机关在审理具体案件时，对涉及的相关法律是否违宪而进行审查。美国主要是这种方式
	宪法控诉	宪法控诉是指当公民的基本权利受到侵害后，向宪法法院或其他专门机关提出控诉的制度
我国宪法的保障方式	政治保障	中国共产党作为执政党模范地遵守和执行宪法
	社会保障	社会主体普遍遵守宪法、信仰宪法，自觉维护宪法权威
	法律保障	是指宪法自身的保障，具体表现为：明确规定宪法是国家根本法，具有最高的法律效力；修改宪法的特别程序；地方各级人大及其常委会有保证宪法在本行政区域实施的职责

判断分析

1.《全国人民代表大会常务委员会关于实行宪法宣誓制度的决定》于 2016 年 1 月 1 日起实施。关于宪法宣誓制度的表述，下列哪些选项是正确的？（2016 年第 1 卷第 61 题）

A. 该制度的建立有助于树立宪法的权威【正确】

B. 宣誓场所应当悬挂中华人民共和国国旗或者国徽【错误，应当悬挂国旗和国徽】

C. 宣誓主体限于各级政府、法院和检察院任命的国家工作人员【错误，宣誓的主体还包括各级人大及常委会选举或决定产生的国家工作人员】

D. 最高法院副院长、审判委员会委员进行宣誓的仪式由最高法院组织【正确】

2.《宪法》规定全国人大及其常委会行使监督宪法实施的职权，全人常有权撤销同《宪法》、法律相抵触的行政法规、地方性法规。关于我国的宪法监督制度，下列表述正确的是？（2024 年公法卷仿真题）

A. 全人常主要通过"撤销权"进行宪法监督【正确】

B. 全人常行使监督职权的情况，应向全国人大报告，接受监督【正确】

C. 全人常行使解释《宪法》、监督《宪法》实施的职权【正确】

D. 监督《宪法》实施的职权由全国人大及其常委会专属享有【正确】

第二章 政治、经济、文化、社会制度

一、人民民主专政制度【人民民主专政制度 C】

人民民主专政制度	内涵	1. 工人阶级成为国家政权的领导力量是人民民主专政的根本标志 2. 人民民主专政的国家政权以工农联盟为阶级基础 3. 人民民主专政是对人民实行民主与对敌人实行专政的统一
	性质	国体／国家性质：人民民主专政的社会主义
	特色	1. 中国共产党领导的多党合作和政治协商制度 2. 爱国统一战线
共产党领导的多党合作和政治协商制度		1. 中国共产党是执政党，是领导核心；其他政党是参政党 2. 共产党对民主党派的领导是政治领导，即政治原则、政治方向和重大方针政策的领导 3. 各民主党派有在宪法规定范围内的政治自由、组织独立和法律地位平等的权利 4. 基本方针：长期共存、互相监督、肝胆相照、荣辱与共
爱国统一战线		组成：包括全体社会主义劳动者、社会主义事业的建设者（2004）、拥护社会主义的爱国者、拥护祖国统一和致力于中华民族伟大复兴的爱国者（2018）
中国人民政治协商会议		1. 简称"政协"，是党领导下的多党合作和政治协商制度的重要机构，是爱国统一战线的组织形式 2. 政协不是国家机关，但也不同于一般的人民团体，它是我国政治体制中具有重要地位和影响的政治性组织 3. 主要功能：参政议政、民主监督和政治协商 4. 政协委员不是由选举产生，而是各党派团体协商推荐产生。我国在长期的政治实践中，形成了人民代表大会和人民政协会议同期召开，各级政协委员被邀请列席人大全体会议的惯例，也就是通常所说的"两会"
维护国家安全制度	制度概述	国家安全，就是指国家政权、主权、统一和领土完整、人民福祉、经济社会可持续发展和国家其他重大利益相对处于没有危险和不受内外威胁的状态，以及保障持续安全状态的能力 2015 年 7 月 1 日，第十二届全国人大常委会第十五次会议通过现行《中华人民共和国国家安全法》（简称《国家安全法》）。这是一部立足全局、统领国家安全各领域立法工作的综合性法律，同时为制定其他有关维护国家安全的法律提供基础支撑

判断分析

我国《宪法》序言规定:"中国共产党领导的多党合作和政治协商制度将长期存在和发展。"关于中国人民政治协商会议,下列选项正确的是?(2017年第1卷第91题)

A. 由党派团体和界别代表组成,政协委员由选举产生【错误,政协委员由提名推荐及协商的方式产生】

B. 全国政协委员列席全国人大的各种会议【错误,列席人大全体会议,但并不能列席各种会议,过于绝对】

C. 是中国共产党领导的多党合作和政治协商制度的重要机构【正确】

D. 中国人民政治协商会议全国委员会和各地方委员会是国家权力机关【错误,我国的国家权力机关是全国人民代表大会和地方各级人民代表大会】

二、人民代表大会制度【人民代表大会制度C】

基本内容	1. **人民主权原则**。人大制度以**主权在民**为逻辑起点,国家的一切权力属于人民,这是人民代表大会制度的核心内容和根本准则
	2. **人民掌握和行使国家权力的组织形式与制度**。人民通过民主选举的方式产生代表,再由代表组成各级人民代表大会,代表人民行使广泛的国家权力
	3. **人大代表由人民选举**,**受人民监督**。人民代表大会在国家体系中居于最高的地位,其他国家机关由人大产生,对其负责,受其监督。人民代表大会对人民负责,受人民监督
	4. **各级人大是国家权力机关**,**其他国家机关都由人大选举产生**,**对其负责**,**受其监督**。人民代表大会制度是我国人民行使当家作主权利、实现社会主义民主的一种基本形式;在各种实现社会主义民主的形式中,人民代表大会制度居于最重要地位
性质	1. 人民代表大会制度是我国的基本政权组织形式 / **政体**,也是我国的**根本政治制度**
	2. **人民代表大会制度是实现社会主义民主的基本形式**
特点	1. 上下级人大为**监督关系**
	2. 人民代表大会制度实行的是一院制
	3. 人民代表是兼职代表
	4. 在人民代表大会中设立常务委员会作为常设机关(乡级人大无)

判断分析

1. 人民代表大会制度是我国的根本政治制度。关于人民代表大会制度,下列表述正确的是?(2017年第1卷第92题)

A. 国家的一切权力属于人民,这是人民代表大会制度的核心内容和根本准则【正确】

B. 各级人大都由民主选举产生,对人民负责,受人民监督【正确】

C. "一府一委两院"都由人大产生,对它负责,受它监督【正确】

D. 人民代表大会制度是实现社会主义民主的唯一形式【错误,社会主义民主形式还包括民族区域自治制度、基层群众性自治组织制度等】

2. 根据《宪法》和法律规定,关于人民代表大会制度,下列哪一选项是不正确的?(2011年第1卷第24题)

A. 人民代表大会制度体现了一切权力属于人民的原则【正确】
B. 地方各级人民代表大会是地方各级国家权力机关【正确】
C. 全国人民代表大会是最高国家权力机关【正确】
D. 地方各级国家权力机关对最高国家权力机关负责，并接受其监督【错误，全国人大与地方各级人大之间以及地方各级人大之间没有隶属关系，说"负责"是错误的】

三、国家的基本经济制度【基本经济制度A】

（一）中国特色社会主义市场经济体制

名称	地位	成分	国家的态度
全民所有制经济（国有经济）	国民经济中的主导力量，控制着国家的经济命脉。国家保障国有经济的巩固和发展	在我国，国有企业和国有自然资源是国家财产的主要部分。此外，国家机关、事业单位、部队等全民单位的财产也是国有财产的重要组成部分	1993年宪法修正案将"国营经济"改为了"国有经济"，国有企业在法律规定的范围内有权自主经营 社会主义公共财产神圣不可侵犯
集体所有制经济	包括城镇集体所有制和农村集体所有制。是国民经济的基础力量，国家保护合法权益，鼓励、指导、帮助集体经济的发展	城镇：各种形式的合作经济 农村：家庭承包为基础、统分结合的双层经营体制。农村中的生产、供销、信用、消费等各种形式的合作经济	社会主义公共财产神圣不可侵犯
非公有制经济	社会主义市场经济的重要组成部分，国家鼓励、支持、引导，依法监督和管理	劳动者个体经济和私营经济、"三资"企业	公民的合法私有财产不受侵犯。国家依照法律规定保护公民的私有财产和继承权 国家为了公共利益需要，可以依照法律规定对公民的私有财产实行征收或者征用并给予补偿

🔨 判断分析

根据《宪法》规定，关于我国基本经济制度的说法，下列选项正确的是？（2014年第1卷第95题）

A. 国家实行社会主义市场经济【正确】

B. 国有企业在法律规定范围内和政府统一安排下，开展管理经营【错误，国有企业在法律规定的范围内有权自主经营】

C. 集体经济组织实行家庭承包经营为基础、统分结合的双层经营体制【错误，集体经济包括农村集体经济和城镇集体经济，城镇集体经济组织不适用此体制】

（二）全民所有和集体所有的范围

所有形式	自然资源	土地
绝对归国家所有	矿藏、水流、海域	城市的土地
既可归国家，又可归集体	森林、山岭、草原、荒地、滩涂等，除由法律规定属于集体所有的以外，属于国家所有	农村和城市郊区的土地，除由法律规定属于国家所有的以外，属于集体所有。土地的使用权可以依照法律的规定转让
绝对归集体所有	/	宅基地、自留地、自留山

判断分析

根据我国《宪法》的规定，下列说法不正确的是？（2018年公法卷仿真题）

A. 城市的土地属于国家所有，农村和城市郊区的土地，除由法律规定属于国家所有的以外，属于集体所有【正确】

B. 宅基地、自留地、自留山属于集体所有【正确】

C. 国家为了公共利益的需要，可以对土地实行征收或征用并给予补偿【正确】

D. 土地的所有权可以依照法律的规定转让【错误，土地所有权不得转让，可以转让的是土地使用权】

（三）国家保护社会主义公共财产和公民合法私有财产

社会主义公共财产的宪法保障	《宪法》第十二条规定："社会主义的公共财产神圣不可侵犯。国家保护社会主义的公共财产。禁止任何组织或者个人用任何手段侵占或者破坏国家的和集体的财产"
私有财产权的宪法保障	《宪法》第十三条规定："公民的合法的私有财产不受侵犯。国家依照法律规定保护公民的私有财产权和继承权。国家为了公共利益的需要，可以依照法律规定对公民的私有财产实行征收或者征用并给予补偿"

判断分析

我国《宪法》第十三条规定："公民的合法的私有财产不受侵犯。国家依照法律规定保护公民的私有财产权和继承权。"关于这一规定，下列哪些说法是正确的？（2017年第1卷第61题）

A. 国家不得侵犯公民的合法的私有财产权【正确】

B. 国家应当保护公民的合法的私有财产权不受他人侵犯【正确】

C. 对公民私有财产权和继承权的保护和限制属于法律保留的事项【正确】

D. 国家保护公民的合法的私有财产权，是我国基本经济制度的重要内容之一【正确】

四、国家的基本文化制度和社会制度【基本文化和社会制度C】

（一）基本文化制度

制度概述	1. 概念：文化制度是指一国通过宪法和法律调整以社会意识形态为核心的各种基本关系的规则、原则和政策的总和
	2. 特点：（1）文化制度具有政治性；（2）文化制度具有历史性；（3）文化制度具有民族性

续表

文化制度在各国宪法中的表现	1919 德国《魏玛宪法》第一次比较全面系统地规定了文化制度，直接明确地规定了国家的基本文化政策	
我国宪法关于基本文化制度的规定	国家发展教育事业	1. 国家发展社会主义的教育事业，提高全国人民的科学文化水平。举办各种学校，普及初等义务教育，发展中等教育、职业教育和高等教育，并且发展学前教育 2. 国家发展各种教育设施，扫除文盲，对工人、农民、国家工作人员和其他劳动者进行政治、文化、科学、技术、业务的教育，鼓励自学成才 3. 国家鼓励集体经济组织、国家企业事业组织和其他社会力量依照法律规定举办各种教育事业。国家推广全国通用的普通话
	国家发展科学事业	国家发展自然科学和社会科学事业，普及科学和技术知识，奖励科学研究成果和技术发明创造
	国家发展文学艺术及其他文化事业	1. 国家发展为人民服务、为社会主义服务的文学艺术事业、新闻广播电视事业、出版发行事业、图书馆博物馆文化馆和其他文化事业，开展群众性的文化活动 2. 国家保护名胜古迹、珍贵文物和其他重要历史文化遗产 3. 国家发展体育事业，开展群众性的体育活动，增强人民体质
	国家开展公民道德教育	1. 通过普及理想、道德、文化、纪律和法制教育，培养"四有"公民，即有理想、有道德、有文化、有纪律的社会主义公民 2. 倡导社会主义核心价值观，提倡爱祖国、爱人民、爱劳动、爱科学、爱社会主义的公德，在人民中进行爱国主义、集体主义和国际主义、共产主义的教育 3. 社会主义核心价值观：富强、民主、文明、和谐、自由、平等、公正、法治、爱国、敬业、诚信、友善

判断分析

1. 关于国家文化制度，下列哪些表述是正确的？（2015年第1卷第62题）

A. 我国宪法所规定的文化制度包含了爱国统一战线的内容【错误，爱国统一战线属于政治制度的内容】

B. 国家鼓励自学成才，鼓励社会力量依照法律规定举办各种教育事业【正确】

C. 是否较为系统地规定文化制度，是社会主义宪法区别于资本主义宪法的重要标志之一【错误，社会主义宪法和资本主义宪法都有系统地规定文化制度】

D. 公民道德教育的目的在于培养有理想、有道德、有文化、有纪律的社会主义公民【正确】

2.《宪法》规定：①国家鼓励集体经济组织、国家企业事业组织和其他社会力量依照法律规定举办各种教育事业。②国家发展自然科学和社会科学事业，普及科学和技术知识，奖励科学研究成果和技术发明创造。③国家推行计划生育，使人口的增长同经济和社会发展计划相适应。④国家保障自然资源的合理利用，保护珍贵的动物和植物。

下列哪个选项体现了文化制度？（2024年公法卷仿真题）

A.②③【错误，③属于计划生育制度，是我国基本社会制度的内容】

B.①②【正确】

C.①②③④【错误，③属于计划生育制度，是我国基本社会制度的内容；④属于我国基本经济制度的内容】

D.①③④【错误，③属于计划生育制度，是我国基本社会制度的内容；④属于我国基本经济制度的内容】

（二）基本社会制度

我国基本社会制度	制度概述	1. 概念：社会制度是指一国通过宪法和法律调整以基本社会生活保障及社会秩序维护为核心的各种基本关系的规则、原则和政策的综合 2. 特征：（1）社会制度以维护平等为基础；（2）社会制度以保障公平为核心；（3）社会制度以维护和谐稳定的法治秩序为使命
	社会保障制度	1. 社会保障制度是我国基本社会制度的核心内容 2. 国家建立健全同经济发展水平相适应的社会保障制度 3. 公民在年老、疾病或者丧失劳动能力的情况下，有从国家和社会获得物质帮助的权利；国家发展为公民享受这些权利所需要的社会保险、社会救济和医疗卫生事业 4. 国家和社会保障残废军人的生活，抚恤烈士家属，优待军人家属 5. 国家和社会帮助安排盲、聋、哑和其他有残疾的公民的劳动、生活和教育 6. 妇女在政治、经济、文化、社会和家庭生活等方面，享有同男子平等的权利；国家保护妇女的权利和利益，实行男女同工同酬，培养和选拔妇女干部 7. 婚姻、家庭、母亲和儿童受国家的保护
	医疗卫生制度	国家发展医疗卫生事业，发展现代医药和我国传统医药，鼓励和支持农村集体经济组织、国家企业事业组织和街道组织举办各种医疗卫生设施，开展群众性的卫生活动，保护人民健康
	劳动保障制度	1. 国家通过各种途径，创造劳动就业条件，加强劳动保护，改善劳动条件，并在发展生产的基础上，提高劳动报酬和福利待遇 2. 国家提倡社会主义劳动竞赛，奖励劳动模范和先进工作者；国家提倡公民从事义务劳动 3. 国家对就业前的公民进行必要的劳动就业训练
	人才培养制度	国家培养为社会主义服务的各种专业人才，扩大知识分子的队伍，创造条件，充分发挥他们在社会主义现代化建设中的作用
	计划生育制度	国家推行计划生育，使人口的增长同经济和社会发展计划相适应
	社会秩序及安全维护制度	国家维护社会秩序，镇压叛国和其他危害国家安全的犯罪活动；武装力量属于人民，加强武装力量的革命化、现代化、正规化的建设，增强国防力量

第二章　政治、经济、文化、社会制度

判断分析

1. 国家的基本社会制度是国家制度体系中的重要内容。根据我国《宪法》规定，关于国家基本社会制度，下列哪一表述是正确的？（2015年第1卷第22题）

A. 国家基本社会制度包括发展社会科学事业的内容【错误，发展社会科学事业属于文化制度而非社会制度】

B. 社会人才培养制度是我国的基本社会制度之一【正确】

C. 关于社会弱势群体和特殊群体的社会保障的规定是对平等原则的突破【错误，合理的差别对待是平等原则的应有之义，而非对其的突破】

D. 社会保障制度的建立健全同我国政治、经济、文化和生态建设水平相适应【错误，国家建立健全同经济发展水平相适应的社会保障制度】

2. 我国的基本社会制度是基于经济、政治、文化、社会、生态文明五位一体的社会主义建设的需要，在社会领域所建构的制度体系。关于国家的基本社会制度，下列哪些选项是正确的？（2016年第1卷第62题）

A. 我国的基本社会制度是国家的根本制度【错误，我国的根本制度是社会主义制度】

B. 社会保障制度是我国基本社会制度的核心内容【正确】

C. 职工的工作时间和休假制度是我国基本社会制度的重要内容【正确】

D. 加强社会法的实施是发展与完善我国基本社会制度的重要途径【正确】

第三章 国家结构

一、国家结构形式【国家结构形式 E】

（一）国家结构形式的基本类型

不同点	单一制	联邦制
中央和地方关系	地方权力由中央授予，国家权力重心在中央	联邦的权力来自各成员国的让与
国家机构组成	国家只有一套政府体制	除联邦中央政府体制外，各成员国有自己特色的政府体制
法律体系	只有一部宪法	联邦、各成员国有各自的宪法
对外关系	只有一个国际法主体，公民具有统一的国籍	有些联邦制国家在法律上允许成员国作为完全的国际法主体参与国际关系；公民既有联邦的国籍，又有成员国的国籍

（二）我国的国家结构形式

我国是单一制国家	决定我国采取单一制国家结构形式的原因有两个 一是历史原因：古代中央集权的政治传统 二是民族原因：有利于民族团结和国家统一
我国单一制的具体表现	1. 在法律制度方面，只有一部宪法、一套以宪法为基础的法律体系 2. 在国家机构方面，只有一套包括立法、行政、司法、监察在内的中央国家机关体系 3. 在中央和地方的关系方面，各种地方都是中央政府领导下的地方行政区域，不得脱离中央而独立 4. 在对外关系方面，中华人民共和国是一个统一的国际法主体，公民具有统一的国籍

判断分析

1. 维护国家主权和领土完整，维护国家统一是我国宪法的重要内容，体现在《宪法》和法律一系列规定中。关于我国的国家结构形式，下列选项正确的是？（2012年第1卷第90题）

A. 我国实行单一制国家结构形式【正确】

B. 维护宪法权威和法制统一是国家的基本国策【正确】

C. 在全国范围内实行统一的政治、经济、社会制度【错误，我国允许香港、澳门特别行政区实行与

国家其他地区不同的政治、经济、社会制度】

D．中华人民共和国是一个统一的国际法主体【正确】

2．我国是统一的多民族国家。下列关于我国国家结构形式的表述哪些是正确的？（2004年第1卷第58题）

A．我国是单一制的国家【正确】

B．我国的国家结构形式是由我国的历史传统和民族状况决定的【正确】

C．民族区域自治以少数民族聚居区为基础，实行民族自治【错误，并非"民族自治"，而是民族自治和区域自治相结合，自治机关行使自治权】

D．民族自治地方设立自治机关，行使自治权【正确】

二、我国的行政区域划分【我国的行政区划 A】

（一）我国的行政区域

我国宪法规定的行政区划	根据不同区域所实行的不同地方制度，可将我国行政区划分为：（1）普通行政区划；（2）民族自治地方区划；（3）特别行政区划
我国的行政区划	1. 省级：省、自治区、直辖市 2. 市级：地级市、自治州 3. 县级：县级市、县、自治县、市辖区 4. 乡级：乡、民族乡、镇

判断分析

维护国家主权和领土完整，维护国家统一是我国宪法的重要内容，体现在《宪法》和法律一系列规定中。关于我国的行政区域划分，下列说法不成立的是？（2012年第1卷第91题）

A．是国家主权的体现【正确】

B．属于国家内政【正确】

C．任何国家不得干涉【正确】

D．只能由《宪法》授权机关进行【错误，有关的法律法规对行政区域划分也作了规定，如《行政区划管理条例》】

（二）我国行政区划设立、变更的审批机关

审批机关	权限
全国人大	1. 批准省、自治区、直辖市的建置（设立、撤销、更名） 2. 特别行政区的设立及制度
国务院	1. 省、自治区、直辖市行政区划界线的变更 2. 自治州、县、自治县、市、市辖区的设立、撤销、更名和隶属关系的变更 3. 自治州、自治县的行政区划界线的变更 4. 县、市、市辖区的行政区划界线的重大变更
省级政府	1. 乡、民族乡、镇的设立、撤销、更名或变更行政区划的界线 2. 根据国务院授权，审批县、市、市辖区的部分行政区域界线的变更

判断分析

根据《宪法》和法律法规的规定，关于我国行政区划变更的法律程序，下列哪一选项是正确的？（2015年第1卷第23题）

A. 甲县欲更名，须报该县所属的省级政府审批【错误，甲县欲更名，须报国务院审批】

B. 乙省行政区域界线的变更，应由全国人大审议决定【错误，乙省行政区域界线的变更，须报国务院审批】

C. 丙镇与邻近的一个镇合并，须报两镇所属的县级政府审批【错误，丙镇与邻近的一个镇合并，须报省级人民政府审批】

D. 丁市部分行政区域界线的变更，由国务院授权丁市所属的省级政府审批【正确】

第四章 选举制度

一、基本原则【选举基本原则 C】

选举权普遍性原则	概念	享有选举权的主体范围问题，即公民享有选举权的广泛性程度
	条件	具有中国国籍 + 年满18周岁 + 未被剥夺政治权利，即享有选举权
	停止行使	1. 精神病患者：不能行使选举权的，经选举委员会确认，不列入选民名单 2. 犯罪嫌疑人：因犯危害国家安全罪或其他严重刑事犯罪被羁押、正在受侦查、起诉、审判的人，经法院或检察院决定，在被羁押期间停止行使选举权利
选举权平等性原则	概念	在选举中，一切选民具有同等的法律地位，法律在程序上对所有的选民同等对待，选民所投的选票具有同等的法律效力
	主要内容	1. 一人一票，每票等值：每一选民在一次选举中只有一个投票权，并且每一选举人所投票的价值与效力相等 2. 城乡平等：城乡按照相同人口比例选举人大代表，按照每一代表所代表的城乡人口数相同的原则分配代表人数 3. 选区平等：行政区域内的各选区每一代表所代表的人口数应当大体相等 4. 允许合理差别：我国坚持机会平等和实质平等并重原则，这体现在：（1）保证各民族有适当数量的代表。即使人口稀少的民族，也要有一名代表。（2）保证各地区有适当数量的代表。各行政区域不论人口多少，都应有相同的基本名额数，都能选举一定数量的代表
直接选举和间接选举并用原则	概念	我国在县级及以下实行直接选举，设区的市及以上实行间接选举
	直接选举	乡级、县级人大代表由选民直接选举产生，由选民直接投票
	间接选举	设区的市、省级、全国人大代表是由"间接选举"产生的，即由所辖的下一级人大来完成选举工作，投票人是"人大代表"
	全国人大和地方各级人大的选举经费，列入财政预算，由国库开支	

续表

秘密投票原则	概念	选民**无记名投票**和**秘密写票**
	代写和代投	1. 文盲或者因残疾不能写选票的：委托信任的**人代写**
		2. 在选举期间外出的：经选举委员会同意，可以书面委托其他**选民代投**，但每一选民接受的委托不得超过3人
差额选举原则		指代表候选人的人数应多于应选代表的人数

📝 判断分析

下列说法中体现选举平等原则的有：（2024年公法卷仿真题）

①投票采取不记名的方式；②县乡选举采用直接选举；③偏远地区民族，至少有当地人代表民族参与；④一个选民代表的人数名额，要与地域范围内的人数相当。

A.①②③④【错误，①是秘密投票原则的体现；②是直接选举和间接选举并用原则的体现】

B.②④【错误，②是直接选举和间接选举并用原则的体现】

C.③④【正确】

D.②③【错误，②是直接选举和间接选举并用原则的体现】

二、选举程序【选举程序B】

选举类型	选举组织	划分选区	选民登记	提出代表候选人	投票选举	另行选举
乡、县直接选举	设立选举委员会主持选举，选委会由县级人大常委会任命	选区可以按居住状况划分，也可以按生产单位、事业单位、工作单位划分。每一选区选1名至3名代表	选民名单应在选举日的20日以前公布，对名单有意见的可自名单公布之日起5日内申诉。选委会应在3日内作出处理决定。对处理决定不服，可在选举日的5日以前向法院起诉	各政党、各人民团体和选民10人以上联名推荐（多于应选代表名额1/3至1倍）	选区全体选民过半数参加投票，选举有效，候选人获得参加投票的选民的过半数选票，始得当选（双过半当选）	据第一次投票时得票多少确定候选人。候选人以得票多的当选，但得票数不得少于选票的1/3
地级市以上间接选举	本级人大常委会主持选举			各政党、各人民团体和代表10人以上联名推荐（多于应选代表名额1/5至1/2）	候选人获得全体代表过半数选票，始得当选	另行选举时，代表候选人获得全体代表过半数的选票，始得当选

第四章 选举制度

【选举流程图】

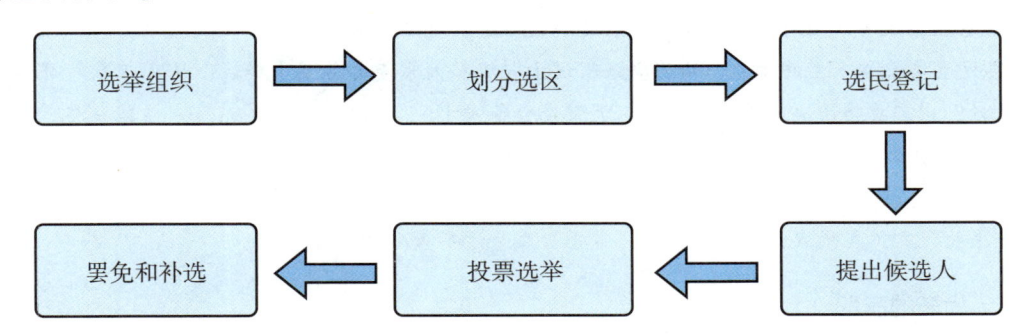

选举组织 → 划分选区 → 选民登记 → 提出候选人 → 投票选举 → 罢免和补选

🔍 判断分析

选民王某，35岁，外出打工期间本村进行乡人大代表的选举。王某因路途遥远和工作繁忙不能回村参加选举，于是打电话嘱咐14岁的儿子帮他投本村李叔1票。根据上述情形，下列哪些说法是正确的？（2019年公法卷仿真题）

A. 王某仅以电话通知受托人的方式，尚不能发生有效的委托投票授权【正确】

B. 王某必须同时以电话通知受托人和村民委员会，才能发生有效的委托投票授权【错误，委托投票需要以书面形式进行】

C. 王某以电话委托他人投票，必须征得选举委员会的同意【错误，委托投票需要以书面形式进行】

D. 王某不能电话委托儿子投票，因为儿子还没有选举权【正确】

三、代表的罢免和辞职【代表的罢免和辞职 C】

（一）代表的罢免

	直接选举	间接选举
提出主体	县级人大代表：原选区选民50人以上联名 乡级人大代表：原选区选民30人以上联名	开会期间：主席团、1/10以上代表联名 闭会期间：常委会主任会议、常委会1/5以上人员联名
接受机关	县级人大常委会，罢免乡级人大代表也是向县级人大常委会提出	开会期间：向本级人大提出对该级人大选出的上一级人大代表的罢免案 闭会期间：向常委会提出对该级人大选出的上一级人大代表的罢免案
表决通过	原选区全体选民过半数表决通过	1. 经选举他的人大过半数代表或者常委会组成人员的过半数（人大闭会期间）通过 2. 罢免决议须报送上一级人大常委会备案和公告（直接选举无须备案公告）

🔍 判断分析

《选举法》以专章规定了对代表的监督、罢免和补选的措施。关于代表的罢免，下列哪些选项符合

《选举法》的规定？（2019年公法卷仿真题）

　　A. 罢免直接选举产生的代表须经原选区过半数的选民通过【正确】

　　B. 罢免直接选举产生的代表，须将决议报送上一级人大常委会备案【错误，只有在罢免间接选举产生的代表时，才需要将该决议报送上一级人大常委会备案】

　　C. 罢免间接选举产生的代表，须经原选举单位过半数的代表通过【正确】

　　D. 罢免间接选举产生的代表，在代表大会闭会期间，须经常委会成员2/3多数通过【错误，罢免间接选举产生的代表，在代表大会闭会期间，常委会成员过半数即可通过】

（二）代表的辞职

	直接选举	间接选举
提出主体	县级人大代表：向本级**人大常委会**书面提出 乡级：向**本级人大**书面提出	向选举他的人大**常委会书面**提出
通过	县级人大常委会组成人员的过半数通过 乡级人大代表的过半数通过	常委会组成人员的过半数通过
公告	接受辞职的，应当予以**公告**	接受辞职的决议，须报送上一级人大常委会**备案并公告**

判断分析

根据《宪法》和法律的规定，关于选举程序，下列哪些选项是正确的？（2013年第1卷第60题）

　　A. 乡级人大接受代表辞职，须经本级人民代表大会过半数的代表通过【正确】

　　B. 经原选区选民30人以上联名，可以向县级的人民代表大会常务委员会书面提出罢免乡级人大代表的要求【正确】

　　C. 罢免县级人民代表大会代表，须经原选区三分之二以上的选民通过【错误，须经原选区过半数的选民通过而非三分之二】

四、代表的补选、暂停和终止【代表的补选、暂停和终止 C】

代表补选	1. 代表在任期内因故出缺，由原选区或原选举单位补选 2. 补选出缺的代表时，代表候选人的名额可以**多于**应选代表的名额，也可以同应选代表的名额**相等**
代表暂停职务	1. 因**刑事**案件被**羁押**正在受侦查、起诉、审判的（**刑事诉讼过程中**） 2. 被依法判处管制、拘役或者有期徒刑而没有附加剥夺政治权利，正在**服刑**的
代表资格的终止	1. 地方各级人大代表**迁出**或者调离本行政区域的 2. 辞职被接受的 3. 未经批准**两次不出席**本级人大会议的 4. 被罢免的 5. 丧失中华人民共和国国籍的 6. 依照法律被剥夺政治权利的 7. 丧失**行为能力**的

判断分析

1. 代表要终止代表资格，下列哪些情况是正确的？（2018年公法卷仿真题）

A. 被行政拘留的【错误，《代表法》中无此项规定】

B. 未经批准一次不出席本级人大会议的【错误，两次不出席而非一次】

C. 被判处管制并附加剥夺政治权利【正确】

D. 丧失行为能力的【正确】

2. 根据《宪法》和法律的规定，关于选举程序，补选出缺的代表时，代表候选人的名额必须多于应选代表的名额【错误，可以多于也可以相等】

五、人大代表的特殊权利【人大代表的权利C】

言论免责权	人大代表在人大各种会议上的发言和表决，不受法律追究
人身特别保护权	1. 县级以上的各级人大代表，非经本级人大主席团，人大闭会期间非经本级人大常委会许可，不受逮捕或者刑事审判；因现行犯被拘留的，执行拘留的机关应当向该级人大主席团或者人大常委会报告
	2. 乡级人大代表，如果被逮捕、受刑事审判，或者被采取法律规定的其他限制人身自由的措施，执行机关应当立即报告乡、民族乡、镇的人民代表大会
物质保障权	人大代表在出席人大会议和执行其他属于代表的职务时，国家根据实际需要给予适当的补助和物质上的便利
其他权利	1. 在人大开会期间，参与决定相应国家机关成员的任免；在闭会期间，人大代表可听取反映意见、专题调研、执法检查、提出建议意见等
	2. 视察权、质询权、提案权、投票权、罢免权等

判断分析

根据《宪法》和法律的规定，下列表述错误的是？（2008年第1卷第94题）

A. 全国人大代表在全国人大各种会议上的活动不受法律追究【错误，是发言和表决不受法律追究，并非所有"活动"】

B. 在全国人大闭会期间，全国人大代表未经选举单位人大常委会批准，不受逮捕和刑事审判【错误，全国人大闭会期间非经全人常许可，全国人大代表不受逮捕和刑事审判】

C. 全国人大代表受原选举单位的监督【正确】

D. 全国人大代表在全国人民代表大会开会期间，有权提出对国务院或者国务院各部、各委员会的质询案【正确】

第五章 民族区域自治制度

一、民族自治机关【民族自治机关 A】

民族自治地方	自治区、自治州和自治县
自治机关	自治区、自治州和自治县的人民代表大会和人民政府
任职资格	1. 自治区主席、自治州州长、自治县县长：由实行区域自治的民族公民担任
	2. 民族自治地方人大常委会的主任或副主任：由实行区域自治的民族公民担任
	3. 自治地方政府的其他组成人员：应当合理配备实行区域自治的民族人员
	4. 自治地方法院、检察院的领导人员和工作人员中：应当有实行区域自治的民族的人员
政府负责制度	首长负责制

判断分析

根据《宪法》和《民族区域自治法》的规定，下列选项不正确的是？（2011年第1卷第87题）

A. 民族区域自治以少数民族聚居区为基础，是民族自治与区域自治的结合【正确】

B. 民族自治地方的国家机关既是地方国家机关，又是自治机关【错误，只有民族自治地方的人大和政府才是自治机关，法院和检察院等国家机关不是自治机关】

二、民族自治权【民族自治权 A】

制定自治条例和单行条例	自治区、州、县的人大有权制定自治条例和单行条例，依照当地民族的特点，对法律、行政法规作出变通规定		
	但变通规定不得违背法律或者行政法规的基本原则，不得对宪法和民族区域自治法的规定以及其他有关法律、行政法规专门就民族自治地方所作的规定作出变通规定		
	报批程序	1. 自治区的自治条例和单行条例，报全国人大常委会批准后生效	
		2. 自治州、县的自治条例和单行条例，报省、自治区、直辖市的人大常委会批准后生效，并由批准机关报全国人大常委会和国务院备案	
变通或停止执行命令和政策权	上级国家机关的决议、决定、命令和指示，如有不适合民族自治地方实际情况的，自治机关可以报经该上级国家机关批准，变通执行或者停止执行；该上级国家机关应当在收到报告之日起60日内给予答复		

第五章 民族区域自治制度

续表

自主管理地方财政	1. 凡是依照国家财政体制属于民族自治地方的财政收入，都由民族自治地方的自治机关自主地安排使用
	2. 自治州、自治县决定减税或者免税，须报省级政府批准
自主管理地方性经济建设	民族自治地方的自治机关在国家计划的指导下，根据本地方的特点和需要，制定经济建设的方针、政策和计划，自主地安排和管理地方性的经济建设事业
对外交流	自治区、州的自治机关依照国家规定，可以和国外进行教育、科学技术、文化艺术、卫生、体育等方面的交流
对外贸易	经国务院批准，可开辟对外贸易口岸；与外国接壤的民族自治地方经国务院批准，开展边境贸易；对外贸易中享受国家优惠政策
自主管理科教文卫事业	民族自治地方的自治机关自主地管理本地方的教育、科学、文化、卫生、体育事业，保护和整理民族的文化遗产，发展和繁荣民族文化
组织公安部队	民族自治地方的自治机关依照国家的军事制度和当地的实际需要，经国务院批准，可以组织本地方维护社会治安的公安部队
使用本民族的语言文字	民族自治地方的自治机关在执行职务时，使用当地通用的一种或者几种语言文字，必要时，可以以实行区域自治的民族的语言文字为主

判断分析

1. 关于民族自治地方的自治权，下列哪些说法是正确的？（2010 年第 1 卷第 63 题）

A. 民族自治地方有权自主管理地方财政【正确】

B. 自治州人大有权制定自治条例和单行条例【正确】

C. 自治县政府有权自主安排本县经济建设事业【正确】

D. 自治区政府有权保护和整理民族的文化遗产【正确】

2. 下列关于我国民族区域自治制度的表述，不正确的是？（2021 年公法卷仿真题）

A. 民族自治地方的自治机关是中央统一领导下的地方政权机关【正确】

B. 民族自治地方人大常委会的主任或副主任，应当由实行区域自治民族的人员担任【错误，由实行区域自治的民族的公民担任，而非人员】

C. 民族自治地方的自治机关依照国家的军事制度和当地的实际需要，经国务院批准，可以组织本地方维护社会治安的公安部队【正确】

D. 自治州、自治县决定减税或者免税，须报省、自治区政府批准【正确】

第六章 特别行政区制度

一、特别行政区的法律制度【特区的法律制度 C】

特别行政区基本法	全国人大制定	1. 属于社会主义性质，是我国社会主义法律体系的组成部分，地位仅次于宪法 2. 反映的是包括港澳同胞在内的全国人民的意志
	定位	特别行政区法律体系的组成部分，处于特别行政区法律体系最高的法律地位，特别行政区立法机关制定的任何法律，均不得同该基本法相抵触
予以保留的原有法律		特别行政区原有的法律基本不变。但属于殖民统治性质或带有殖民色彩，以及同基本法相抵触的，应废止或修改
特别行政区立法机关制定的法律		除有关国防、外交和其他根据基本法不属于特别行政区自治范围的法律外，立法会可以制定任何它有权制定的法律
适用于特别行政区的全国性法律	1. 全国性法律一般不在特别行政区实施	
	2. 基本法附件三	（1）有些体现国家主权和统一的全国性法律有必要在特别行政区实施：《关于中华人民共和国国都、纪年、国歌、国旗的决议》《关于中华人民共和国国庆日的决议》《领海及毗连区法》《专属经济区和大陆架法》《中华人民共和国外交特权与豁免条例》《特别行政区驻军法》等等 （2）上述涉及国家象征、领土主权、国防外交等不属于特别行政区自治范围的法律，规定于基本法附件三 （3）全国人大常委会可对附件三法律作出增减
	3. 全国人大常委会宣布战争状态或决定特别行政区进入紧急状态时，国务院可以命令将有关的全国性法律在特别行政区实施	

判断分析

澳门特别行政区依照《澳门基本法》的规定实行高度自治，享有行政管理权、立法权、独立的司法权和终审权。关于中央和澳门特别行政区的关系，下列哪一选项是错误的？（2016年第1卷第25题）

A. 全国性法律一般情况下是澳门特别行政区的法律渊源【错误，全国性法律一般不在特别行政区实施】

C.《澳门基本法》在澳门特别行政区的法律体系中处于最高地位，反映的是澳门特别行政区同胞的

意志【错误，反映了包括澳门同胞在内的全国人民的意志和利益】

二、中央对特别行政区的管理【中央对特区的管理C】

全国人大的职权	1. 决定特别行政区的设立和制度 2. 制定基本法	
	3. 修改基本法	（1）提案权：全国人大常委会、国务院和特别行政区 （2）特别行政区提案程序：修改议案须经特别行政区的全国人大代表 2/3 多数 + 特别行政区立法会全体议员 2/3 多数 + 特别行政区行政长官同意后，交由特别行政区出席全国人大的代表团向全国人大提出 （3）任何修改，均不得同国家对特别行政区既定的基本方针政策相抵触
全国人大常委会的职权	1. 全国人大常委会决定宣布战争状态 2. 全国人大常委会有权决定特别行政区进入紧急状态	
	3. 解释基本法	（1）全国人大常委会解释基本法
		（2）特别行政区法院	自治条款：特别行政区各级法院在审理案件时，对自治范围内的条款有权自行解释 非自治条款：中央政府管理的事务或中央和特别行政区关系 + 条款解释影响到案件判决，在对该案件作出终审判决前，应由终审法院提请全国人大常委会作出解释 如全人常作出解释，特别行政区法院在引用该条款时，应以该解释为准，但在此前作出的判决不受影响
国务院的职权	行政权	1. 与特别行政区有关的外交事务 2. 特别行政区的防务。驻军费用由中央政府负担
	人事权	1. 任免行政长官和主要行政官员（正副司长、审计署长、警务处长、海关关长等，香港还包括各局局长、入境处长） 2. 澳门检察长由澳门永久性居民中的中国公民担任，由行政长官提名，报中央人民政府任命

📌 判断分析

根据我国《宪法》和港、澳基本法规定，关于港、澳基本法的修改，下列哪一选项是不正确的？（2011年第1卷第26题）

A. 在不同港、澳基本法基本原则相抵触的前提下，全国人大常委会在全国人大闭会期间有权修改港、澳基本法【错误，港、澳基本法的修改权属于全国人大】

B. 港、澳基本法的修改提案权属于全国人大常委会、国务院和港、澳特别行政区【正确】

C. 港、澳特别行政区对基本法的修改议案，由港澳特别行政区出席全国人大会议的代表团向全国人大会议提出【正确】

D. 港、澳基本法的任何修改，不得同我国对港澳既定的基本方针政策相抵触【正确】

三、特别行政区的高度自治权【特区的高度自治权 A】

行政管理权	1. 维护社会治安，自行制定货币金融政策并依法管理金融市场 2. 依法管理境内属于国家所有的土地和自然资源 特别行政区的土地和自然资源属于国家所有，由特别行政区负责管理、开发、出租或批给个人、法人使用或开发，其收入全部归特别行政区政府支配 3. 经中央人民政府授权，在境内签发特别行政区护照和其他旅行证件，对出入境实行管制 4. 特别行政区财政独立，中央不在特别行政区征税
立法权	1. 除不属于特别行政区自治范围的法律外，其余所有的刑事、民商事和诉讼方面的法律都可以制定 2. 特别行政区立法会制定的法律须报全国人大常委会备案，备案不影响该法律的生效 3. 全国人大常委会有权将报备的法律发回，但不得修改或撤销，被发回的法律立即失效。该法律的失效，除特别行政区法律另有规定外，无溯及力
独立的司法权和终审权	1. 特别行政区各级法院依法行使审判权，不受任何干涉 2. 终审权属于特别行政区终审法院 3. 特别行政区法院对国防、外交等国家行为无管辖权
自行处理有关外事事务权	1. 在非政治领域（经济贸易、文化体育等）以"中国香港""中国澳门"的名义，单独同世界各国、各地区及有关国际组织保持和平发展关系，签订和履行有关协议 2. 以"中国香港""中国澳门"的名义参加不以国家为单位参加的国际组织和国际会议

✒ 判断分析

根据《香港特别行政区基本法》和《澳门特别行政区基本法》，下列有关特别行政区立法权的表述哪一项是不正确的？（2004年第1卷第9题）

A. 特别行政区立法机关制定的法律须报全国人民代表大会常务委员会备案。备案不影响该法律的生效【正确】

B. 全国人民代表大会常务委员会在征询其所属的特别行政区基本法委员会的意见后，如认为特别行政区立法机关制定的法律不符合基本法关于中央管理的事务及中央和特别行政区关系的条款，可以将该法律发回，但不作修改【正确】

C. 经全国人民代表大会常务委员会发回的特别行政区的法律立即失效【正确】

D. 经全国人民代表大会常务委员会发回的特别行政区的法律一律具有溯及力【错误，全国人大常委会发回的法律失效，除特别行政区的另有规定外，无溯及力】

四、特别行政区的政治体制【特区的政治体制 B】

（一）特别行政区的机构体系

	香港	澳门
行政长官	既是特别行政区首长，又是行政长官，对中央政府和特别行政区负责	
立法机关	立法会	
行政	政务司、财政司、律政司和各局、厅、处、署	司、局、厅、处

第六章 特别行政区制度

续表

	香港	澳门
审判	四级法院：终审法院、高等法院、区域法院、裁判署法庭和其他专门法庭	三级法院：终审法院、中级法院、初级法院（行政法院）
公诉	律政司主管刑事检察	检察院独立行使刑事检察权

（二）官员任免程序

行政机关	行政长官在当地通过选举或协商产生，由中央政府任命。任期5年，可连任一次	
	香港设立廉政公署和审计署，独立工作，对行政长官负责 澳门设立廉政公署和审计署，独立工作，廉政专员和审计长对行政长官负责	
	行政会议	特别行政区行政会议是协助行政长官决策的机构，其成员由行政长官从行政机关的主要官员、立法会议员和社会人士中委托
立法机关	《全人常关于香港特别行政区立法会议员资格问题的决定》（2020）	1.香港特别行政区立法会议员，因支持"港独"主张、拒绝承认国家对香港拥有并行使主权、寻求外国或者境外势力干预香港特别行政区事务，或者具有其他危害国家安全等行为，不符合拥护香港特别行政区基本法、效忠香港特别行政区的法定要求和条件，一经依法认定，即时丧失立法会议员的资格 2.依据上述规定丧失立法会议员资格的，由香港特别行政区政府宣布
司法机关	1. 所有的法官，都是根据当地法官、律师和知名人士组成的独立委员会推荐，由行政长官任命 2. 香港终审法院法官和高等法院首席法官的任免，需由行政长官征得立法会同意，报全国人大常委会备案 3. 澳门终审法院法官的任免，需报全国人大常委会备案 4. 澳门检察官由检察长提名，行政长官任命	

🔍 判断分析

根据《宪法》和法律的规定，香港特别行政区廉政公署独立工作，对香港特别行政区立法会负责【错误，直接向特别行政区行政长官负责，不对香港特别行政区立法会负责】

五、特别行政区维护国家安全的宪制责任【特区维护国家安全的宪制责任C】

《香港特别行政区维护国家安全法》主要内容	规定了4类犯罪	1. 分裂国家罪 2. 颠覆国家政权罪 3. 恐怖活动犯罪 4. 勾结境外势力危害国家安全罪

续表

《香港特别行政区维护国家安全法》主要内容	设立了专门机构	1. 国务院在香港特别行政区设立"**维护国家安全公署**"。针对"当地无法管辖、涉外且处理困难、国家安全面临严重现实威胁"等案件，经**国务院**批准，行使**侦查权**
		2. 香港特别行政区设立"**维护国家安全委员会**"。行政长官担任主席，成员包括政府的主要官员；设立秘书长，由国务院任命。该委员会整体负责香港特别行政区的国家安全事务，不受其他机关、社会团体和个人干涉，其决定不受司法复核
		3. 审理国家安全类案件时，行政长官从裁判官及各级法院中指定若干法官，也可从暂委或者特委法官中指定若干名法官，负责处理危害国家安全犯罪案件

判断分析

2020 年 5 月 28 日，十三届全国人大三次会议表决通过了《全国人民代表大会关于建立健全香港特别行政区维护国家安全的法律制度和执行机制的决定》，关于香港特别行政区制定《维护国家安全法》的宪制责任，下面观点正确的是？（2020 年公法卷仿真题）

A. 香港特别行政区可以自行制定有关国家安全的基本法律【错误，基本法律是全国人大制定的法律，香港特别行政区无权制定】

B. 香港特别行政区的国家安全事务均由香港特别行政区有关机关负责【错误，如有特殊需要，则由中央人民政府在香港特别行政区设立的机构负责】

C. 维护国家主权、统一和领土完整是香港特别行政区的宪制责任【正确】

D. 根据法律规定，维护香港特别行政区的国家安全仅仅是香港同胞的义务【错误，是包括香港同胞在内的全中国人民的共同义务】

第七章 基层群众自治制度

一、村民委员会【村民委员会 B】

设置	村委会的设立、撤销和范围调整由乡、民族乡、镇的政府提出，经村民会议讨论同意后，报县级政府批准
组成	村委会由本村年满18周岁（未被剥夺政治权利）的村民组成，包括主任、副主任和委员3~7人组成，应当有妇女成员、人数较少民族的成员。任期5年，可连选连任
选举	1. 由本村年满18周岁（未被剥夺政治权利）的村民直接选举产生。任何组织或者个人不得指定、委派或者撤换村民委员会成员 2. 选举工作由村民选举委员会主持 3. 村民选举委员会选举前，应当对符合条件的人员进行登记，列入参加选举的村民名单 4. 登记参加选举的村民名单由村民选举委员会公布。对村民名单有异议并提出申诉的，由村民选举委员会作出处理并公布结果 5. 有登记参加选举的村民过半数投票，选举有效；获得参加投票村民的过半数选票，始得当选
罢免	1. 本村1/5以上有选举权的村民或者1/3以上的村民代表，可以对村民委员会成员提出罢免要求 2. 有登记参加选举的村民过半数投票，并须经投票的村民过半数通过 3. 村民委员会成员丧失行为能力或者被判处刑罚的，其职务自行终止。村民委员会成员出缺，可由村民会议或村民代表会议进行补选

判断分析

根据《村民委员会组织法》的规定，下列哪一选项是正确的？（2012年第1卷第26题）

A. 村民委员会每届任期3年，村民委员会成员连续任职不得超过2届【错误，村民委员会每届任期5年，可以连选连任】

B. 罢免村民委员会成员，须经投票的村民过半数通过【错误，罢免村民委员会成员，必须有登记参加选举的村民过半数投票】

C. 村民委员会选举由乡镇政府主持【错误，村民委员会的选举，由村民选举委员会主持】

D. 村民委员会成员丧失行为能力的，其职务自行终止【正确】

二、村民会议【村民会议C】

组成	村民会议由本村18周岁以上的村民组成,是村民群众自治的最高组织形式
召集	村民会议由村民委员会召集。有1/10以上的村民或者1/3以上的村民代表提议,应当召集村民会议
召开	1. 召开村民会议,应当有本村18周岁以上村民的过半数参加,或者本村2/3以上的户的代表参加,才能举行 2. 村民会议所作决定应当经到会人员的过半数通过
职权范围	1. 村民会议制定村民自治章程和村规民约,报乡级政府备案 2. 村民委员会向村民会议、村民代表会议负责并报告工作。涉及全体村民利益的重要问题,村民委员会必须提请村民会议讨论决定 3. 村民会议评议村民委员会的工作,审议村民委员会的年度工作报告。有权撤销或者变更村民委员会和村民代表会议不适当的决定和命令

判断分析

根据我国《村民委员会组织法》的规定,关于村民委员会的范围调整,下列哪一选项是正确的?(2008年第1卷第15题)

A. 由村民委员会主任提出,经村民会议讨论同意后,报乡级人民政府批准【错误,报县级人民政府批准】

B. 由村民委员会主任提出,经村民会议讨论同意后,报乡级人民代表大会批准【错误,报县级人民政府批准】

C. 由乡级人民政府提出,经村民会议讨论同意后,报县级人民政府批准【正确】

D. 由乡级人民政府提出,经村民会议讨论同意后,报县级人民代表大会批准【错误,报县级人民政府批准】

三、村民代表会议【村民代表会议E】

设立	人数较多或者居住分散的村可以设立村民代表会议,讨论决定村民会议授权的事项
组成与任期	1. 村民代表会议由村民委员会成员和村民代表组成,村民代表的比例应占到4/5以上,妇女成员的比例应占到1/3以上 2. 村民代表由村民按每5户至15户推选1人,或者由各村民小组推选若干人。村民代表应当向其推选户或者村民小组负责,接受村民监督 3. 村民代表的任期与村民委员会的任期相同为5年,可连选连任
召集	村民代表会议由村民委员会召集,每季度召开一次。有1/5以上的村民代表提议,村民委员会应当召集村民代表会议
召开	1. 村民代表会议有2/3以上的组成人员参加方可召开 2. 所作决定应当经到会人员的过半数同意
职权范围	村民会议可以授权村民代表会议审议村民委员会的年度工作报告,评议村民委员会成员的工作,撤销或者变更村民委员会不适当的决定

第七章 基层群众自治制度

🔨 判断分析

关于我国基层群众性自治组织的表述,下列哪一选项是错误的?(2021年公法卷仿真题)

A. 村民委员会是村民自我管理、自我教育、自我服务的基层群众性自治组织【正确】

B. 村民会议有权改变和撤销村民代表会议、村民委员会的不适当决定【正确】

C. 罢免村民委员会成员,须有登记参加选举的村民2/3投票,并须经投票的村民过半数通过【错误,罢免村民委员会成员,须有登记参加选举的村民过半数投票,而非2/3】

D. 村民委员会成员被判处刑罚的,其职务自动终止【正确】

四、居民委员会【居民委员会 E】

设置	居民委员会的设立、撤销和规模调整由不设区的市、市辖区的人民政府决定
组成	1. 居民委员会由主任、副主任和委员5至9人组成,选举产生,任期5年,可连选连任 2. 下设委员会:可根据需要设立人民调解、治安保卫、公共卫生等委员会,也可不设,由居民委员会成员分工负责
居民会议	1. 居民会议是由居住地范围内18周岁以上的居民组成的居民自治的民主决策机构 2. 居民委员会向居民会议负责并报告工作。居民会议有权撤换和补选居民委员会成员 3. 居民会议由居民委员会召集和主持。1/5以上的18周岁以上的居民、1/5以上的户或者1/3以上的居民小组提议,应当召集居民会议 4. 涉及全体居民利益的重要问题,居委会必须提请居民会议讨论决定 5. 居民公约由居民会议讨论制定,报不设区的市、市辖区政府或它的派出机关备案

🔨 判断分析

根据《宪法》和法律的规定,关于基层群众自治,下列哪一选项是错误的?(2014年第1卷第25题)

A. 居民公约由居民会议讨论通过后,报不设区的市、市辖区或者它的派出机关批准【错误,是备案而不是批准】

B. 居民委员会的设立、撤销,由不设区的市、市辖区政府提出,报市政府批准【错误,不设区的市、市辖区的人民政府即可决定】

第八章 公民的基本权利和义务

一、基本权利的一般原理

基本权利的效力	1. 对立法权的制约。立法者通过一定形式制定反映民意的法律，推动基本权利价值的具体化
	2. 对行政权的制约。基本权利对行政权的活动产生直接的约束力，有关行政的一切活动都要体现基本权利的价值，以保障行政权运行的合法性与合宪性
	3. 对司法权的制约。基本权利直接拘束一切司法权的活动
基本权利的限制	受限的表现	1. 剥夺一部分主体的基本权利 2. 停止行使某种基本权利 3. 出于社会公益，对基本权利特殊主体的活动进行限制
	限制目的	1. 维护社会秩序 2. 保障国家安全 3. 维护公共利益
	限制形式	1. 基本权利的内在限制，主要指基本权利内部已确定限制的范围，不是从外部设定条件 例：行使集会游行示威权利不得侵犯他人的权利与自由
		2. 宪法和法律对基本权利的外在限制 例：出于维护公共利益的目的，对公民的权利进行限制
	紧急状态下基本权利限制	在紧急状态下，为了保障公民的基本权利和社会公共利益、迅速恢复经济与社会的正常状态，有必要赋予国家机关一定的紧急权力。如何既要保障基本权利价值，又要保证国家权力能够有效运作，如何在基本权利的保障与限制之间寻求合理平衡是现代宪法发展所面临的重要课题
我国公民基本权利和义务的主要特点	1. 广泛性。（1）享有基本权利和自由的主体非常广泛；（2）公民享有的权利和自由的范围非常广泛
	2. 平等性。（1）公民在享有权利和履行义务方面一律平等；（2）司法机关在适用法律上一律平等
	3. 现实性。（1）公民基本权利和义务的内容具有现实性；（2）宪法对公民基本权利和义务的规定既有物质保障又有法律保障，因而是可以实现的
	4. 一致性。（1）享有权利和承担义务的主体是一致的；（2）公民的某些权利和义务是相互结合的；（3）公民的基本权利和义务相互促进，相辅相成

第八章 公民的基本权利和义务

二、我国公民的基本权利【我国公民的基本权利 A】

（一）平等权

概念	任何公民不分民族、种族、性别、职业、家庭出身、宗教信仰、教育程度、财产状况、居住期限，都一律平等地享有宪法和法律规定的权利和履行义务
基本内容	1. 法律面前一律平等 2. 禁止不合理的差别对待，反对歧视和反对特权 3. 允许合理差别存在
常见的合理差别的类型	1. 依据年龄的差异所采取的合理差别 例：我国《宪法》规定年满18周岁的公民才拥有选举权和被选举权 2. 依据人的生理差异所采取的合理差别 例：女性的孕期保护 3. 依据民族的差异所采取的合理差别 例：我国法律对于少数民族在政治、经济、文化等领域实行的优待政策

判断分析

中华人民共和国公民在法律面前一律平等。关于平等权，下列哪一表述是错误的？（2015年第1卷第25题）

A. 我国宪法中存在一个关于平等权规定的完整规范系统【正确】

B. 犯罪嫌疑人的合法权利应该一律平等地受到法律保护【正确】

C. 在选举权领域，性别和年龄属于宪法所列举的禁止差别理由【错误，在选举权领域，年龄不属于宪法所列举的禁止差别理由（需年满18周岁）】

D. 妇女享有同男子平等的权利，但对其特殊情况可予以特殊保护【正确】

（二）政治权利和自由

概念		政治权利和自由是公民依法享有的参加国家政治生活的权利和自由。包括公民的选举权、被选举权，以及言论、出版、集会、结社、游行和示威的自由
选举权和被选举权		《宪法》第三十四条规定："中华人民共和国年满十八周岁的公民，不分民族、种族、性别、职业、家庭出身、宗教信仰、教育程度、财产状况、居住期限，都有选举权和被选举权；但是依照法律被剥夺政治权利的人除外"
政治自由	言论自由	1. 是指公民有权通过语言等多种表现形式，针对国家政治和社会中的各种问题表达其思想和见解的自由
		2. 在公民的各项政治自由中居于首要地位
	出版自由	1. 是指公民可以通过公开出版物的形式，自由地表达自己对公共事务的见解和看法。是言论自由的自然延伸
		2. 对出版物的管理主要有两种制度：预防制【事前审查制】和追惩制【事后追查制】

政治自由	结社自由	1. 宪法上的结社自由主要指组织政治性团体的自由
		2. 社团的成立实行核准登记制度：登记管理机关是 民政部门
	集会游行示威自由	1. 源于公民的请愿权，也是言论自由的延伸和具体化
		2. 必须有负责人。负责人必须在举行日期的 5 日前向主管机关 递交书面申请。主管机关应在举行日的 2 日前将决定通知负责人，并说明理由。逾期不通知，视为许可

判断分析

根据《宪法》和法律，下列哪些表述是不正确的？（2002 年第 1 卷第 42 题）
A. 被剥夺政治权利的公民不再享有科学研究的自由【错误，科学研究的自由不属于政治自由】
B. 被剥夺政治权利的公民不再享有艺术创作的自由【错误，艺术创作的自由不属于政治自由】
C. 被剥夺政治权利的公民不再享有出版著作的自由【正确】

（三）宗教信仰自由

内容	1. 中华人民共和国公民有宗教信仰自由。任何国家机关、社会团体和个人不得强制公民信仰宗教或者不信仰宗教，不得歧视信仰宗教的公民和不信仰宗教的公民
	2. 国家保护正常的宗教活动。任何人不得利用宗教进行破坏社会秩序、损害公民身体健康、妨碍国家教育制度的活动
	3. 宗教团体和宗教事务不受外国势力的支配，坚持"自主、自办、自传"原则
	4. 我国公民并无"宗教自由"，因此无权自由组织宗教团体，也不能公开传教

（四）人身自由

概念	1. 狭义：指公民的身体不受非法侵犯
	2. 广义：包括与狭义人身自由相关联的生命权、人格尊严、住宅不受侵犯、通信自由和通信秘密等与公民个人生活有关的权利和自由
地位	是公民参加各种社会活动和实际享受其他权利的前提
生命权	1. 该权利的主体是自然人，不限于公民，包括本国人、外国人和无国籍人
	2. 我国《宪法》并未明确规定生命权，但是生命权是人身自由的应有之义
狭义的人身自由	1. 任何公民，非经检察院批准/决定或法院决定，公安机关执行，不受逮捕
	2. 禁止非法拘禁和以其他方法非法剥夺或限制公民的人身自由
	3. 禁止非法搜查公民的身体，强迫公民自己证明自身清白和暴露身体的行为
人格尊严	1. 禁止用任何方法对公民进行侮辱、诽谤和诬告陷害
	2. 我国《宪法》规定了人格尊严，但并未规定人格尊严的具体内容，人格尊严的具体内容主要规定在民法中，一般包括：姓名权、肖像权、名誉权、荣誉权、隐私权
住宅不受侵犯	1.《宪法》第三十九条规定："中华人民共和国公民的住宅不受侵犯。禁止非法搜查或者非法侵入公民的住宅"
	2. 住宅权保护的核心法益是居住安全和生活安宁

续表

通信自由和通信秘密	含义	1. 通信自由是指公民与其他主体之间传递消息和信息不受国家非法限制的自由
		2. 通信秘密是指公民的通信，包括电报、电传、电话、邮件及电子数据交换等信息传递形式，他人不得隐匿、毁弃、拆阅或窃听
	限制	因国家安全或追查刑事犯罪的需要，公安机关或检察机关可依法检查公民通信

判断分析

1. 关于《宪法》对人身自由的规定，下列哪一选项是不正确的？（2013年第1卷第25题）

A. 禁止用任何方法对公民进行侮辱、诽谤和诬告陷害【正确】

B. 生命权是《宪法》明确规定的公民基本权利，属于广义的人身自由权【错误，我国《宪法》未对生命权进行明确规定】

C. 禁止非法搜查公民身体【正确】

D. 禁止非法搜查或非法侵入公民住宅【正确】

2. 根据我国《宪法》和法律的规定，下列哪些说法不正确？（2005年第1卷第60题）

A. 为了收集"第三者插足"的证据，公民可以委托私人调查机构以各种形式对"第三者"进行跟踪【错误，这种行为侵犯了公民的人身自由权利】

B. 为了收集犯罪证据，公民可以委托法官对犯罪嫌疑人的通信进行监听【错误，只有公安机关和检察机关在一定条件下可以对公民的通信进行监听】

C. 商场保安人员有权根据商场的规定，对"盗窃嫌疑人"当场进行搜身检查【错误，中华人民共和国公民的人身自由不受侵犯，禁止非法搜查公民的身体】

D. 商场保安人员有权对拒绝搜身检查的顾客采取限制人身自由的措施【错误，禁止非法拘禁和以其他方法非法剥夺或者限制公民的人身自由】

（五）社会经济权利

财产权	1. 公民的合法的私有财产不受侵犯。国家依照法律规定保护公民的私有财产权和继承权
	2. 国家为了公共利益的需要，可以依照法律规定对公民的私有财产实行征收或者征用并给予补偿
劳动权	1. 是指有劳动能力的公民有从事劳动并取得相应报酬的权利
	2. 既是权利又是义务
休息权	劳动者有休息的权利
获得物质帮助权	是指我国公民在年老、疾病或者丧失劳动能力时，有从国家和社会获得物质帮助的权利

判断分析

根据我国《宪法》关于公民基本权利的规定，下列哪一说法是正确的？（2010年第1卷第17题）

A. 我国公民在年老、疾病或者遭受自然灾害时有获得物质帮助的权利【错误，在丧失劳动能力而非遭受自然灾害时】

B. 我国公民被剥夺政治权利的，其出版自由也被剥夺【正确】

C. 我国公民有信仰宗教与公开传教的自由【错误，我国《宪法》规定的公民的宗教信仰自由不包括"公开传教"的自由】

D. 我国公民有任意休息的权利【错误，我国《宪法》所规定的休息权的主体是"劳动者"而不是"公民"】

（六）文化教育权

文化教育权的内容	1. 中华人民共和国公民有受教育的权利和义务 2. 中华人民共和国公民有进行科学研究、文学艺术创作和其他文化活动的自由。国家对于从事教育、科学、技术、文学、艺术和其他文化事业的公民的有益于人民的创造性工作，给予鼓励和帮助

判断分析

关于文化教育权利是公民在教育和文化领域享有的权利和自由的说法，下列哪一选项是错误的？（2009年第1卷第23题）

A. 受教育既是公民的权利，又是公民的义务【正确】

B. 宪法规定的文化教育权利是公民的基本权利【正确】

C. 我国公民有进行科学研究、文学艺术创作和其他文化活动的自由【正确】

D. 同社会经济权利一样，文化教育权利属于公民的积极受益权【错误，社会经济权利是一个复合型的权利，既包括积极受益权，也包括与其相对的消极防御权】

（七）监督权和获得赔偿权

监督权	批评、建议权	中华人民共和国公民对于任何国家机关和国家工作人员，有提出批评和建议的权利
	申诉、控告和检举权	对于任何国家机关和国家工作人员的违法失职行为，有向有关国家机关提出申诉、控告或检举的权利，但是不得捏造或者歪曲事实进行诬告陷害
获得赔偿权		因国家机关或者国家机关工作人员违法行使职权，侵犯了公民的合法权益，公民有取得国家赔偿的权利。目前我国的国家赔偿主要有行政赔偿和司法赔偿两种形式
		致人精神损害并造成严重后果的，赔偿义务机关应当支付精神损害抚慰金

（八）特定主体的权利

特定主体的权利	1. 妇女在政治、经济、文化、社会和家庭的生活等方面享有同男子一样的权利
	2. 国家保障婚姻、家庭、母亲、儿童、老人的权利
	3. 国家保护华侨的正当的权利和利益，保护归侨和侨眷的合法的权利和利益
	4. 国家和社会帮助安排盲、聋、哑和其他有残疾的公民的劳动、生活和教育
	5. 国家和社会保障残疾军人的生活，抚恤烈士家属、优待军人家属

三、我国公民的基本义务【我国公民的基本义务 C】

我国公民的基本义务	1. 维护国家统一和民族团结
	2. 遵守宪法和法律，保守国家秘密，爱护公共财产，遵守劳动纪律，遵守公共秩序，尊重社会公德
	3. 维护祖国的安全、荣誉和利益
	4. 保卫祖国、依法服兵役和参加民兵组织。每年 12 月 31 日以前，年满 18 周岁的男性公民，应当被征集服现役，当年未被征集的，在 22 周岁之前仍可以被征集。普通高等学校毕业生的征集年龄可以放宽至 24 周岁
	5. 依法纳税。（1）纳税原则：纳税平等与公平原则；税负合理原则；税收法定原则；（2）纳税义务派生的权利：纳税可以派生出相应的权利。例：纳税人监督税款使用的权利；（3）纳税义务具有双重性：一方面纳税是国家财政的重要来源，具有形成国家财力的属性；另一方面纳税义务具有防止国家权力侵犯公民财产权的属性
	6. 其他基本义务。劳动的义务、受教育的义务、夫妻双方实行计划生育的义务、父母抚养教育未成年子女的义务、成年子女赡养扶助父母的义务等

判断分析

根据《宪法》的规定，关于公民纳税义务，下列哪些选项是正确的？（2012 年第 1 卷第 62 题）

A. 国家在确定公民纳税义务时，要保证税制科学合理和税收负担公平【正确】

B. 要坚持税收法定原则，税收基本制度实行法律保留【正确】

C. 纳税义务直接涉及公民个人财产权，宪法纳税义务具有防止国家权力侵犯其财产权的属性【正确】

D. 履行纳税义务是公民享有其他权利的前提条件【错误，并不是所有权利的前提条件都是履行纳税义务】

第九章 全国人大及其常委会

一、国家机构概述【国家机构概述 E】

国家机构体系	中央国家机关	全国人大及其常委会、国家主席、国务院、国家监察委员会、中央军事委员会、最高人民法院、最高人民检察院		
	地方国家机关	1. 县级以上地方国家机关：人大及其常委会、人民政府、监察委员会、人民法院和人民检察院		
		2. 乡、民族乡、镇的国家机关：人大、人民政府		
国家机构的组织和活动原则	民主集中制原则	1. 含义：民主与集中相结合的制度，民主基础上的集中和在集中指导下的民主相结合，其实质是社会主义民主制		
		2. 体现	（1）国家权力来自人民，由人民民主选举产生人大，人大对人民负责，受人民监督	
			（2）在同级国家机构中，国家权力机关居于主导地位，其他国家机关由它产生，对它负责，受它监督	
			（3）中央与地方国家机构的关系：遵循在中央的统一领导下，充分发挥地方主动性、积极性的原则	
			（4）国家机关内部：都在不同程度上实行民主集中制	
	责任制原则	1. 含义：指国家机构及其工作人员需要对其职务行为产生的结果承担责任		
		2. 体现	（1）**集体负责制**：全体人员集体讨论 + **少数服从多数**的原则作出决定，集体共同承担责任	
			（2）**个人负责制**：全体人员集体讨论 + **首长个人**作出决定，首长个人承担责任	
	法治原则：有法可依、有法必依、执法必严、违法必究			
	精简和效率原则			
	密切联系群众、为人民服务原则			

📝 判断分析

我国《宪法》第三条规定："中华人民共和国的国家机构实行民主集中制的原则。"这项原则的内容

主要体现在下列哪些方面?(2003年第1卷第46题)

A. 在国家机构与人民的关系方面,体现了国家权力来自人民,由人民组织国家机构【正确】

B. 在同级国家机构中,国家权力机关居于主导地位【正确】

C. 在中央和地方机构的关系方面,实行"中央和地方的国家机构和职权的划分,遵循在中央的统一领导下,充分发挥地方的主动性、积极性的原则"【正确】

D. 各国家机关在行使职权时实行集体负责制【错误,责任制原则不隶属于民主集中制原则,也不是所有国家机关都实行集体负责制】

二、全国人大及其常委会【全人大及其常委会概述 C】

	全国人大	全国人大常委会
性质	最高国家权力机关	最高国家权力机关的常设机关(全国人大闭会期间行使最高国家权力的机关)
组成	由各省、自治区、直辖市、特别行政区和军队选出的代表组成,代表的名额总数不超过3000名	1. 委员长、副委员长、秘书长、委员组成 2. 全国人大常委会的组成人员不得兼任国家行政机关、监察机关、审判机关和检察机关的职务
任期	5年 推迟选举:如果遇到不能选举的非常情况,由全国人大常委会全体委员 2/3 以上多数通过,可以推迟选举,延长本届人大任期。在非常情况结束后1年内,必须完成换届	5年,委员长和副委员长连任不超 2 届

判断分析

我国《宪法》第二条明确规定:"人民行使国家权力的机关是全国人民代表大会和地方各级人民代表大会。"关于全国人大和地方各级人大,下列选项正确的是?(2015年第1卷第91题)

A. 全国人大代表全国人民统一行使国家权力【正确】

C. 全国人大在国家机构体系中居于最高地位,不受任何其他国家机关的监督【正确】

三、全国人大和全国人大常委会的职权【全人大和全人常的职权 B】

(一)立法权

全国人大	全国人大常委会
修改宪法、监督宪法的实施	解释宪法和法律、监督宪法的实施
制定和修改基本法律	1. 制定和修改基本法律之外的其他法律 2. 全国人大闭会期间,全国人大常委会可以对基本法律进行部分补充和修改,但不得违反基本法律的基本原则

（二）人事权

全国人大	全国人大常委会
1. 选举产生： 全国人大常委会组成人员、国家主席、副主席，中央军事委员会主席，国家监察委员会主任，最高人民法院院长，最高人民检察院检察长	1. 人事决定： （1）全国人大闭会期间，根据国务院总理的提名，决定国务院其他组成人员的人选 （2）全国人大闭会期间，根据中央军委主席的提名，决定中央军委其他组成人员的人选
2. 决定产生： （1）根据国家主席的提名，决定国务院总理的人选 （2）根据国务院总理的提名，决定国务院副总理、国务委员、各部部长、各委员会主任、审计长和秘书长的人选 （3）根据中央军委主席的提名，决定中央军事委员会的其他组成人员的人选	2. 人事任免： （1）根据国家监察委主任的提名，任免国家监察委副主任、委员 （2）根据最高法院院长的提请，任免最高法院副院长、审判员、审委会委员、军事法院院长和巡回法庭庭长、副庭长 （3）根据最高检察院检察长的提名，任免最高检察院副检察长、检察员、检委会委员、军事检察院检察长，并且批准省、自治区、直辖市的检察院检察长的任免
3. 罢免权： 主席团、3 个以上的代表团或者 1/10 以上的代表，可以提出上述选举和决定人员的罢免案	3. 撤职权： （1）常委会根据委员长会议、总理提名，可以撤销国务院其他个别组成人员 （2）根据军委主席提名，撤销中央军委其他个别组成人员

⚖ 判断分析

根据我国现行《宪法》和相关法律的规定，下列哪一选项的说法是正确的？（2020 年公法卷仿真题）

A. 全国人大选举产生国务院副总理【错误，国务院副总理是"决定"产生，而非"选举"产生】

B. 全国人大选举产生国务院总理【错误，国务院总理是"决定"产生，而非"选举"产生】

C. 全国人大选举产生中央军委主席【正确】

D. 全国人大选举产生中央军委副主席【错误，中央军委其他组成人员是"决定"产生，而非"选举"产生】

（三）重大事项决定权

全国人大	全国人大常委会
1. 审查和批准国民经济和社会发展计划以及计划执行情况的报告 2. 审查和批准国家预算和预算执行情况的报告 3. 批准省、自治区和直辖市的建置；决定特别行政区的设立及其制度	1. 在全国人大闭会期间，审查和批准国民经济和社会发展计划、国家预算在执行过程中所必须作的部分调整方案 2. 决定同外国缔结的条约和重要协定的批准或废除 3. 决定驻外全权代表的任免 4. 规定和决定授予国家的勋章和荣誉称号 5. 规定军人和外交人员的衔级制度和其他专门衔级制度 6. 决定特赦 7. 全国人大闭会期间，决定战争状态的宣布

全国人大	全国人大常委会
4. 决定战争与和平问题	8. 决定全国总动员或局部动员 9. 决定全国或个别省、自治区、直辖市进入紧急状态，决定特别行政区进入紧急状态

📝 判断分析

1. 根据我国《宪法》规定，关于决定特赦，下列哪一选项是正确的？（2007年第1卷第15题）

A. 中华人民共和国国家主席决定特赦【错误，有权决定特赦的机关是全国人大常委会】

B. 全国人民代表大会常务委员会决定特赦【正确】

C. 全国人民代表大会决定特赦【错误，有权决定特赦的机关是全国人大常委会】

D. 决定特赦是我国最高行政机关的专有职权【错误，有权决定特赦的机关是全国人大常委会】

2. 根据我国《宪法》的规定，关于动员和紧急状态的决定权，下列哪些选项是正确的？（2008年第1卷第62题）

A. 全国人民代表大会常务委员会有权决定全国总动员【正确】

B. 全国人民代表大会常务委员会有权决定全国进入紧急状态【正确】

C. 国务院有权决定个别省、自治区、直辖市进入紧急状态【错误，全国人大常委会有权决定全国或者个别省、自治区、直辖市进入紧急状态】

D. 国务院有权决定局部动员【错误，全国人大常委会有权决定全国总动员或者局部动员】

（四）监督权

全国人大	全国人大常委会
由全国人大产生的机关都由全国人大来监督。全国人大常委会、国务院、最高人民法院、最高人民检察院对其负责并报告工作；中央军委对其负责，国家监察委员会对其负责	1. 全人大闭会期间，国务院、最高人民法院、最高人民检察院对其负责并报告工作；中央军委对其负责，国家监察委员会对其负责
	2. 听取和审议一府一委两院的专项工作报告。专项工作报告由一府一委两院负责人向全国人大常委会报告，国务院可委托有关部门的负责人报告
	3. 对法律法规的实施情况进行检查。全人常和省人常根据需要，可委托下一级人常对有关法律、法规在本行政区域内的实施情况进行检查

四、全国人大和全国人大常委会的议案与质询【全人大和全人常的会议制度和议案程序 B】

议案类型	全国人大	全国人大常委会
一般议案	1. 机关提案：全国人大主席团、国务院、中央军委、最高法、最高检、国监委、专门委员会、全人常	1. 机关提案：国务院、中央军委、最高法、最高检、国监委、专门委员会、委员长会议
	2. 个人提案：1个代表团或者30名以上代表联名	2. 个人提案：10名以上委员联名

续表

议案类型	全国人大	全国人大常委会
质询案	1. 提出主体：1个代表团或者30名以上代表联名	1. 提出主体：常委会组成人员10人以上联名
	2. 质询对象：国务院及其各部委、国监委、最高法、最高检	2. 质询对象：国务院及其各部委、国监委、最高法、最高检
	3. 一府一委两院必须答复，可口头，可书面	

⚖ 判断分析

关于全国人大及其常委会的质询权，下列说法正确的是？（2010年第1卷第93题）

A. 全国人大会议期间，一个代表团可书面提出对国务院的质询案【正确】

B. 全国人大会议期间，三十名以上代表联名可书面提出对国务院各部的质询案【正确】

C. 全国人大常委会会议期间，常委会组成人员十人以上可书面提出对国务院各委员会的质询案【正确】

D. 全国人大常委会会议期间，委员长会议可书面提出对国务院的质询案【错误，委员长会议只负责把质询案交由受质询的机关答复，无权提出对国务院的质询案】

第十章 国家主席、国务院等其他国家机构

一、国家主席【国家主席 A】

地位	国家主席代表国家,是一个独立的国家机关,没有行政权	
职权	1. 公布权 根据全国人大和全国人大常委会的决定,公布法律、宣布战争状态、发布特赦令、动员令、宣布进入紧急状态	
	2. 宣布任免权 根据全国人大和全国人大常委会的决定,宣布对国务院组成人员的任免	
	3. 外事权 (1) 代表中国进行国事活动,接受外国使节 (2) 根据全国人大常委会的决定,派遣和召回驻外全权代表,批准和废除同外国缔结的条约和重要协定	
	4. 荣典权 根据全国人大常委会的决定,授予国家的勋章和荣誉称号	
国家勋章和国家荣誉称号	类型及程序	1. 共和国勋章和国家荣誉称号授予杰出人士:国务院、中央军委、委员长会议可提案授予,全国人大常委会决定授予
		2. 友谊勋章授予外国人:国家主席可直接授予
	国家勋章和国家荣誉称号为其获得者终身享有,不可用于出售、经营、出租,但可被撤销。国家设立国家功勋簿,记载国家勋章和国家荣誉称号获得者及其功绩	

判断分析

关于国家勋章和国家荣誉称号的说法,下列哪一选项是不正确的?(2021年公法卷仿真题)

A. 国家荣誉称号的具体名称由全国人大常委会在决定授予时确定【正确】

B. 国务院、中央军事委员会可以向全国人民代表大会常务委员会提出授予国家勋章、国家荣誉称号的议案【正确】

C. 国家勋章包括"共和国勋章",不包括"友谊勋章"【错误,《国家勋章和国家荣誉称号法》第三条规定国家勋章包括"友谊勋章"】

D. 国家主席进行国事活动,可以直接授予外国政要、国际友人等人士"友谊勋章"【正确】

二、国务院【国务院B】

（一）国务院的组成、领导体制

性质地位	即中央人民政府，是最高国家权力机关的执行机关，是最高国家行政机关，从属于最高国家权力机关，对全国人大及其常委会负责并报告工作		
组成	由总理、副总理若干人、国务委员若干人、各部部长、各委员会主任、中国人民银行行长、审计长、秘书长组成		
任期	5年。总理、副总理、国务委员连续任职不得超过2届		
领导体制	总理负责制	1. 领导权：总理领导国务院的工作，副总理、国务委员协助总理工作，各部部长、各委员会主任负责某一方面的专门工作，向总理负责 2. 提名权：国务院其他组成人员由总理提名，总理可向全国人大或其常委会提出任免其他组成人员的请求 3. 召集主持会议权：召集和主持国务院全体会议和常务会议 4. 签署权：国务院发布的决定和命令、制定的行政法规、向全国人大及其常委会提出的议案、对政府机关工作人员的任免决定，均需总理签署	
会议制度	全体会议	【组成】国务院全体成员（一般每2个月召开）	会议讨论决定的事项，除依法需要保密的外，应当及时公布
		【主要任务】讨论决定政府工作报告、国民经济和社会发展规划等国务院工作中的重大事项，部署国务院的重要工作【24新增】	
	常务会议	【组成】总理、副总理、国务委员、秘书长（一般每月召开2-3次，如有需要可随时召开）	
		【主要任务】讨论法律草案、审议行政法规草案，讨论、决定、通报国务院工作中的重要事项【24新增】	
	国务院根据需要召开总理办公会议和国务院专题会议		
职权	1. 行政法规制定权、决定和命令发布权		
	2. 领导和监督权：国务院有权改变或者撤销国务院工作部门发布的不适当的决定和命令；有权改变或者撤销地方各级政府发布的不适当的决定、命令和规章		
	3. 人事任免权：审定行政机构的编制，依照法律规定对行政人员进行任免、培训、奖惩等		
	4. 重大事项决定权：区域设置及界线变更，决定省、自治区、直辖市的范围内部分地区进入紧急状态		
	5. 编制和执行国民经济和社会发展计划和国家预算、决算草案		
	6. 对国防、民政、文教、经济等各项工作的领导权和管理权；对外事务的管理权		

第十章 国家主席、国务院等其他国家机构

（二）国务院组成部门及审计机关

组成部门	职权	国务院各组成部门分管某一方面行政事务的职能 有权根据法律和国务院的行政法规、决定、命令，在本部门的权限内，发布指令、指示和制定规章
	设立、撤销、合并	【决定】总理提出→全国人大决定；在全国人大闭会期间，由全人常决定 【公布】组成部门确定或者调整后，由全国人大或全人常公布【24新增】
	人员设置	部长（主任、行长、审计长）1人，副部长（副主任、副行长、副审计长）2-4人；委员会可以设委员5-10人【24新修】
	领导体制	部长（主任、行长、审计长）负责制，领导本部门的工作，召集和主持会议，讨论决定本部门工作的重大问题
	人员任免	国务院副秘书长、各部副部长、各委员会副主任、中国人民银行副行长、副审计长由国务院任免
直属机构/办事机构		国务院根据需要设立，直属机构主管各项专门业务；办事机构协助总理办理专门事项。机构负责人由国务院任免【24新修】 【注意】其中具有行政管理职能的直属机构以及法律规定的机构，可以根据法律和国务院的行政法规、决定、命令，在本部门权限范围内，制定规章
审计机关		1.国务院和县级以上政府设立审计机关 2.根据宪法规定，国务院审计机关（审计署）在总理领导下独立行使审计监督权，不受其他行政机关、社会团体和个人的干涉 3.县级以上地方政府设立审计机关，对本级人民政府和上一级审计机关负责

判断分析

1.根据《宪法》规定，关于国务院的说法，下列哪些选项是正确的？（2010年第1卷第61题）

A.国务院由总理、副总理、国务委员、秘书长组成【错误，还有各部部长，各委员会主任，中国人民银行行长以及审计长】

B.国务院常务会议由总理、副总理、国务委员、秘书长组成【正确】

C.国务院有权改变或者撤销地方各级国家行政机关的不适当的决定和命令【正确】

D.国务院依法决定省、自治区、直辖市的范围内部分地区进入紧急状态【正确】

2.根据《宪法》和法律的规定，关于国家机关组织和职权，下列选项正确的是？（2013年第1卷第90题）

A.国务院依照法律规定决定省、自治区、直辖市的范围内部分地区进入紧急状态【正确】

B.省、自治区、直辖市政府在必要的时候，经国务院批准，可以设立若干派出机构【错误，省、自治区人民政府可以设立若干派出"机关"而非"机构"】

三、中央军事委员会【中央军事委员会E】

任期	5年，可连选连任
任免	中央军委主席由全国人大选举产生，其他组成人员的人选由军委主席提名，全国人大决定
领导体制	主席负责制
	中央军委主席对全国人大及其常委会负责

判断分析

中华人民共和国中央军事委员会领导全国武装力量。关于中央军事委员会，下列哪一表述是错误的？（2015年第1卷第26题）

A. 实行主席负责制【正确】

B. 每届任期与全国人大相同【正确】

C. 对全国人大及其常委会负责【正确】

D. 副主席由全国人大选举产生【错误，中央军事委员会副主席由全国人大决定产生】

四、地方人大与地方政府【地方主要国家机关 B】

（一）地方各级人大及其常委会

	乡级人大	县级以上地方人大	县级以上地方人大常委会
人事任免	选举本级政府正副职首长、人大主席、副主席	选举本级政府正副职首长、监察委主任、法院院长、检察院检察长、常委会组成人员	1. 人大闭会期间，决定本级政府的个别副职首长任免 2. 根据本级政府正职首长的提名，决定工作部门首长 3. 根据两院一委正职首长的提名，决定两院一委其他组成人员
一般议案	1. 机关提案：主席团、常委会、专委会（县级以上）、政府 2. 个人提案：代表10人以上（乡镇5人以上）		1. 机关提案：主任会议、专委会（县级以上）、政府 2. 个人提案：常委会5人以上（县级为3人以上）
质询案	1. 提案主体：代表10人以上 2. 质询对象：一府一委两院		1. 提案主体：委员5人以上（县级3人以上） 2. 质询对象：一府一委两院

判断分析

根据《宪法》和《监督法》的规定，关于各级人大常委会依法行使监督权，下列选项正确的是？（2013年第1卷第91题）

A. 各级人大常委会行使监督权的情况，应当向本级人大报告，接受监督【正确】

B. 全国人大常委会可以委托下级人大常委会对有关法律、法规在本行政区域内的实施情况进行检查【错误，委托下一级人民代表大会常务委员会进行检查，而不是下级】

C. 质询案以书面答复的，由受质询的机关的负责人签署【正确】

D. 依法设立的特定问题调查委员会在调查过程中，可以不公布调查的情况和材料【正确】

（二）地方政府

性质地位	地方各级人民政府是地方各级国家权力机关的执行机关，是地方各级国家行政机关
任期	5年，没有任职届数限制
领导机制	1. 地方各级政府对本级人大及其常委会和上一级政府负责并报告工作 2. 全国地方各级政府都是国务院统一领导下的国家行政机关，都服从国务院

工作部门	1. 县级以上才有工作部门
	2. 每一级政府内部工作部门的设立、增加、减少或者合并，由本级政府报请上一级政府批准，并报本级人大常委会备案
	3. 工作部门受本级政府统一领导，并受上级政府相关工作部门业务指导或领导
派出机关	1. 省、自治区人民政府：经国务院批准，可以设立若干行政公署
	2. 县、自治县人民政府：经省级人民政府批准，可以设立若干区公所
	3. 县级市、市辖区人民政府：经上一级人民政府批准，可以设立若干街道办事处

判断分析

根据《地方组织法》规定，关于地方各级人民政府工作部门的设立，下列选项正确的是？（2009年第1卷第94题）

A. 县人民政府设立审计机关【正确】

B. 县人民政府工作部门的设立、增加、减少或者合并由县人大批准，并报上一级人民政府备案【错误，报本级人民代表大会常务委员会备案】

C. 县人民政府在必要时，经上级人民政府批准，可以设立若干区公所作为派出机关【错误，应当经省人民政府批准】

D. 县人民政府的工作部门受县人民政府统一领导，并且依照法律或者行政法规的规定受上级人民政府主管部门的业务指导或者领导【正确】

五、监察委员会【监察委员会A】

性质地位	各级监察委员会是国家的监察机关。国家监察委员会是最高国家监察机关
组成	监察委员会由下列人员组成：主任、副主任若干人、委员若干人
任期	监察委员会主任每届任期同本级人大任期相同，都是5年，但国家监察委员会主任连续任职不得超过2届
领导体制	1. 国家监察委员会领导地方各级监察委员会的工作，上级监察委员会领导下级监察委员会的工作
	2. 国监委对全国人大及其常委会负责，地方各级监察委对本级人大及其常委会和上一级监察委员会负责，都接受其监督（不汇报工作）
与其他部门的关系	1. 其他国家机关在工作中发现公职人员职务违法或者职务犯罪的问题线索，应当移送监察机关，由监察机关依法调查处置
	2. 被调查人既涉嫌严重职务违法或者职务犯罪，又涉嫌其他违法犯罪的，一般应当由监察机关为主调查，其他机关予以协助
	3. 监察机关对于报案或者举报，应当接受并按照有关规定处理。对于不属于本机关管辖的，应当移送主管机关处理

判断分析

1.监察委员会是国家的监察机关,根据《宪法》和法律,下列说法正确的是?(2020年公法卷仿真题)

A.国家监察委员会和地方各级监察委员会是监督与被监督的关系【错误,上下级监察委员会之间是领导关系,而非监督关系】

B.地方监察委员会主任由本级人大选举产生,任期五年,且没有连任限制【正确】

C.监察机关可以制定监察法规【错误,根据全国人大常委会的授权,只有国家监察委员会有权制定监察法规,地方监察委员会无权制定】

D.上级监察机关必要时可以办理所辖各级监察机关管辖范围内的监察事项【正确】

2.我国监察委员会独立行使监察权,行使职责不受行政机关、(　　)、个人的干涉,监察委应依法受理(　　)案件。(2024年第公法卷仿真题)

A.司法机关 反贪污【错误】

B.社会团体 职务犯罪【正确】

C.权力机关 职务犯罪【错误】

D.社会团体 监察【错误】

第十一章 国家标志

国家标志的内涵	国家标志又称国家象征，一般是指由宪法和法律规定的，代表国家的主权、独立和尊严的象征和标志，主要包括国旗、国歌、国徽和首都等
国旗、国歌、国徽、首都	我国国旗是五星红旗
	我国国歌是《义勇军进行曲》
	我国国徽，中间是五星照耀下的天安门，周围是谷穗和齿轮
	我国首都是北京

判断分析

关于我国的国家标志，下列哪些说法是错误的？（2021年公法卷仿真题）

A. 我国的国家标志包括国歌、国旗、国徽、国家主席【错误，我国的国家标志包括国旗、国歌、国徽、首都，不包括国家主席】

B. 各级政府应当每日升挂国旗【错误，地方各级政府应当在工作日升挂国旗，而不是每日】

C. 港口、火车站、机场应当每日升挂国旗【错误，只有出入境的机场、港口、火车站才需要每日升挂国旗，而不是所有的】

D. 宪法宣誓场所应当悬挂国旗【正确】

第十二章 立法制度

一、立法体制：法律形式及立法权分配【我国的立法体制 C】

	制定和修改主体	规定事项
宪法	1. 制宪权：人民 2. 制宪机关：第一届全国人大第一次会议 3. 修宪权：人民 4. 修宪机关：全国人大	内容最根本、效力最高、制定和修改程序最为严格
法律	1. 基本法律：全国人大制定、修改，闭会时全国人大常委会可以在不违反其基本原则的情况下部分修改 2. 基本法律以外的法律：全国人大常委会制定、修改 3. 全国人大可以授权全国人大常委会制定相关法律	只能由法律规定的事项： 1. 国家主权的事项 2. 各级人大、政府、监察委、法院和检察院的产生、组织和职权 3. 民族区域自治制度、特别行政区制度、基层群众自治制度 4. 犯罪和刑罚 5. 对公民政治权利的剥夺、限制人身自由的强制措施和处罚 6. 税种的设立、税率的确定和税收征收管理等税收基本制度 7. 对非国有财产的征收、征用 8. 民事基本制度 9. 基本经济制度以及财政、海关、金融和外贸的基本制度 10. 诉讼制度和仲裁基本制度 11. 必须由全国人大及其常委会制定法律的其他事项
行政法规	国务院制定和修改	1. 为执行法律的规定而需要制定行政法规的事项 2. 针对国务院自主行使行政管理职权的事项 3. 本应由全国人大或全国人大常委会制定法律加以规定，但由上述两机关授权国务院先制定行政法规加以规定（授权立法） 4. 可根据改革发展需要对特定事项调整或暂停适用行政法规的部分规定

续表

	制定和修改主体	规定事项
监察法规	国家监察委	1. 为执行法律的规定需要制定监察法规的事项 2. 为履行领导地方各级监察委工作的职责需要制定监察法规的事项
地方性法规	1. 省级：省、自治区、直辖市的人大及其常委会 2. 市级：设区的市、自治州的人大及其常委会 3. 规定本行政区域特别重大事项的地方性法规，应当由人大通过	1. 设区的市的地方性法规，在内容上限于城乡建设与管理、生态文明建设、历史文化保护、基层治理等方面的事项，但"较大的市"之前已经制定的地方性法规继续有效 【总结：城乡建设与管理、生态文明、文化保护、基层治理】 2. 省、市两级人大及其常委会可根据区域发展需要进行协同立法
规章	1. 部门规章：由国务院各部、委员会、中国人民银行、审计署和具有行政管理职能的直属机构以及法律规定的机构制定 2. 地方政府规章：由省级人民政府和设区的市、自治州人民政府制定	1. 部门规章：没有上位法依据，部门规章不得设定减损公民、法人和其他组织权利或者增加其义务的规范，不得增加本部门的权力或者减少本部门的法定职责 2. 地方政府规章： （1）没有上位法依据，地方政府规章不得设定减损公民、法人和其他组织权利或者增加其义务的规范 （2）为执行法律、行政法规或地方性法规而制定，设区的市、自治州的地方政府规章在内容上限于城乡建设与管理、生态文明建设、历史文化保护、基层治理等方面的事项，但之前已经制定的地方政府规章继续有效 （3）应当制定地方性法规但条件尚不成熟的，因行政管理迫切需要，可以先制定地方政府规章。规章实施满2年需要继续实施规章所规定的行政措施的，应当提请本级人大或者其常委会制定地方性法规
自治条例和单行条例	自治区、自治州、自治县人大	自治条例和单行条例可以依据当地民族的特点，对法律和行政法规进行变通并优先适用，但以下事项除外： 1.《宪法》和《民族区域自治法》规定的内容 2. 法律和行政法规的基本原则规定的内容 3. 法律、行政法规中专门就民族自治地方所作出的规定
经济特区法规	根据全国人大的授权，经济特区所在地的省、市的人大及其常委会有权制定经济特区法规	经济特区法规可以对法律、行政法规和地方性法规的内容进行变通规定并优先适用 【效力＝法律】
浦东新区法规	上海市人大及其常委会根据全国人大常委会的授权决定，制定浦东新区法规	在浦东新区实施，可以对法律、法规作变通

续表

	制定和修改主体	规定事项
海南自由贸易港法规	海南省人大及其常委会根据法律规定，制定海南自由贸易港法规	在海南自由贸易港范围内实施，可以对法律、法规作变通

📜 判断分析

国务院，即中央人民政府，是最高国家权力机关的执行机关，最高国家行政机关。根据我国《宪法》以及相关法律的规定，关于国务院，下列哪一项是正确的？（2019年公法卷仿真题）

A.有权制定有关行政拘留的规范性文件【错误，行政拘留是限制人身自由的行政处罚，属于法律的绝对保留事项，只能由全国人大或全国人大常委会制定】

B.国务院司法部与教育部联合制定的规章的效力与地方政府规章的效力相同【正确】

C.领导和管理民政、司法行政、民族事务和监察监督等工作【错误，2018年修宪新增监察委这一国家机关，国务院不再领导和管理监察工作】

D.行政法规的效力高于省级人大制定的法规，因此部门规章的效力高于市级人大制定的法规【错误，部门规章与地方性法规没有上位法和下位法的关系】

二、立法的备案与批准

法律形式	备案（公布后的30日内）	批准
行政法规	报全国人大常委会备案	
监察法规	报全国人大常委会备案	
省、自治区、直辖市地方性法规	报全国人大常委会和国务院备案	
设区的市、自治州的地方性法规	由省级人大常委会报全国人大常委会及国务院备案	报省级人大常委会批准
自治区的自治条例和单行条例		报全国人大常委会批准
自治州、自治县的自治条例和单行条例	由省级人大常委会报全国人大常委会和国务院备案	报省级人大常委会批准
国务院部门规章	报国务院备案	
省、自治区、直辖市人民政府规章	报国务院和本级人大常委会备案	
设区的市、自治州人民政府规章	报国务院、省级人大常委会、省级人民政府以及本级人大常委会备案	
授权立法【经济特区法规、浦东新区法规、海南自由贸易港法规】	报授权决定中规定的机关备案，并应说明变通的情况	

📜 判断分析

2017年11月21日，国务院常务会议通过《行政区划管理条例》，该条例自2018年10月10日公布，

并于 2019 年 1 月 1 日起实施。关于《行政区划管理条例》，下列哪些选项是正确的？（2019 年公法卷仿真题）

　　A. 省、自治区、直辖市的行政区域界线的变更，报全国人民代表大会批准【错误，省、自治区、直辖市的行政区域界线的变更由国务院审批即可】

　　B. 由国务院总理签署，以国务院令形式公布【正确】

　　C. 全国人大常委会有权撤销该条例【正确】

　　D. 应在 2018 年 10 月 10 日后的 30 日内，报全国人大常委会备案【正确】

三、立法的备案审查【立法审查 B】

被动审查	（1）国务院、中央军事委员会、国家监察委员会、最高人民法院、最高人民检察院和各省、自治区、直辖市的人民代表大会常务委员会认为行政法规、地方性法规、自治条例和单行条例同宪法或者法律相抵触，或者存在合宪性、合法性问题的，可以向全国人民代表大会常务委员会书面提出进行审查的要求 （2）其他国家机关和社会团体、企业事业组织以及公民认为行政法规、地方性法规、自治条例和单行条例同宪法或法律相抵触的，可以向全国人民代表大会常务委员会书面提出进行审查的建议 【总结："六类机关"可以对"三类法"提出审查要求，其他主体只能提出审查建议】
主动审查	（1）全国人民代表大会专门委员会、常务委员会工作机构可以对报送备案的行政法规、地方性法规、自治条例和单行条例等进行主动审查，并可以根据需要进行专项审查 （2）国务院备案审查工作机构可以对报送备案的地方性法规、自治条例和单行条例，部门规章和省、自治区、直辖市的人民政府制定的规章进行主动审查，并可以根据需要进行专项审查

四、立法的改变与撤销

种类	情形	主体	处理结果
全国人大常委会的法律	不适当	全国人大	改变或撤销
行政法规	违法	全国人大常委会	撤销
自治条例、单行条例（民族法规）	自治区民族法规违法	全国人大	撤销
	自治州、自治县民族法规违法	全国人大常委会	撤销
地方性法规	同宪法、法律、行政法规相抵触（不合法）的地方性法规	全国人大常委会	撤销
	省级人大常委会制定和批准的不适当（不合理）的地方性法规	省级人大	改变或撤销
规章	不适当的部门规章、不适当的地方政府规章	制定者的所有上级政府	改变或撤销
	不适当的地方政府规章	本级人大常委会	撤销

判断分析

在一起行政诉讼案件中，被告进行处罚的依据是国务院某部制定的一个行政规章，原告认为该规章违反了有关法律。根据我国《宪法》规定，下列哪一机关有权改变或者撤销不适当的规章？（2004年第1卷第13题）

A. 国务院【正确】

B. 全国人民代表大会常务委员会【错误，对于国务院部委制定的不适当的行政规章，国务院有权改变或者撤销】

C. 最高人民法院【错误，对于国务院部委制定的不适当的行政规章，国务院有权改变或者撤销】

D. 全国人民代表大会宪法与法律委员会【错误，对于国务院部委制定的不适当的行政规章，国务院有权改变或者撤销】

中国法律史

中国法律史的脉络体系

	法制思想	立法事件	主要制度	司法体制
西周秦汉	（1）"以德配天，明德慎罚"（2）"出礼入刑"和"礼不下庶人，刑不上大夫"	（1）铸刑鼎：郑国子产和晋国赵鞅（2）商鞅变法：改法为律，富国强兵，剥夺特权，明法重刑（3）文、景二帝废肉刑（4）汉律的儒家化：上请、恤刑、亲亲得相首匿	（1）西周：契约法规（质、剂和傅别）婚姻制度（婚姻六礼和"七出三不去"）（2）秦：罪名（谋反、盗、贼杀、不直、纵囚、失刑）、刑罚（笞刑、徒刑、流放刑、肉刑、死刑）	（1）司法机关：司寇（西周）、廷尉（秦）、御史（2）诉讼制度：狱讼、五听、三刺、春秋决狱、秋冬行刑
魏晋南北朝		西晋张斐、杜预注释《晋律》《北齐律》	八议、官当、重罪十条、准五服治罪、死刑复奏	司法机关：大理寺（北齐）
隋唐	德礼为政教之本，刑罚为政教之用	（1）长孙无忌等著《永徽律疏》（2）中华法系的形成	唐律十恶、六赃、保辜、公私罪区分、自首、类推和化外人原则、《唐六典》的法官回避制度	大理寺（中央百官京师徒刑以上案件）、刑部（参审重大案件、复核申诉）、御史台（下设台、殿、察三院，中央监察机构）、三司推事
宋元	"理律合一"：注重吏治、义利之辩、程朱理学、法深无善治	《宋刑统》颁布和皇帝编敕（针对特定人和事的命令）	（1）宋的刑罚：折杖法、配役（刺配）、凌迟（2）契约：买卖契约（绝卖、活卖和赊卖）、租赁契约（房宅为租、车畜为庸）、典卖契约（又称活卖）（3）元代的四等人（蒙古、色目、汉人、南人）	宋设审刑院以加强对中央司法机关的控制；翻异别勘制度与证据勘验制度；《洗冤集录》
明	"明刑弼教"、"重典治世"；"重其所重，轻其所轻"	《大明律》《明大诰》（特别刑事法、法外用刑）《大明会典》（行政法）	"奸党"罪的创设、充军刑、故杀与谋杀	（1）机构：刑部增设十三清吏司分管各省刑民案件；大理寺复核驳正；都察院纠察百官；廷杖和厂卫（2）诉讼制度：九卿会审（圆审）、朝审、大审（太监）

续表

	法制思想	立法事件	主要制度	司法体制
清	详译明律，参以国制	《大清律例》《大清会典》（五朝会典）和清代的例（条例、则例、事例、成例）		秋审（死刑复核）、朝审（重案复审）、热审（京师笞杖刑案件重审）
清末民国	孙中山法律思想：三民主义、五权宪法	《钦定宪法大纲》《重大信条十九条》《大清新刑律》《中华民国临时约法》《中华民国宪法》	《中华民国临时约法》：资产阶级民主共和制度、政治体制和组织原则、民主自由原则、私有财产保护原则	治外法权：领事裁判权、观审制度、会审公廨

第一章
西周

一、西周时期的立法思想【西周时期的立法思想 A】

（一）"以德配天，明德慎罚"的立法指导思想

1. 内容：西周继承了夏商君权神授理念，提出"以德配天，明德慎罚"的政治法律主张。
（1）"德"要求统治者：敬天、敬祖、保民；
（2）"明德慎罚"可以归纳为"实施德教，用刑宽缓"，其中道德教化第一位，刑罚制裁第二位。
2. 影响：对后世"德主刑辅"法律思想的形成和发展具有奠基作用。

（二）出礼入刑的礼刑关系

1. 礼：
（1）礼的内容：
①抽象的精神原则："亲亲父为首""尊尊君为首"，"亲亲"与"尊尊"主要强调宗法伦理。
②具体的礼仪形式：吉礼（祭祀之礼）、凶礼（丧葬之礼）、军礼（行兵打仗之礼）、宾礼（迎宾待客之礼）、嘉礼（冠婚之礼）。
（2）礼的特征："礼"已具有法的性质，即规范性、体现国家意志、具有国家强制性。
2. 刑：墨、劓、剕（刖）、宫、大辟。
3. 礼刑关系：
（1）出礼入刑，违反"礼"则会受到"刑"的处罚，"礼""刑"作为维护统治的手段，互为表里，缺一不可。
（2）礼不下庶人，强调"礼"的等级区别，不能有越礼行为；刑不上大夫，强调在适用刑罚上，官僚贵族拥有特权。

二、西周时期的法制内容【西周时期的法制内容 A】

（一）婚姻制度

1. 婚姻缔结的三大原则："一夫一妻""同姓不婚""父母之命，媒妁之言"。
2. 婚姻"六礼"
（1）纳采：男家请媒人向女家提亲；
（2）问名：女家答应议婚后男方请媒人问女子名字、生辰等，并卜于祖庙以定凶吉；
（3）纳吉：卜得吉兆后即与女家订婚；

（4）纳征：男家送聘礼至女家，又称纳币；
（5）请期：男家携礼前往女家商定婚期；
（6）亲迎：婚期之日男子迎娶女子至家。

3.婚姻关系的解除

（1）"七出"：不顺父母、无子、淫、妒、有恶疾、多言、盗窃；有七项之一夫即可休弃；

（2）"三不去"：有所娶无所归、与更三年丧、前贫贱后富贵；有三项之一夫不能休弃；

（3）"七出""三不去"的婚姻解除制度为宗法制度下夫权专制的典型反映，但是"三不去"制度更着眼于保护妻子权益。

（二）继承制度

西周实行嫡长子继承制，非诸子平分、非子女平均继承制，其主要是对政治身份的继承，对土地、财产的继承是其次的。

（三）契约法律

买卖契约： "质剂"	质	买卖奴隶、牛马所使用的较长的契券	"质""剂"由官府制作，并由"质人"专门管理
	剂	买卖兵器、珍异之物所使用的较短的契券	
借贷契约： "傅别"	傅	载有债的标的和双方权利义务等的契券	
	别	在简札中间写字，一分为二，双方各执一半	

（四）司法制度

司法	大司寇	中央设大司寇辅佐周王行使司法权
	小司寇	大司寇下设小司寇，辅佐大司寇审理具体案件
狱讼	讼	民事案件称为"讼"，审理民事案件称为"听讼"
	狱	刑事案件称为"狱"，审理刑事案件称为"断狱"
判案	五听	辞听、色听、气听、耳听、目听
三宥三赦	三宥	因主观上不识，过失，遗忘而犯罪者，应减刑
	三赦	幼弱，老耄，蠢愚者犯罪从赦
重大疑案	三刺	一曰讯群臣，二曰讯群吏，三曰讯万民

📌 判断分析

1.《汉书·陈宠传》载："礼之所去，刑之所取，失礼则入刑，相为表里。"关于西周礼刑的理解，下列正确的是？（2017年第1卷第15题）

A.周礼分为五礼，核心在于"亲亲""尊尊"，规定了政治关系的等级【错误，"亲亲"与"尊尊"主要强调宗法伦理而不是政治关系的等级】

B.西周时期五刑，即墨、劓、剕(刖)、宫、大辟，适用于庶民而不适用于贵族【错误，"刑不上大夫"强调贵族官僚在适用刑罚上的特权，并不是指贵族没有刑罚】

C."礼"不具备法的性质，缺乏国家强制性，需要"刑"作为补充【错误，"礼"具有规范性，具有国家强制性，具备法的性质】

第一章 西周

D. 违礼即违法，在维护统治的手段上"礼""刑"二者缺一不可【正确】

2. 关于先秦时期的法制内容，下列说法正确的是？① （2018年公法卷仿真题）

A. 西周时期奉行"德主刑辅"的治国思想，要求统治者应具有"敬天、敬祖、保民"的道德品行【错误，西周是"以德配天，明德慎罚"】

B. 西周时期，男女离婚的法定理由称为"七出"，即若具法定七种理由之一，男女即可离婚【错误，西周时期的"七出"是婚姻解除的制度，而不是"离婚"制度】

C. 西周时期，张三和李四就买卖一头黄牛所签订之契约称为"质剂"，因此产生的纠纷法官审理称为"听讼"【错误，质剂有别，买卖黄牛应当是质，而不是质剂】

3. 关于中国古代的继承制度，下列说法哪一选项是正确的？② （2021年公法卷仿真题）

A. 西周时期主张"以德配天、明德慎罚"，强调统治者的"德"性的后果之一便是在继承问题上主张"立嫡以贤不以长"【错误，西周时期采行的是嫡长子继承制，即"立嫡以长不以贤"】

B. 西周时期的继承主要是财产的继承，此外，还包括政治身份的继承【错误，西周继承主要是政治身份继承，土地财产的继承是其次】

4. 西周时期在中国历史上有浓墨重彩的一笔，不仅在于生产力、文化艺术，同时也体现在法律制度上，下列关于西周与法律相关的活动说法错误的有？③ （2021年公法卷仿真题）

A. 西周的法律思想体现为"德主刑辅，礼刑并用"【错误，西周的法律思想体现为"以德配天，明德慎罚"，"德主刑辅，礼刑并用"属于汉代的法律思想】

B. 婚姻关系的成立要符合"三不去"的条件【错误，婚姻的成立要符合六礼】

D. 借贷契约被称作"傅别"，"别"是在简札中间写字，然后一分为二【正确】

---

① 此题D选项【《法经》是中国历史上第一部比较系统的成文法典，具有六篇制的法典结构，其中《具法》相当于现代刑法的总则部分，置于法典最后】涉及其他章节知识点，故予以删除

② 此题C选项【宋代的继承制度比较灵活，沿袭了遗产兄弟均分制，还允许在室女享受部分财产继承权】及D选项【宋代的继承制度规定，在存在遗腹子的情况下，亲生子享有3/4的财产继承权，遗腹子享有1/4的财产继承权】涉及其他章节知识点，故予以删除

③ 此题C选项【公元前513年，晋国赵鞅第一次公布我国历史上的成文法】涉及其他章节知识点，故予以删除

第二章 春秋战国

一、铸刑书与铸刑鼎【春秋战国时期的法制内容 A】

（一）铸刑书
1. 概述：郑国执政子产将郑国的法律条文铸在象征诸侯权位的金属鼎上，向全社会公布，史称"铸刑书"。
2. 地位及意义：
（1）是中国历史上第一次公布成文法的活动；
（2）有利于法律在全社会范围内得到贯彻执行。

（二）铸刑鼎
1. 概述：晋国赵鞅把前任执政范宣子所编刑书正式铸于鼎上，公之于众，史称"铸刑鼎"。
2. 地位：是中国历史上第二次公布成文法的活动。

（三）春秋战国时期公布成文法的意义
1. 严重冲击了旧贵族操纵和使用法律的特权，是新兴地主阶级的一次重大胜利；
2. 否定了"刑不可知，则威不可测"的旧传统，明确了"法律公开"这一新兴地主阶级的立法原则，对于后世封建法制的发展具有深远的影响。

二、《法经》

（一）制定
是战国时期魏国李悝在总结春秋以来各国成文法的基础上制定的。

（二）主要内容【具有六篇制的法典结构】
1.《盗法》《贼法》：关于惩罚危害国家安全、危害他人及侵犯财产的法律规定，此两篇列为法典之首；
2.《囚（网）法》：关于囚禁和审判罪犯的法律规定；
3.《捕法》：关于追捕盗贼及其他犯罪者的法律规定；【《囚》《捕》二篇多属于诉讼法的范围】
4.《杂法》：关于"盗贼"以外的其他犯罪与刑罚的规定，主要规定了"六禁"，即淫禁、狡禁、城禁、嬉禁、徒禁、金禁；

5.《具法》：关于定罪量刑中从轻从重法律原则的规定，起着"具其加减"的作用，相当于近代刑法典中的总则部分。

（三）基本特征

维护封建专制政权，保护地主的私有财产和奴隶制残余，并且贯彻了法家"轻罪重刑"的法治理论，充分反映了新兴地主阶级的意志与利益。

（四）历史地位

1.《法经》是中国历史上第一部比较系统的成文法典；
2.《法经》是战国时期政治制度变革的重要成果，是战国时期封建立法的典型代表和全面总结；
3.《法经》的体例和内容，为后世传统封建成文法典的进一步完善奠定了重要的基础。
（1）从体例上看，《法经》六篇为秦汉直接继承，成为秦汉律的主要篇目，魏晋以后在此基础上进一步发展，最终形成了以《名例》为统率，以各篇为分则的完善的法典体例；
（2）从内容上看，《法经》中"盗""贼""囚""捕""杂""具"各篇的主要内容大都为后世传统法典继承与发展。

三、商鞅变法

（一）概述

法家著名代表人物商鞅在秦国实施变法改革，史称"商鞅变法"。

（二）主要内容

1. 改法为律，扩充法律内容，强调法律规范的普遍性，是在法律观念上的又一进步。
2. 运用法律手段推行"富国强兵"的措施。"富国强兵"是变法的终极目的，为此颁布一系列法令，如《分户令》《军爵律》。
3. 用法律手段剥夺旧贵族的特权：
（1）废除世卿世禄制度，实行按军功授爵；
（2）取消分封制，实行郡县制，强化中央对地方的全面控制。
4. 全面贯彻法家"以法治国"和"明法重刑"的思想主张：
（1）强调以法治国：要求全体臣民特别是官吏要"学法明法"，要求百姓"以吏为师"；
（2）轻罪重刑：即对轻罪也施以严厉的惩罚；
（3）不赦不宥：商鞅在变法中反对赦宥，主张凡有罪者皆应受罚，体现法家"刑无等级"的思想；
（4）鼓励告奸：鼓励臣民相互告发奸谋，规定"告奸者与斩敌首同赏"；
（5）实行连坐：如邻伍连坐、军事连坐、职务连坐、家庭连坐等。

（三）历史意义

使秦国的法制在变法过程中得以迅速发展与完善，为秦国一统六国奠定了基础。

判断分析

1.春秋时期，针对以往传统法律体制的不合理性，出现了诸如晋国赵鞅"铸刑鼎"，郑国执政子产"铸

刑书"等变革活动。对此，下列哪一说法是正确的？（2016年第1卷第16题）

A.晋国赵鞅"铸刑鼎"为中国历史上首次公布成文法

B.奴隶主贵族对公布法律并不反对，认为利于其统治

C.打破了"刑不可知，则威不可测"的壁垒

D.孔子作为春秋时期思想家，肯定赵鞅"铸刑鼎"的举措

2.关于公元前359年商鞅在秦国变法，下列哪一选项是正确的？^①（2007年第1卷第8题）

A.商鞅取消郡县制，实行分封制，剥夺了旧贵族对地方政权的垄断权【错误，废除分封制，设立郡县制】

B.商鞅"改法为律"，突出了法律规范的伦理基础【错误，商鞅变法中改法为律，强调法律规范的普遍性，与当时的伦理基础是相悖的】

D.商鞅提出"轻罪重刑"，反对赦免罪犯，认为凡有罪者皆应受罚【正确】

3.《法经》是中国历史上第一部比较系统的成文法典，具有六篇制的法典结构，其中《具法》相当于现代刑法的总则部分，置于法典最后【正确】

---

① 此题C选项【商鞅推行"连坐"制度，鼓励臣民相互告发奸谋】为早年考点，略超出改革后考查范围，故在此处予以删除

第三章 秦朝

一、主要罪名【秦朝的罪名与刑罚 A】

（一）危害皇权罪

1. 行为类

（1）谋反：直接危害国家政权；

（2）泄露机密：机密包含皇帝行踪、住所、言语等；

（3）操国事不道：妄图颠覆国家政权，如发动政变等；

（4）不行君令：不履行君主的命令；

（5）投书：投匿名信告人。

2. 文字类【体现了秦朝的文化专制特色】

（1）偶语《诗》《书》【两个人在一起谈论儒家的经典诗书】；以古非今【用历史故事非难当前的政治】；

（2）诅咒、诽谤；

（3）妄言、妖言：迷惑人的邪恶言论；

（4）非所宜言：说了不应说的话。【内容无具体规定，封建统治者可随意解释】

（二）侵犯财产和人身罪

1. 侵犯财产

（1）主要罪名为"盗"，按照赃值定罪；

（2）区分共盗与群盗：共盗指 5 人以上共同盗窃；群盗指聚众反抗统治秩序。【政治犯罪】

2. 侵犯人身：主要罪名为贼杀、伤人。【杀死、伤害他人以及在无变故时杀人、伤人】

（三）司法渎职罪

1. 见知不举：官吏知道犯罪而不纠举（故意），与罪犯同罪；

2. 不直与失刑：前者是指故意重判或轻判；后者是指因过失而量刑不当；【故意 VS 过失】

3. 纵囚：应当论罪而故意不论罪，以及设法减轻案情，故意使案犯达不到定罪标准，从而判其无罪。

【史海钩沉】

丞相李斯上书曰："今天下已定，法令出一，百姓当家则力农工，士则学习法令……臣请史官非秦记皆烧之；非博士官所职，天下有藏《诗》《书》、百家语者，皆诣守、尉杂烧之。有敢偶语《诗》《书》者弃市；以古非今者族；吏见知不举，与同罪。令下三十日，不烧，黥为城旦。所不去者，医药、卜筮、种树之书。若有欲学法令者，以吏为师。"制曰："可。"

判断分析

1. 据史书载，以下均为秦朝刑事罪名。下列哪一选项最不具有秦朝法律文化的专制特色？（2011年第1卷第16题）

A. "偶语诗书"【正确】

B. "以古非今"【正确】

C. "非所宜言"【正确】

D. "失刑"【错误，"失刑"是渎职犯罪，该项犯罪及刑罚具有合理性，不具有明显的专制色彩】

2. 秦律明确规定了司法官渎职犯罪的内容。关于秦朝司法官渎职的说法，下列哪一选项是不正确的？（2014年第1卷第16题）

A. 故意使罪犯未受到惩罚，属于"纵囚"【正确】

B. 对已经发生的犯罪，由于过失未能揭发、检举，属于"见知不举"【错误，"见知不举"指官吏知道犯罪而不举（故意），而不是由于过失未能揭发、检举】

C. 对犯罪行为由于过失而轻判者，属于"失刑"【正确】

D. 对犯罪行为故意重判者，属于"不直"【正确】

二、主要刑罚

秦朝的主要刑罚包括笞刑、徒刑、流放刑、肉刑、死刑、耻辱刑、赀赎刑、株连刑。前五种相当于现代的主刑，后三种类似现代附加刑。

（一）笞刑

1. 概念：以竹、木责打犯人背部的轻刑。

2. 特点：多针对轻微犯罪而设，有的是减刑后的刑罚。

（二）徒刑

1. 概念：剥夺人身自由、强制劳役。

2. 从重到轻包括下列几种类型：

（1）城旦舂：筑城（男）与舂米（女）；

（2）鬼薪、白粲：为祭祀伐薪（男）与择米（女）；

（3）隶臣妾：将罪犯及其家属罚为官奴婢，包括隶臣（男）与隶妾（女）；

（4）司寇：伺察寇盗；

（5）候：发往边地充当斥候。

（三）流放刑

1. 概念：将犯人迁往边远地区。

2. 类型：迁刑、谪刑。【适用于犯罪的官吏】

（四）肉刑

1. 类型：墨（黥）、劓、刖（斩趾）、宫刑。
2. 特点：常与较重的徒刑（城旦舂）结合适用。

（五）死刑

类型：弃市、戮（先羞辱、后斩杀）、磔（裂其肢体）、腰斩、车裂、枭首（死后悬挂首级于木上）、族刑（夷或灭三族）、具五刑。

判断分析

1. 秦汉时期的刑罚主要包括笞刑、徒刑、流放刑、肉刑、死刑、羞辱刑等，下列哪些选项属于徒刑？（2012年第1卷第56题）

A. 候【正确】

B. 隶臣妾【正确】

C. 弃市【错误，属于死刑】

D. 鬼薪白粲【正确】

2. 秦代的刑罚比较繁杂，其中流放刑中的迁刑适用于犯罪的官吏【错误，谪刑适用于犯罪的官吏】

三、刑罚适用原则

（一）根据身高确认刑事责任能力

1. 约男六尺五寸，女六尺二寸为成年身高判断标准；
2. 未成年者犯罪，不负或减轻刑事责任。

（二）区分故意与过失

故意为"端"，过失为"不端"。

（三）盗窃按赃值定罪

赃值划分三等，对不同等级的赃值分别定罪。

（四）累犯加重

犯罪＋诬告＝加重处罚。

（五）共同犯罪与集团犯罪加重处罚

1. 侵犯财产犯罪上共犯比个体犯处罚较重；
2. 集团犯罪（5人以上）较一般犯罪处罚更重。

（六）教唆犯罪加重处罚

1. 教唆未成年人犯罪加重处罚；
2. 教唆未成年人抢劫杀人，对教唆者处以磔刑。

（七）自首减轻处罚

1. 携带所借公物外逃自首的→定逃亡罪而非盗窃罪；
2. 隶臣妾服刑期间逃亡后自首→笞五十，补足期限；
3. 犯罪后主动消除犯罪后果→可减免处罚。

（八）诬告反坐

故意捏造事实与罪名诬告他人→诬告罪。【实行反坐：即以所诬罪名处罚诬告人】

📝 判断分析

1. 对于秦律原则的相关表述，下列哪一选项是正确的？（2017年第1卷第16题）

A. 关于刑事责任能力的确定，以身高作为标准，男、女身高六尺二寸以上为成年人，其犯罪应负刑事责任【错误，秦律规定男六尺五寸，女六尺二寸为成年身高判断标准】

B. 重视人的主观意识状态，对故意行为要追究刑事责任，对过失行为则认为无犯罪意识，不予追究【错误，主观上没有故意的，按"告不审"从轻处理，不是不予追究】

C. 对共犯、累犯等加重处罚，对自首、犯后主动消除犯罪后果等减轻处罚【正确】

D. 无论教唆成年人、未成年人犯罪，对教唆人均实行同罪，加重处罚【错误，教唆未成年人犯罪者加重处罚，不是同罪】

2. 秦律在处罚侵犯财产罪上共同犯罪较个体犯罪处罚从重，5人以上的集团犯罪较一般犯罪处罚从重【正确】

四、司法制度

（一）廷尉

1. 性质：中央司法机关的长官；
2. 职能：对全国的案件具有审判权。

（二）御史大夫与监察御史

职能：监督全国法律。

第四章 汉代

一、法律儒家化【汉代法律思想C】

（一）上请

汉高祖刘邦确立，即请示皇帝给有罪贵族官僚某些优待，为官僚贵族犯罪减免刑罚提供了法律上的保障。

（二）恤刑

统治者以"为政以仁"相标榜，强调贯彻儒家矜老恤幼的恤刑思想，但以不危害统治阶级的利益为限。

（三）亲亲得相首匿

1. 产生：汉宣帝时期确立，源于儒家"父为子隐，子为父隐，直在其中"的理论。
2. 内容：对卑幼亲属首匿尊长亲属的犯罪行为，不追究刑事责任；尊长亲属首匿卑幼亲属，罪应处死的，可上请皇帝宽宥。
3. 意义：反映出汉律的儒家化，并且成为以后中华法系的主要特点之一，一直影响着中国及其周边东亚、东南亚各国的后世立法。

二、司法制度【汉代的司法制度C】

（一）刑制改革

1. 内容

（1）汉文帝

①将黥刑（墨刑）改为髡钳城旦舂（去发颈部系铁圈服苦役五年）；

②将劓刑改为笞三百；

③将斩左趾（砍左脚）改为笞五百，斩右趾改为弃市（死刑）；

④废除肉刑。

（2）汉景帝

①劓刑笞三百，改为笞二百（后减为笞一百）；

②斩左趾笞五百，改为笞三百（后减为笞二百）；

③颁布《箠令》，规定笞杖尺寸，以竹板制成，削平竹节；

④规定行刑不得换人。

2. 意义

（1）为结束传统肉刑制度、建立新的刑罚制度奠定了重要基础；

（2）尽管这次改革还有缺陷，但同周秦时期广泛使用肉刑相比，无疑是历史性的进步，在法制发展史上具有重要意义。

【史海钩沉】

汉文帝四年，有人告发齐太仓令淳于意受贿，被捕后官府用专车押送他到长安去受刑。淳于意有五个女儿，围着囚车只知道哭。淳于意生气地骂道："生孩子不生男孩，危急时没有人能帮忙。"小女儿缇萦因父亲的话感到悲伤，就跟在父亲的囚车后一路来到长安。她向皇帝上书说："我的父亲担任官吏，齐地的人都说他清廉公平，如今犯法应当获罪受刑。受过刑的人不能再长出新的肢体，即使想改过自新，也没办法了。我希望舍身做官府中的女仆，来赎父亲的罪过，让他能改过自新。"汉文帝读到她的书信，被她的孝顺深深感动，遂下令废除了残酷的肉刑。

（二）春秋决狱

1. 要旨

（1）必须根据案情事实，追究行为人的动机；动机邪恶者即使犯罪未遂也不免刑责；对首恶者从重惩治；主观上无恶念者从轻处理；

（2）在着重考察动机的同时，还要依据事实，分别首犯、从犯和已遂、未遂。

2. 司法原则——论心定罪

（1）犯罪人主观动机符合儒家"忠""孝"精神，即使其行为构成社会危害，也可以减免刑事处罚；

（2）犯罪人主观动机严重违背儒家倡导的精神，即使没有造成严重危害后果，也要认定犯罪给予严惩。

3. 影响

（1）积极影响：以《春秋》经义决狱为司法原则，是对传统的司法和审判是一种积极的补充；

（2）消极影响：如果专以主观动机"心""志"的"善恶"，判断有罪无罪或罪行轻重，也往往会成为司法官吏主观臆断和陷害无辜的口实，在某种程度上为司法擅断提供了依据。

（三）秋冬行刑

1. 具体内容：一般死刑犯须在秋天霜降以后冬至以前执行；

2. 理论依据：汉统治者根据"天人感应"理论，规定春、夏不得执行死刑；

3. 影响：秋冬行刑制度对后世有着深远影响，唐律规定"立春后不决死刑"、明清律中的"秋审"制度亦溯源于此。

判断分析

1. 董仲舒解说"春秋决狱"："春秋之听狱也，必本其事而原其志；志邪者不待成，首恶者罪特重，本直者其论轻。"关于该解说之要旨和倡导，下列哪些表述是正确的？（2013年第1卷第57题）

A. 断案必须根据事实，要追究犯罪人的动机，动机邪恶者即使犯罪未遂也不免刑责【正确】

B. 在着重考察动机的同时，还要依据事实，分别首犯、从犯和已遂、未遂【正确】

C. 如犯罪人主观动机符合儒家"忠"、"孝"精神，即使行为构成社会危害，也不给予刑事处罚【错误，

可以减免刑事处罚，而非免除刑事处罚】

D. 以《春秋》经义决狱为司法原则，对当时传统司法审判有积极意义，但某种程度上为司法擅断提供了依据【正确】

2. 汉宣帝地节四年下诏曰："自今子首匿父母、妻匿夫、孙匿大父母，皆勿坐。其父母匿子、夫匿妻、大父母匿孙，罪殊死，皆上请廷尉以闻"，"亲亲得相首匿"正式成为中国封建法律原则和制度。对此，下列哪一选项是错误的？（2010年第1卷第13题）

A. 近亲属之间相互首谋隐匿一般犯罪行为，不负刑事责任【正确】

B. 近亲属之间相互首谋隐匿所有犯罪行为，不负刑事责任【错误，尊长亲属首匿卑幼亲属，罪应处死的，可上请皇帝宽宥，而非不负刑事责任】

C. "亲亲得相首匿"的本意在于尊崇伦理亲情【正确】

D. "亲亲得相首匿"的法旨在于宽宥缘自亲情发生的隐匿犯罪亲属的行为【正确】

第五章 魏晋南北朝

一、《魏律》【魏晋南北朝的法制内容 A】

（一）又称《曹魏律》，魏明帝下令制定，共 18 篇；
（二）将《法经》中的"具律"改为"刑名"作为首篇；
（三）将"八议"制度正式列入法典；【对封建特权人物犯罪实行减免处罚】
（四）重新归纳整理、分类合并律典篇目，使律典结构与内容更为科学合理。

二、《晋律》

（一）又称《泰始律》，晋武帝诏颁，共 20 篇；
（二）与魏律相比，在刑名律后增加法例律，丰富了刑法总则的内容；
（三）与《北齐律》相继确立了"准五服以制罪"制度；【以丧服为标志，区分亲属的范围和等级的制度，可分为斩衰、齐衰、大功、小功、缌麻等五种】
（四）律学家张斐、杜预引经入律，经批准成为官方法律解释；《晋律》及其注解合称"张杜律"。

三、《北魏律》

（一）吸收汉晋立法成果，采诸家法典之长，共 20 篇；
（二）确立"官当"制度，允许以官职爵位折抵罪罚；后南朝《陈律》规定更详细；
（三）废除宫刑，增加鞭刑与杖刑；
（四）北魏太武帝时正式确立了死刑复奏制度【奏请皇帝批准死刑判决】，为唐代死刑三复奏奠定了基础。

四、《北齐律》

（一）将刑名与法例律合为"名例律"，充实了刑法总则，共 12 篇，总则 1 篇，分则 11 篇，但未对名例律进行逐条逐句的疏议，对后世法律具有重要影响；
（二）首次规定"重罪十条"，并置于律首，对后世隋唐"十恶"的确立影响重大；
（三）对于《开皇律》乃至《唐律疏议》都有直接的影响，在中国封建法律史上起着承前启后的作用，对封建后世的立法影响深远。

五、魏晋南北朝司法制度

（一）北齐的大理寺

北齐时期正式设置大理寺，为中央司法机关增强了审判职能的同时，也为后世王朝健全这一机构奠定了基础。

（二）御史台对司法的监督

这一时期，监察机关仍为御史台，为皇帝所直接掌握的独立监察机关。权能极广，有权纠举一切不法案件。

⚖ 判断分析

1. "名例律"作为中国古代律典的"总则"篇。下列哪一表述是错误的？①（2013年第1卷第18题）

B.《晋律》共20篇，在刑名律后增加了法例律，丰富了刑法总则的内容【正确】

C.《北齐律》共12篇，将刑名与法例律合并为名例律一篇，充实了刑法总则，并对其进行逐条逐句的疏议【错误，《北齐律》未对名例律进行逐条逐句的疏议】

2.《北魏律》在中国古代法律史上起着承先启后的作用【错误，《北齐律》在中国封建法律史上起着承前启后的作用，而非《北魏律》】

---

① 此题A选项【《法经》六篇中有"具法"篇，置于末尾，为关于定罪量刑中从轻从重法律原则的规定】及D选项【《大清律例》的结构、体例、篇目与《大明律》基本相同，名例律置首，后为吏律、户律、礼律、兵律、刑律、工律】非本章节知识点，故予以删除

第六章 隋唐

一、隋代《开皇律》

（一）概述：隋文帝主持修订，《新律》分为12篇，分别是：名例、卫禁、职制、户婚、厩库、擅兴、贼盗、斗讼、诈伪、杂律、捕亡、断狱，这种体例结构为唐律所全部继承，影响以后历代。

（二）特点：

1. 改革刑罚制度，确立传统五刑

（1）《开皇律》正式确立了答、杖、徒、流、死新五刑体例作为基本的刑罚手段，并形成了完善的轻重有序的刑罚体系，定刑罚为五种二十等；

（2）新五刑有别于西周时期的墨、劓、剕、宫、大辟旧五刑，从此残人肢体的肉刑在王朝的法典律文上不复存在。

2. 继承发展贵族官僚特权法律的"议请减赎当免之法"

（1）延续《魏律》"八议"制度：即八种人犯罪后享受减免刑罚的特权；

（2）规定"例减"制度：凡"八议"之人及七品以上官员，犯非"十恶"之罪，皆"例减"一等；

（3）规定"赎刑"制度：九品以上官员犯罪，皆可以铜赎罪；

（4）继续规定"官当"制度，并增加区别公罪与私罪的官当标准。

3. 创设"十恶"之条

在《北齐律》"重罪十条"的基础上进行删增，创设了"十恶"条款。把十种严重危害统治秩序及悖逆传统纲常名教的犯罪归纳起来，称为"十恶"，置于律之首篇《名例律》予以特别规定，作为刑罚的重点。

二、唐律

（一）唐律的具体内容

1.《武德律》：唐高祖制定，共12篇500条，是唐代首部法典

2.《贞观律》

（1）对《武德律》进行了较大修改，确定了五刑、十恶、八议以及类推等基本原则与制度，删繁从简；

（2）基本上确定了唐律的主要内容和风格，对后来的《永徽律》及其他法典影响深远。

3.《唐律疏议》【又称《永徽律疏》】

（1）唐高宗在位时制定并颁行天下，是在《贞观律》的基础上修订的法典，并将对律文作出详细解

释的疏议分附于律文之后；

（2）疏议对全篇律文所作的权威性的统一法律解释，给实际司法审判带来便利；

（3）《唐律疏议》总结了汉魏晋以来立法和注律的经验，不仅对主要的法律原则和制度作了精确的解释与说明，而且尽可能引用儒家经典作为律文的理论根据；【一准乎礼，以礼为出入】

（4）《唐律疏议》的完成，标志着中国古代立法达到了最高水平，是中国传统法制的最高成就；

（5）《唐律疏议》成为中国历史上迄今保存下来的最完整、最早、最具有社会影响的古代成文法典，全面体现了中国古代法律制度的水平、风格和基本特征，成为中华法系的代表性法典，对后世及周边国家产生了极为深远的影响。

4.《唐六典》

（1）以六部官制为纲，以《周礼》六官为模式，分述各行政机关职掌，类似于行政法典；

（2）第一次规定了法官的回避制度。

（二）唐律体现的法律思想与中华法系

1."礼律合一"

（1）唐代承袭和发展了以往礼法并用的统治方法，使法制"一准乎礼"，真正实现了礼与律的统一。

（2）意义：把封建伦理道德的精神力量与政权法律统治力量紧密糅合在一起，法的强制力加强了礼的束缚作用，礼的约束力增强了法的威慑力量，从而构筑了严密的统治法网，有力地维护了唐朝统治。

2.科条简要，宽简适中

3.立法技术完善

4.是中国传统法典的楷模与中华法系形成的标志

三、唐朝的法律制度【唐代的法制内容 A】

（一）十恶制度

1.唐律承袭隋《开皇律》十恶制度，将"谋反、谋大逆、谋叛、恶逆、不道、大不敬、不孝、不睦、不义、内乱"列为"十恶"，列于名例律之首。

谋反	指谋危社稷，即谋害皇帝、危害国家的行为
谋大逆	指图谋破坏国家宗庙、皇帝陵寝以及宫殿的行为
谋叛	指背叛本朝、投奔敌国的行为
恶逆	指殴打或谋杀祖父母、父母等尊长的行为
不道	指杀一家非死罪三人、肢解人及造畜蛊毒、厌魅的行为
大不敬	指盗窃皇帝祭祀物品或皇帝御用物、伪造或盗窃皇帝印玺、调配御药误违原方、御膳误犯食禁以及指斥皇帝、无人臣之礼等损害皇帝尊严的行为
不孝	指控告祖父母、父母，未经祖父母、父母同意私立门户、分异财产，对祖父母、父母供养有缺，为父母尊长服丧不如礼等不孝行为
不睦	指谋杀或出卖五服以内亲属，殴打或控告丈夫、大功以上尊长等行为
不义	指杀本管上司、授业师及夫丧违礼的行为
内乱	指奸小功以上亲属等乱伦行为

2. 唐律在分则各篇中对这些犯罪相应规定了最严厉的刑罚，且唐律规定凡犯十恶者，不适用八议等规定，且为常赦所不原，这些特别规定充分体现了唐律的本质和重点在于维护皇权、特权、传统的伦理纲常及伦理关系。

（二）六杀

1. 概述：《唐律》贼盗、斗讼篇中依犯罪人主观意图区分了"六杀"，即所谓的"谋杀""故杀""斗杀""误杀""戏杀""过失杀"，针对不同杀人，唐律规定了不同的处罚。

2. 具体罪名：

（1）"谋杀"：指预谋杀人；

（2）"故杀"：指事先虽无预谋，但情急杀人时已有杀人的意念；

（3）"斗杀"：指在斗殴中出于激愤失手将人杀死；

（4）"误杀"：指在斗殴中错杀了旁人；

（5）"戏杀"：指两人在嬉闹捶打中不小心杀人；

（6）"过失杀"：指出于过失杀人。

3. 意义："六杀"理论的出现，反映了唐律对传统杀人罪理论的发展与完善。

（三）六赃

1. 概述：是指《唐律》规定的六种非法获取公私财物的犯罪，这些规范和按赃值定罪的原则为后世立法所继承，在明清律典中均有《六赃图》的配附。

2. 具体罪名：

（1）"受财枉法"：指官吏收受财物导致枉法裁判的行为；

（2）"受财不枉法"：指官吏收受财物，但无枉法裁判行为，此外，《唐律》职制篇还规定有"事后受财"；

（3）"受所监临"：指官吏利用职权非法收受所辖范围内百姓或下属财物的行为；

（4）"强盗"：指以暴力获取公私财物的行为；

（5）"窃盗"：指以隐蔽的手段将公私财物据为己有的行为；

（6）"坐赃"：指官吏或常人非因职权之便非法收受财物的行为。

（四）保辜

1. 概念：是指对伤人罪中被侵害人的受伤害后果不是立即显露的，规定加害方在一定期限内对被侵害方伤情变化负责的一项特别制度。

2. 意义：唐代确定保辜期限，用以判明伤人者的刑事责任，尽管不够科学，但较之以往却是一个进步。

【史海钩沉】

开元年间，中书侍郎严挺之的妻子因与其性格不合，改嫁于蔚州刺史王元琰。二十四年冬，王元琰因犯罪被抓进大牢。严挺之见前妻之夫进了班房，便设法到处托关系送礼物，多方营救。这件事被其政敌李林甫知道后向玄宗作了汇报，玄宗大怒，下令追究相关官员非法收受财物的法律责任。

四、唐朝的刑罚制度

（一）五刑

唐律承用隋《开皇律》中所确立的五刑，即答、杖、徒、流、死五种刑罚，作为基本的法定刑。

（二）主要刑罚原则

1. 区分公、私罪的原则

（1）概述：公罪指缘公事致罪而无私曲者【即因公犯罪并且没有私心】；私罪指不缘公事而自犯【即所犯之罪与公事无关，如盗窃】和虽缘公事意涉阿曲【即利用职权，徇私枉法】两种情况，公罪从轻，私罪从重。

（2）目的：主要在于保护各级官吏执行公务、行使职权的积极性，以便提高国家的统治效能；同时，防止某些官吏假公济私，以权谋私，保证法制的统一。

2. 自首原则

（1）严格区分自首与自新【犯罪被揭发或被官府查知逃亡后再投案者，减轻刑事处罚】的界限；

（2）规定谋反等重罪或造成严重危害后果无法挽回的犯罪不适用自首；

（3）规定自首者可以免罪，但"正赃犹征如法"即赃物必须按法律规定如数偿还，以防止自首者非法获财；

（4）自首避重就轻不真实的叫"自首不实"，对犯罪情节交代不完全的叫"自首不尽"。

3. 类推原则：对律文无明文规定的同类案件，凡应减轻处罚的，则列举重罪处罚规定，比照以解决轻案；凡应加重处罚的罪案，则列举轻罪处罚规定，比照以解决重案。

4. 化外人原则

（1）概念：指同国籍外国侨民在中国犯罪的，由唐王朝按其所属本国法律处理，实行属人主义原则；不同国籍侨民在中国犯罪者按唐律处罚，实行属地主义原则。

（2）意义：在当时不仅维护了国家主权，同时也比较妥善地解决了因大量外国侨民前来所引起的各种法律纠纷问题。

判断分析

王某与其同乡陈某同撑一船返乡，途中王某与陈某就行船速度爆发激烈口角，陈某欲从王某手中抢夺船桨之时，王某情急之下将陈某推撞入水，导致陈某溺水而亡。陈某妻李某将本案状告至县衙，县令审理后判：此乃天灾，不当归责于王某。关于本案，下列选项中正确的是？（2024年公法卷仿真题）

A. 本案中王某之行为属"斗杀"【错误，"斗杀"指在斗殴中出于激愤失手将人杀死】

B. 县令作出天灾的判决说明其认为陈某之死与王某的推撞行为之间没有因果关系【正确】

C. 因李某的状告行为不属于诬告，故而不属于"坐赃"【错误，官吏因事接受他人财物方构成"坐赃"】

D. 在现代，王某之行为属于正当防卫【错误，现代正当防卫理论要求有现实的不法侵害存在，本题中并未体现】

五、隋唐时期的司法制度【隋唐时期的司法制度C】

（一）司法机关

1. 概述：唐代沿袭隋制，皇帝以下设大理寺、刑部、御史台三大司法机构，执行各自司法职能。

大理寺 【审判权】	1. 机构设置：大理寺正卿和少卿为正副长官 2. 具体职权 （1）中央百官犯罪、京师徒刑以上案件，流徒案件送刑部复核，死刑案件必须奏请皇帝批准 （2）大理寺对刑部移送的死刑与疑难案件具有重审权
刑部 【复核权】	1. 机构职能设置：刑部以尚书、侍郎为正副长官，下设刑部、都官、比部和司门四司 2. 具体职权 （1）有关的司法行政事务 （2）复核大理寺判决的流刑以下案件及地方判决的徒刑以上犯罪案件 （3）全国的狱囚管理，受理各地在押囚犯的申诉
御史台 【监察权】	1. 机构设置 （1）以御史大夫和御史中丞为正副长官，作为中央监察机构 （2）分设台院、殿院、察院，统辖下属的诸御史 2. 具体职权 （1）皇帝的"耳目之司"：代表皇帝自上而下地监督中央和地方各级官吏是否遵守国家法律和各项制度，是否忠实履行职责 （2）有权监督大理寺、刑部的审判工作，同时参与疑难案件的审判，并受理行政诉讼案件

2. 三司推事

（1）概念：唐代中央或地方发生重大案件时，由刑部侍郎、御史中丞、大理寺卿组成临时最高法庭审理，称为"三司推事"。

（2）"三司使"：有时地方发生重案，不便解往中央，则派大理寺评事、刑部员外郎、监察御史为"三司使"，前往审理。

3. 地方司法机关【行政长官兼理】

（1）州一级设法曹参军或司法参军；

（2）县一级设司法佐、史等；

（3）县以下乡官、里正对犯罪案件具有纠举责任，对轻微犯罪与民事案件具有调解处理的权力，结果须呈报上级。

（二）诉讼制度

1. 刑讯的条件与证据

（1）刑讯条件：在拷讯之前，必须先审核口供的真实性，然后反复查验证据。证据确凿，仍狡辩否认的，经过主审官与参审官共同决定，可以使用刑讯；未依法定程序拷讯的，承审官要负刑事责任；

（2）根据证据定罪：对那些人赃俱获，经拷讯仍拒不认罪的，也可"据状断之"。

2. 刑讯方法

（1）刑讯必须使用符合标准规格的常行杖；

（2）拷囚有严格的次数和间隔天数限制，拷讯数满仍不招供者，必须取保释放；

（3）拷讯数满，被拷者仍不承认的，应当反拷告状之人，以查明有无诬告等情形，同时规定了反拷的限制。

3. 禁止使用刑讯的情形

（1）具有特权身份的人，如应议、请、减之人；

（2）老幼废疾之人，指年 70 岁以上 15 岁以下、一肢废、腰脊折、痴哑、侏儒等；

第六章 隋唐

（3）符合上述情形的人，必须有3人以上证实其犯罪事实，才能定罪。

4. 司法官的回避【又称"**换推**"】：为防止审判官因亲属或仇嫌关系故意出入人罪，唐代《狱官令》第一次规定了司法官的回避制度。

⚖️ 判断分析

1. 唐永徽年间，甲由祖父乙抚养成人。甲好赌欠债，多次索要乙一祖传玉坠未果，起意杀乙。某日，甲趁乙熟睡，以木棒狠击乙头部，以为致死（后被救活），遂夺玉坠逃走。唐律规定，谋杀尊亲处斩，但无致伤如何处理的规定。对甲应当实行下列哪一处罚？（2015年第1卷第17题）

A. 按"诸断罪而无正条，其应入罪者，则举轻以明重"，应处斩刑【正确】

B. 按"诸断罪而无正条，其应出罪者，则举重以明轻"，应处绞刑【错误，根据类推原则，应处以斩刑】

C. 致伤未死，应处流三千里【错误，根据类推原则，应处以斩刑】

D. 属于"十恶"犯罪中的"不孝"行为，应处极刑【错误，"不孝"指控告祖父母、父母，未经祖父母、父母同意私立门户、分异财产，祖父母、父母供养有缺，为父母尊长服丧不如礼等不孝行为，可知甲将其祖父杀死夺玉坠逃走的行为不属于"不孝"的行为】

2. 《折狱龟鉴》载一案例：张泳尚书镇蜀日，因出过委巷，闻人哭，惧而不哀，遂使讯之。云："夫暴卒。"乃付吏穷治。吏往熟视，略不见其要害。而妻教吏搜顶发，当有验。乃往视之，果有大钉陷其脑中。吏喜，辄矜妻能，悉以告泳。泳使呼出，厚加赏方，问所知之由，并令鞫其事，盖尝害夫，亦用此谋。发棺视尸，其钉尚在，遂与哭妇俱刑于市。关于本案，张泳运用了"据状断之"的断案方法【正确】

3. 元代人在《唐律疏议序》中说："乘之（指唐律）则过，除之则不及，过与不及，其失均矣。"表达了对唐律的敬畏之心。下列关于唐律的哪一表述是错误的？（2016年第1卷第17题）

A. 促使法律统治"一准乎礼"，实现了礼律统一【正确】

B. 科条简要、宽简适中、立法技术高超，结构严谨【正确】

C. 是我国传统法典的楷模与中华法系形成的标志【正确】

D. 对古代亚洲及欧洲诸国产生了重大影响，成为其立法渊源【错误，《唐律疏议》没有成为欧洲立法渊源】

4. 关于隋唐的法律制度，下列说法错误的是？（2019年公法卷仿真题）

A. 隋朝的《开皇律》确立了传统五刑：笞、杖、徒、流、死【正确】

B. 张某杀人碎尸，按唐律当定"不道"之罪【正确】

C. 官员在执行公务时不慎出现差错而犯罪，是为"公罪"【正确】

D. 唐代的刑部行使中央司法审判权【错误，唐代行使中央审判权的机关为大理寺，刑部主管复核】

5. 关于"十恶"，以下说法中正确的是？（2024年公法卷仿真题）

A. 王二砍皇陵的树，顺便盗走了一件东西，是"谋反"【错误，谋反"指谋危社稷，即谋害皇帝、危害国家的行为；砍伐皇陵的树是一种冒犯皇权的行为，属于"谋大逆"】

B. 张三和李四有仇，张三杀了李四的两个仕女和李四，是"不道"【正确】

C. 甲乙是兄弟，未经父母同意，分立门户，是"不孝"【正确】

D. 张某和妻子吵架，后出门遇到老师，老师教育张某，张某气不过，殴打老师，是"不义"【错误，"不义"是指杀害本管上司、授业师及夫丧违礼的行为】

第七章
宋元明清

一、宋代的法制内容【宋代的法制内容 A】

（一）理律合一思想
宋朝理学强调礼和律对治国家具有同等重要的地位，二者"不可偏废"。

（二）《宋刑统》
1. 历史上第一部刊印颁行的法典，全称是《宋建隆重详定刑统》。
2. 具体编纂：以传统的刑律为主，将敕、令、格、式和朝廷禁令、州县常科等条文，都分类编附于后，是一部具有统括性和综合性的法典。

（三）编敕

1. 含义
（1）敕：指皇帝对特定的人或事所作的命令，敕的效力往往高于律，成为判案的依据。
（2）编敕：指将单行的敕令整理成册，上升为一般法律形式的过程，本质上是一种立法过程。

2. 特点
（1）宋仁宗之前"敕律并行"，编敕一般依律的体例进行分类，独立于《宋刑统》之外；
（2）神宗时敕的地位高，"凡律所不载者，一断于敕"，可以代律、破律；
（3）敕规定的内容主要是犯罪与刑罚。

（四）刑罚制度

1. 折杖法
（1）含义：除死刑外，其他笞、杖、徒、流四刑均折换成臀杖和脊杖。
（2）评价：对缓和社会矛盾具有一定作用，但是对于反逆等一些重罪不予适用，具体执行中也存在一定问题。

2. 配役
（1）含义：配役刑在两宋多为刺配。刺是刺字，是古代的黥刑重现；配指流刑的配役。
（2）评价：宋仁宗之后，刺配之刑滥用渐成常制，这是刑罚制度上的倒退，对之后的刑罚带来了极坏的影响，受到后世的诸多批评。

3. 凌迟

（1）死刑的一种，始于五代时的辽，仁宗时使用凌迟刑，神宗熙宁以后成为一种执行死刑的常刑。

（2）到南宋时，《庆元条法事类》正式将其列为法定死刑的一种。

（五）契约制度

债	契约的订立强调双方的"合意"性，对强行签约违背当事人意愿的，要"重置典宪"
买卖契约	1. 绝卖即一般买卖 2. 活卖是附条件的买卖：当所附条件达成，买卖即告成立 3. 赊卖是采取类似商业信用或预付方式，而后收取出卖物的价金 4. 上述交易活动合法有效的条件是：订立书面契约+取得官府承认
租赁契约	1. 租、赁、僦（借）：房屋租赁 2. 庸、雇：对人畜车马的租赁
租佃契约	1. 纳租与纳税的条款，可以按收成的比例收租（分成租），也可以实行定额租 2. 地主同时要向官府缴纳田赋，若佃农过期不交地租，地主可向官府投诉，由官府代为索取
典卖契约	1. 又称"活卖"，通过让渡物的使用权收取部分利益，但保留回赎权的一种交易方式 2. 若田宅典卖人过期无力回赎时，有钱人将以低廉的代价获得田宅的所有权，加剧贫富差距
借贷契约	1. 负债：不付息的使用借贷 2. 出举：付息的消费借贷，出举者不得超过法律规定行高利贷盘剥，"（出举者）不得迴利为本"

（六）婚姻与继承制度

结婚	1. 婚龄：男15岁，女13岁 2. 禁止五服以内亲属结婚，但对姑舅两姨兄弟姐妹结婚并不禁止 3. 禁止州县官人在任时与部下百姓结婚，但是其订婚在上任之前，门阀相当并且你情我愿的，可以结婚
离婚	1. 同唐制"七出"与"三不去" 但也存在变通："夫外出三年不归，六年不通问，准妻改嫁或离婚""妻擅走者徒三年，因而改嫁者流三千里，妾各减一等""如果夫亡，妻'不守志'者，若改适（嫁），其见在部曲、奴婢、田宅不得费用"。严格维护家族财产不得转移的固有传统 2. 继承《唐律》"义绝"的原则 （1）指夫妻间或夫妻双方亲属间或夫妻一方对他方亲属凡有殴、骂、杀、伤、奸等行为，依律视为夫妻恩义断绝，由官府审断强制离异 （2）"义绝"构成的条件明显偏袒男方家庭，对于夫妻双方并不对等，妻方凡有损家族和睦的对男方家族成员间的伤害行为，多可被视为"义绝"

续表

继承	1. 遗产兄弟均分制，在室女（未出嫁）有部分继承财产权，遗腹子与亲生子享有同样的继承权 2. 户绝财产继承 （1）两种方式：凡"夫亡而妻在"，立继从妻，称"立继"；凡"夫妻俱亡"，立继从其尊长亲属，称为"命继" （2）继子与户绝之女均享有继承权，但只有在室女的，在室女享 3/4，继子享 1/4；只有出嫁女的（已结婚）出嫁女享 1/3，继子享 1/3，官府享 1/3

（七）司法制度

1. 翻异别勘：诉讼过程中犯人翻供的（翻异），由另一法官或司法机关重新审理案件（别勘）。

2. 宋朝注重证据运用，原被告均需要承担举证责任。重视现场勘验，产生了《洗冤集录》等世界上最早的法医学著作。

判断分析

1. 买卖契约中的"活卖"，是指先以信用取得出卖物，之后再支付价金，且须订立书面契约【错误，"活卖"是指通过让渡物的使用权，收取部分利益而保留回赎权的一种方式。而以信用取得出卖物，之后再支付价金，不是"活卖"而是"赊卖"】

2. 关于宋代的法律制度，下列说法正确的是？（2018年公法卷仿真题）

A.《宋刑统》是中国历史上第一部刊印颁行的法典，全称为《宋建隆重详定刑统》【正确】

B. 张三借李四纹银十两，约定三个月后归还十两五钱，此种借贷宋朝称为"出举"【正确】

C. 南宋宋慈所著之《洗冤集录》是中国也是世界历史上第一部系统的法医学著作【正确】

D. 宋朝法律承认绝户之在室女与继子的继承权，具体比例为在室女继承三分之一，继子继承三分之一，另三分之一收为官有【错误，只有在室女的，在室女继承四分之三，继子继承四分之一】

3. 南宋时，霍某病故，留下遗产值银9000两。霍某妻子早亡，夫妻二人无子，只有一女霍甲，已嫁他乡。为了延续霍某姓氏，霍某之叔霍乙立本族霍丙为霍某继子。下列关于霍某遗产分配的哪一说法是正确的？（2016年第1卷第18题）

A. 霍甲9000两【错误，霍某夫妻俱亡，只有出嫁女与继子。应该按照出嫁女霍甲享有1/3的财产继承权（3000两）、继子霍丙享有1/3（3000两），另外的1/3（余下3000两）收为官府所有的规定来进行遗产分配】

B. 霍甲6000两，霍丙3000两【错误】

C. 霍甲、霍乙、霍丙各3000两【错误】

D. 霍甲、霍丙各3000两，余3000两收归官府【正确】

4. 宋朝，刘某娶X某为妻，后X某因为父亲有病需要人照顾，提出分开，刘某同意，下面说法正确的是？（2021年公法卷仿真题）

A. 刘某可以三不去【错误，"三不去"是不允许休妻的情形，妻子没有此类情形】

B. 可以和离【正确】

C. 刘某可以七出休妻【错误，该案中妻子没有七出的情形】

D. 政府可以强制离异【错误，政府强制离异属于"义绝"。"义绝"指夫妻间或夫妻双方亲属间或夫

妻一方对他方亲属凡有殴、骂、杀、伤、奸等行为，依律视为夫妻恩义断绝，由官府审断强制离异。本题不符合政府强制离异的情形】

二、元朝的法制内容【元朝的法制内容 E】

元代法律主要特点在于用法律的手段来维护民族之间的不平等。
（一）一等：蒙古人；
（二）二等：色目人；
（三）三等：汉人；
（四）四等：南人。

三、明朝的法制内容【明朝的法制内容 A】

（一）立法

1. 立法思想

"明刑弼教"源自《尚书·大禹谟》"明于五刑，以弼五教"之语，是重典治国的理论依据。

2.《大明律》

（1）明太祖朱元璋在建国初年开始编修，于洪武三十年（公元1397年）完成并颁行天下，共计7篇30卷460条；
（2）体例上更改传统刑律体例，更为名例、吏、户、礼、兵、刑、工7篇格局，用于加强中央集权；
（3）法律条文的文本上较唐律更为精简，但精神严于宋律，成为终明之世通行不改的基本法典。
【注意：对于"贼盗及有关钱粮"等事，明律较唐律处刑为重，即"重其所重"；对于"典礼及风俗教化"等一般性犯罪，明律处罚轻于唐律，即"轻其所轻"】

3.《明大诰》

（1）《大诰》是一种特别刑事法规，始于明初。《大明律》中原有的罪名，《大诰》一般都加重了刑罚；
（2）《大诰》是中国法制史上空前普及的法规，科举考试中也列入了《大诰》的内容，每家每户必须有一本；
（3）《大诰》体现了"重典治吏"的精神，专门惩治贪官污吏；
（4）太祖去世后，《大诰》被束之高阁，不具法律效力。【但未被明文废除】

4.《大明会典》

《大明会典》基本仿照《唐六典》，以六部官制为纲，分述各行政机关职掌和事例。

（二）罪名与刑罚

1. 奸党罪

朱元璋洪武年间创设"奸党"罪，用以惩办官吏结党危害皇权统治的犯罪。"奸党"罪无确定内容，实际是为皇帝任意杀戮功臣宿将提供合法依据。

2. 充军刑

强迫犯罪的人到国家的边远地区服苦役，充军距离1000至4000里，有本人终身充军与子孙永远充军的区分。是在流刑之外增加的充军刑。

（三）司法制度

1. 三司会审：刑部掌审判，大理寺掌复核，并且取消御史台，设立都察院，主管纠察。上述三大司法机关统称"三法司"。对重大疑难案件三法司共同会审，称"三司会审"。

2. 廷杖

廷杖是皇帝命令由司礼监监刑，锦衣卫施刑，在朝堂之上杖责大臣的制度。廷杖是一种皇帝的法外用刑，加深了统治集团内部矛盾，对法制实施造成恶劣影响。

3. 厂卫制度

（1）"厂""卫"是特务司法机关，"厂"是直属皇帝的特务机关，"卫"是皇帝亲军十二卫中的"锦衣卫"。

（2）"厂""卫"严重干扰司法活动：非法逮捕行刑不受法律约束；三法司不得更改厂卫作出的裁决。

4. 会审制度

九卿会审	明代又称"圆审"，由六部尚书及通政使司的通政使等九人会审皇帝交付的案件或已判决但囚犯仍翻供不服之案
朝审	每年霜降之后，三法司会同公侯、伯爵，在吏部尚书或户部尚书主持下会审重案囚犯，从而形成朝审，即明代的死刑复奏制度 【清代秋审、朝审的渊源来源于此】
大审	司礼监、尚书各官会同三法司在大理寺共审囚徒，从此"九卿抑于内官之下""每五年辄大审"

判断分析

1. 明律确立"重其所重，轻其所轻"刑罚原则【正确】

2.《大明会典》仿《元六典》，以六部官制为纲【错误，《大明会典》仿的是《唐六典》，而不是《元六典》】

3. 明太祖朱元璋在洪武十八年（公元1385年）至洪武二十年（公元1387年）间，手订四编《大诰》，共236条。关于明《大诰》，下列哪些说法是正确的？（2014年第1卷第57题）

A.《大明律》中原有的罪名，《大诰》一般都加重了刑罚【正确】

B.《大诰》的内容也列入科举考试中【正确】

C. "重典治吏"是《大诰》的特点之一【正确】

D. 朱元璋死后《大诰》被明文废除【错误，明太祖死后，《大诰》被束之高阁，不具法律效力，但未被明文废除】

4. 关于明代刑事法律原则，下列表述错误的是？①（2021年公法卷仿真题）

A. "轻其轻罪，重其重罪"的原则，是与唐律相比，在伦理纲常以及危害封建统治犯罪上，明律加重处罚【错误，明律对伦理风化犯罪的处罚要比唐宋更轻】

---

① 此题B选项【祖父母、父母在，子孙别籍异财。唐律规定徒三年，明律规定处杖一百】涉及其他章节知识点，故予以删除

C. "引律比附"原则在律令不尽事理、断罪无正条情况下适用，但须由皇帝批准。若辄引比，构成犯罪【正确】

D. 根据《大明律·名例》相关规定，化外人犯罪科刑适用属地原则，一律适用明律【正确】

四、清朝的法制内容【清朝的法制内容 A】

（一）清代律例

1. 清代的例

条例	刑事单行法规，条例是由刑部或其他行政部门就一些相似的案例先提出一项立法建议，经皇帝批准后成为一项事例，指导类似案件的审理判决
则例	某一行政部门或某项专门事务方面的单行法规汇编。它是针对政府各部门的职责、办事规程而制定的基本规则 类似于政府规章、部门规章
事例	指皇帝就某项事务发布的"上谕"或经皇帝批准的政府部门提出的建议 事例一般不自动具有永久的、普遍的效力，但可以作为处理该事务的指导原则
成例	亦称"定例"，指经过整理编订的事例，是一项单行法规。成例是一种统称，包括条例及行政方面的单行法规

2.《大清会典》：性质为行政法典。

（二）会审制度

1. 会审的类型

秋审	（1）死刑复审制度，每年秋天举行 （2）审理对象是全国上报的斩、绞监候案件 （3）由九卿、詹事、科道以及军机大臣、内阁大学士等重要官员会同审理
朝审	（1）对刑部重案及京师附近斩、绞监候案件进行的复审 （2）每年霜降后十日举行，方式、审判组织等与秋审大致一样
热审	（1）对在京师发生的笞杖刑案件进行重审的制度 （2）每年小满后十日至立秋前一日 （3）大理寺官员会同各道御史及刑部承办司共同进行，快速决定在监笞杖刑案犯

2. 秋审与朝审的四种处理情况

情实	指犯罪事实属实，罪名恰当的执行死刑
缓决	即案情虽属实，但对于国家社会的危害性不大，可减为流三千里，或发烟瘴极边充军，或再押监候
可矜	指案情虽然属实，但有可同情、怜悯或可疑之处，可以不执行死刑，一般减为徒、流刑罚
留养承祀	指犯罪事实属实，罪名恰当应该执行死刑的，但行为人有亲老丁单的情形，合乎申请留养条件的，按留养申请皇帝裁决

【史海钩沉】

杨乃武，浙江省余杭县余杭镇澄清巷人，为癸酉科乡试举人。毕秀姑为葛家童养媳，长得白秀丽，人称"小白菜"。作为邻居，杨乃武曾教毕秀姑识字，于是街坊便有"羊吃白菜"的流言。

葛毕氏的丈夫葛品连患病暴毙，县里验尸认为是砒霜毒杀。葛家告杨乃武和毕秀姑通奸杀夫，杭州知府严刑逼供屈打成招，遂判决"杨乃武斩立决，葛毕氏凌迟处死"。杨乃武的姐姐杨淑英不服，多次进京喊冤。刑部尚书桑春荣受命重审此案，开棺验尸后证实葛品连并非毒发身亡，乃是得病而死。光绪三年，震惊朝野的杨乃武与小白菜案宣告终结，杨乃武与葛毕氏获无罪出狱，而从县令到道台巡抚等三十多名渎职官员则被撤职查办。

杨乃武晚年以植桑养蚕度日，毕秀姑则削发为尼，青灯古佛，了却残生。

判断分析

1. 清乾隆年间，甲在京城天安门附近打伤乙被判笞刑，甲不服判决，要求复审。关于案件的复审，下列哪些选项是正确的？（2012年第1卷第57题）

A. 应由九卿、詹事、科道及军机大臣、内阁大学士等重要官员会同审理【错误，"被判笞刑"不适用朝审，应该适用热审，由大理寺官员会同各道御史及刑部承办司的专业人员共同进行】

B. 应在霜降后10日举行【错误，热审在每年小满后十日至立秋前一日】

C. 应由大理寺官员会同各道御史及刑部承办司会同审理【正确】

D. 应在小满后10日至立秋前1日举行【正确】

2. 根据清朝的会审制度，案件经过秋审或朝审程序之后，分四种情况予以处理：情实、缓决、可矜、留养承祀。对此，下列哪一说法是正确的？（2014年第1卷第18题）

A. 情实指案情属实、罪名恰当者，奏请执行绞监候或斩监候【错误，情实则应该奏请执行死刑而不是执行绞监候或斩监候】

B. 缓决指案情虽属实，但危害性不能确定者，可继续调查，待危害性确定后进行判决【错误，危害性不大的可减为流三千里等，不必继续调查】

C. 可矜指案情属实，但有可矜或可疑之处，免于死刑，一般减为徒、流刑罚【正确】

D. 留养承祀指案情属实、罪名恰当，但被害人有亲老丁单情形，奏请皇帝裁决【错误，并非被害人有亲老丁单，而是行为人】

第八章 清末民初

一、预备立宪的成果【清末的法律思想与制度 A】

《钦定宪法大纲》	1. 中国近代史上第一个宪法性文件 2. 为皇权专制制度披上"宪法"的外衣，以法律的形式确认君主的绝对权力，体现了满洲贵族维护专制统治的意志及愿望
《宪法重大信条十九条》	1. 清政府于辛亥革命武昌起义爆发后抛出的又一个宪法性文件 2. 形式上被迫缩小皇帝权力，相对扩大议会和总理权力，但仍强调皇权至上，对人民权利只字未提
谘议局和资政院	1. 谘议局为地方咨询机构 2. 资政院为中央咨询机关

二、清末修律的主要内容

《大清现行刑律》	1. 在《大清律例》的基础上稍加修改，为一部过渡性法典 2. 内容基本秉承旧律例，废除了一些残酷的刑罚手段，如凌迟
《大清新刑律》	1. 中国历史上第一部近代意义上的专门刑法典，但仍保持着旧律维护专制制度和封建伦理的传统 2. 抛弃了旧律诸法合体的编纂形式，以罪名和刑罚等专属刑法范畴的条文作为法典的唯一内容 3. 在体例上抛弃了旧律的结构形式，将法典分为总则和分则，后附《暂行章程》 4. 确立了新刑罚制度，规定刑罚分主刑、从刑 5. 采用了一些近代西方资产阶级的刑法原则和刑法制度，如罪刑法定原则和缓刑制度等
《大清民律草案》	1. 由沈家本、伍廷芳、俞廉三等人主持编纂，并派员赴全国各省进行民事习惯的调查 2. 分为总则、债权、物权、亲属、继承五编 （1）前三篇仿照德、日民法典的体例和内容草拟而成，吸收了大量的西方资产阶级民法的理论、制度和原则 （2）亲属、继承两编则由修订法律馆会同保守的礼学馆起草，带有浓厚的封建色彩，保留了许多封建法律的精神

续表

《大清民律草案》	3. 修订的基本思路，仍未超出"中学为体、西学为用"的思想格局，该草案并未正式颁布与施行
《钦定大清商律》	清朝第一部商律，由《商人通例》《公司律》构成【不包括《破产律》】 【商事立法分为两阶段，先由新设立的商部负责，后主要商事法典改由修订法律馆主持起草；商事立法活动并不代表抑制了农业发展】
《法院编制法》	规定国家司法审判实行四级三审制

三、清末司法体制的变化

司法机关改革	1. 改刑部为法部，掌管全国司法行政事务，职权发生改变 2. 改大理寺为大理院，为全国最高审判机关 3. 实行审检合署
诉讼制度	1. 实行四级三审制，规定了刑事案件公诉制度、证据、保释制度 2. 审判制度上实行公开、回避等制度 3. 初步规定了法官及检察官考试任用制度
领事裁判权	1. 凡在中国享有领事裁判权的国家，其在中国的侨民不受中国法律管辖，只由该国的领事或设在中国的司法机构依其本国法律裁判 2. 是一种司法特权，严重破坏了中国的司法主权，也是外国侵略者各种犯罪的护身符和镇压中国人民革命运动的工具
观审制度	1. 原告是外国人的案件，其所属国领事官员也有权前往观审，如认为审判、判决有不妥之处，可提出新证据等 2. 是原有领事裁判权的扩充，是对中国司法主权的粗暴践踏
会审公廨	1. 清廷与英美法三国驻上海领事协议在租界内设立的特殊审判机关 2. 凡涉及外国人案件，必须有领事官员参加会审；凡中国人与外国人之间诉讼案，由本国领事裁判或陪审，甚至租界内纯属中国人之间的诉讼也由外国领事观审并操纵判决 3. 是外国在华领事裁判权的扩充和延伸

四、清末修律的特点及影响

主要特点	1. 立法指导思想为中体西用，自始至终贯穿着"仿效外国资本主义法律形式，固守中国法制传统"的方针 2. 内容上是封建传统与资本主义最新成果混合，一方面践行君主专制体制和封建伦理纲常"不可率行改变"，一方面标榜"吸引世界大同各国之良规、兼采近世最新之学说"；法典编纂形式上改变了诸法合体，形成近代法律的雏形 3. 实质上是以民主之形，维护封建统治之实
主要影响	1. 清末修律标志着延续几千年的中华法系开始解体，明确了实体法之间、实体法与程序法之间的差别，为中国法律的近代化奠定了初步基础 2. 引进和传播了西方近现代的法律学说和法律制度，有助于推动中国资本主义经济的发展和教育制度的近代化

五、孙中山的法律思想【民国时期的法律思想与制度 E】

三民主义	民族主义、民权主义、民生主义
五权宪法	1. 五权：行政权、立法权、司法权、考试权、监察权 2. 五院：行政院、立法院、司法院、考试院、监察院
评价	五权宪法思想，受西方国家三权分立思想和制度影响，同时将中国传统考试和监察制度纳入其中，具有创新性

六、《中华民国临时约法》

性质	1. 具有中华民国临时宪法的性质 2. 是中国历史上第一部资产阶级共和国性质的宪法文件
主要内容	1. 是辛亥革命的直接产物，它以孙中山的民权主义学说为指导思想 2. 确定了资产阶级民主共和国的国家制度，肯定资产阶级民主共和国的政治体制和组织原则 3. 体现了资产阶级宪法中一般民主自由原则 4. 确认保护私有财产的原则，客观上有利于资本主义的发展 5. 在国家政权体制上，试图限制袁世凯的权力，将总统制改为责任内阁制，使袁世凯成为虚位总统
意义	1. 彻底否定了中国两千年来的帝制，肯定了资产阶级民主共和制度和资产阶级民主自由原则 2. 确认了辛亥革命的积极成果，使资产阶级民主共和思想开始深入人心，唤起了人民民主意识的觉醒，为以后反对帝制复辟奠定了思想基础

七、北京政府的法律制度

"天坛宪草"	采用资产阶级三权分立宪法原则和民主共和制度；体现了国民党通过制宪限制袁世凯权力的意图
《中华民国约法》 【"袁记约法"】	废除责任内阁制，无限扩张总统权力；实质为袁世凯实行独裁、复辟帝制的工具
《中华民国宪法》 【"贿选宪法"】	中国近代史上首部正式颁行的宪法

八、南京国民政府的法律制度

《训政时期约法》	以根本法形式确认训政时期国民党为最高"训政"者，代行国民大会的统治权
《中华民国宪法草案》 【"五五宪草"】	遵奉孙中山遗教制定，标榜要结束"训政"实行"宪政"，以体现三民主义五权宪法精神
《中国民国宪法》 （1947）	1. 规定了选举、罢免、创制、复决等制度；基本精神沿袭《训政时期约法》和"五五宪草"；确立"五权分立"政治体制 2. 内容的主要特点有表面上的"民有、民治、民享"和实际上的个人独裁；单纯就其所列民主权利来看，比以往任何宪法性文件都充分

判断分析

1. 鸦片战争后，清朝统治者迫于内外压力，对原有的法律制度进行了不同程度的修改与变革。关于清末法律制度的变革，下列哪一选项是正确的？（2015年第1卷第18题）

A.《大清现行刑律》废除了一些残酷的刑罚手段，如凌迟【正确】

B.《大清新刑律》打破了旧律维护专制制度和封建伦理的传统【错误，仍保持着旧律维护专制制度和封建伦理的传统】

C. 改刑部为法部，职权未变【错误，由主要负责的法律事务改为负责掌管全国司法行政事务，职权发生了改变】

D. 改四级四审制为四级两审制【错误，实行四级三审制】

2. 关于清末变法修律，下列哪些选项是正确的？（2011年第1卷第57题）

A. 在指导思想上，清末修律自始至终贯穿着"仿效外国资本主义法律形式，固守中国封建法制传统"的原则【正确】

B. 在立法内容上，清末修律一方面坚行君主专制体制和封建伦理纲常"不可率行改变"，一方面标榜"吸引世界大同各国之良规，兼采近世最新之学说"【正确】

C. 在编纂形式上，清末修律改变了传统的"诸法合体"形式，明确了实体法之间、实体法与程序法之间的差别，形成了近代法律体系的雏形【正确】

D. 在法系承袭上，清末修律标志着延续几千年的中华法系开始解体，为中国法律的近代化奠定了初步基础【正确】

3. 清末和民国时期的旧中国曾经进行频繁的立宪活动，下列关于该时期宪法文件，说法错误的是？（2019年公法卷仿真题）

A.《钦定宪法大纲》为中国近代史上第一个宪法性文件，是由宪政编查馆编订，于1908年公布的【正确】

B. 1912年《临时约法》是由孙中山主导创制的中国第一部资产阶级共和国性质的宪法文件【正确】

C. 北洋政府时期的第一部宪法草案为"天坛宪草"，采用资产阶级三权分立的宪法原则，确认民主共和制度【正确】

D.《中华民国宪法》（1947年）是中国近代史上首部正式颁行的宪法【错误，中国近代史上首部正式颁行的宪法是1923年的《贿选宪法》，并非《中华民国宪法》】

第九章
中国共产党民主政权宪法文件

一、**宪法**【中华苏维埃共和国宪法大纲 E；陕甘宁边区施政纲领 E；陕甘宁边区宪法原则 E；华北人民政府施政方针 A】

（一）宪法性文件

	主要内容	意义
中华苏维埃共和国宪法大纲	1. 国家性质：工农民主专政国家 2. 政治制度：工农兵苏维埃代表大会制度 3. 规定公民的权利和义务：包括政治、经济、文化等各方面 4. 规定外交政策：宣布中华民族完全自由独立，不承认帝国主义在中国的特权及不平等条约	1. 第一部由劳动人民制定，确保人民民主制度的根本大法 2. 同民国政府制定的"约法""宪法"有本质的区别 3. 肯定革命胜利成果，提出斗争方向，是划时代的宪法性文件 4. 调动了苏区人民的革命积极性，为以后制定民主宪法提供了宝贵经验
陕甘宁边区施政纲领	1. 保障抗战：严厉镇压汉奸及反共分子 2. 加强团结：坚持抗日民族统一战线方针，团结边区内各阶级、党派 3. 健全民主制度：①普遍、直接、平等、无记名投票的选举制度；②保障一切抗日人民的选举权与被选举权；③"三三制"政权组织原则；④男女平等，提高妇女地位 4. 发展经济，普及文化教育	1. 以反对日本帝国主义，保护抗日人民，调节各抗日阶级利益，改善工农生活，镇压汉奸反动派为基本出发点 2. 全面系统反映了抗日民族统一战线的要求和抗战时期的宪政主张，是实践经验的科学概括与总结
陕甘宁边区宪法原则	1. 确立边区、县、乡人民代表会议为管理政权机关，各级权力机关开始由抗日时的参议会过渡为人民代表会议制度 2. 规定人民政治上行使的各项自由权利；边区人民不分民族一律平等，少数民族聚居区享有民族区域自治的权利 3. 规定除司法机关、公安机关依法执行职务外，任何机关、团体不得有逮捕审讯行为 4. 保障耕者有其田原则，经济上采取公营、合作、私营 5. 普及提高人民文化水准	

151

	主要内容	意义
华北人民政府施政方针【新增】	1. 华北人民政府的基本任务： （1）继续进攻敌人，支援前线，争取全国胜利 （2）有计划、有步骤地进行建设和恢复发展生产 （3）继续建设为战争和生产服务的民主政治 （4）培养干部，吸收人才奠定新中国的基础 2. 实现基本任务的方针政策： （1）政治方面：①健全人民代表大会制度；②保障人民民主权利及自由与安全；③破除迷信；④保护守法的外国人及合法的文化宗教活动 （2）经济方面：①发展农业，颁发土地证确认地权；②建立农民生产合作互助组织；③促进城乡经济交流；④发展工商业，贯彻公私兼顾、劳资两利方针 （3）文化教育方面：①建立正规教育制度，提高大众文化水平；②建立广泛的文化统一战线，团结知识分子为建设事业服务。	

（二）《关于时局的声明》【新增】

产生原因	1949年元旦，蒋介石在求和声明中提出保留伪宪法伪法统等无理要求，对此，1月14日，毛泽东主席发表《关于时局的声明》，提出和平谈判八项条件
内容	1.惩办战争罪犯；2.废除伪宪法；3.废除伪法统；4.依据民主原则改编一切反动军队；5.没收官僚资本；6.改革土地制度；7.废除卖国条约；8.召开没有反动分子参加的政治协商会议，成立民主联合政府，接收南京国民党反动政府及其所属各级政府的一切权力

二、司法制度

（一）工农民主政权的司法制度【新增】

设立司法机关	审判机关	中央：临时最高法庭（下设刑事法庭、民事法庭和军事法庭） 地方：省县区三级裁判部，各级裁判部由部长、裁判员、书记员组成，设刑庭和民庭。 省、县裁判部设裁判委员会，并有权判决警告、罚款、没收财产、强迫劳动、监禁、枪决等 区裁判部审理不重要的案件，判处强迫劳动或监禁期限在半年以内的案件
	检察机关	附设于同级审判机关内。各级检察员受同级审判机关负责人领导，其职责是预审、起诉等工作 最高法庭设检察长1人，副检察长1人，检察员若干人 省、县裁判部各设检察员；区裁判部无检察员编制

审判原则	1. 司法机关统一行使审判权 2. 废止肉刑，重视证据，依靠群众审判反革命分子
审判制度	1. 四级二审终审制。例外：特殊地区、紧急情况下，对反革命、豪绅、地主犯罪，剥夺上诉权，一审终审 2. 审判公开。涉及秘密的可用秘密方式，但宣判仍应公开 3. 人民陪审。无选举权者不得充当陪审员；主审与陪审员意见分歧的，以主审为准 4. 巡回审判：多为具有重大影响的典型案件或群体性刑事案件。裁判部在案发地点就地调查，在群众参与旁听下就地解决案件 5. 死刑复核：死刑判决不论被告是否上诉，一律报请上级审判机关复核批准 6. 合议制度和辩护制度

（二）抗日民主政权的司法制度【马锡五审判方式 A】

司法依据 【新增】	《陕甘宁边区高等法院组织条例》（1939 年 4 月） 《陕甘宁边区军民诉讼暂行条例》（1943 年 1 月） 《陕甘宁边区县司法处组织条例草案》（1943 年 3 月） 《晋察冀边区陪审暂行办法》（1940 年 5 月） 《晋西北巡回审判办法》（1942 年 1 月）	
司法机关 【新增】	高等法院	性质：陕甘宁边区最高司法机关，负责边区审判及司法行政工作 组织：下设刑庭、民庭，各庭长、推事负责审判，必要时组织巡回法庭；并设有检察处、书记室、看守所、监狱
	高等法院分庭	起源：1943 年为便利诉讼，加强对县司法处领导，于各分区设置 性质：高等法院派出机关，受理不服一审判决要求上诉的民刑案件（二审机关） 组成：分庭庭长（专员兼任）、推事、书记员
	县司法处	组成：初期只有一个裁判员，1940 年成立裁判委员会，由县委书记、县长、裁判员、保安科长、保安大队长组成 1941 年因"三三制"被取消，重大案件交县政府委员会或政务会议决定
	边区政府审判委员会	1942 年设立，职权是解释法令，受理第三审上诉案件，1944 年撤销
检察机关	高等法院设检察员，在院长领导下独立行使检察权【新增】	
诉讼原则 【新增】	调查研究，实事求是：被写进边区《民事诉讼法草案》	
	相信群众，依靠群众：（1）群众公审。适用于汉奸、反革命、敌特、盗匪等政治性案件和人命案；（2）就地巡回审判。审判员携卷下乡，亲赴当地，深入群众调查研究，将舆论、法律融为一体，就地判决	
	法律面前人人平等：（1）犯法适用同一法律定罪量刑；（2）不论资格、功劳、地位如何，任何人犯法均依法处理；（3）党员犯法从重治罪（体现无产阶级政党严于律己的精神）	

主要审判制度【新增】	上诉制度：民事案件上诉期15天；刑事案件上诉期10天	
	审级制度：基本上实行两级终审制 例外：边区政府审判委员会设立时，曾受理第三审上诉案件	
	人民陪审制度：是群众监督司法工作的组织形式，是审判工作民主化的标志	
	审判公开和辩护制度：除非法律另有规定，一律公开审判；当事人可请有法律知识的人或亲属充当刑事辩护人或民事代理人	
	复核和审判监督制度： 1.复核制度（非战时）：少数死刑案判决书须高等法院复核核准（1942年5月高等法院复核权交专署代行），方可宣判，宣判后不论被告是否上诉，须再呈报边区政府复核，经主席批准才能行刑 2.审判监督制度：（1）上级对下级监督，审核案件，解决疑难问题；（2）群众监督，司法机关向同级参议会报告工作，听取意见，执行参议会决议案	
推行人民调解制度【新增】	调解原则	1.双方自愿，不得强迫命令或威胁；2.遵守法律与政策法令，照顾民间善良习俗；3.调解不是诉讼必经程序
	调解范围	1.民事纠纷除法律另有规定外，均可调解；2.轻微刑事案件可调解（排除社会危险性较大刑事案件）
	调解方式	1.民间调解；2.群众团体调解（如专设调解委员会）；3.政府调解；4.司法调解
	调解处理方式	赔礼道歉、认错、赔偿损失、抚慰金以及其他善良习惯
	调解和解书	包括双方争执的简要事由、调解方式、和解的原则、调解人姓名、签字、盖章等
	调解纪律	调解人应奉公守法，不受贿舞弊，尊重当事人人权，不乱打乱罚等
	意义	为解放战争时期和新中国人民调解工作提供了丰富的经验，是人民司法的一大特色和补充
马锡五审判方式	产生	延安整风运动为其思想基础，群众智慧是其产生的源泉
	特点	（1）深入乡村调查，实事求是了解案情 （2）依靠群众，教育群众，尊重群众意见 （3）方便群众诉讼，手续简便，不拘形式
	意义	培养了司法干部，解决了陈年积案，促进了团结和生产，有利于抗日，使新民主司法制度落到实处

（三）解放区人民司法制度的建立【新增】

设立人民法院与人民法庭	1.各解放区设立大行政区、省、县三级司法机关，一律改称人民法院，沿用抗战时期各项司法制度 2.设立人民法庭，负责审理与土地改革（违抗、破坏土地法）有关案件 性质：是县以下基层农会以贫、雇农为骨干并有政府代表参加的群众性临时审判机关

第九章 中国共产党民主政权宪法文件

实施新的法制原则	实行人民民主法制原则	严禁乱打乱杀、使用肉刑 坚持有反必肃、有错必纠方针 简化诉讼手续，执行群众路线的审判方式 放宽上诉制度，刑事案件上诉期为 7-10 天，民事案件为 20 天 严格案件复核制度，加强对下级司法机关的检察监督 规定了各级法院受理案件的权限范围	
	废除六法全书	1. 1949 年 2 月，中共中央委员会发布《中共中央关于废除国民党的六法全书与确定解放区的司法原则的指示》：(从政治上宣告伪宪法伪法统的灭亡) (1) 指出国民党政府法律的反动实质 (2) 宣布应该废除国民党的六法全书 (3) 确定人民司法机关的办事原则：有纲领、法律、命令、条例、决议规定者，从规定，无规定者，从新民主主义的政策 (4) 要求各司法机关人员学习和掌握马列主义、毛泽东思想的国家宏观法律观及新民主主义的政策、纲领、法律、命令、条例、决议	其核心内容被规定至《共同纲领》，既是新民主主义革命时期民主政权法制建设的经验总结，也是人民民主革命法统最终胜利的重要标志
		2. 1949 年 3 月，华北人民政府发布《废除国民党的六法全书及一切反动法律的训令》(从法律上宣布终止国民党一切反动法律的效力)：进一步强调要彻底地、全部地废除以国民党《六法全书》为代表的一切反动法律，命令各级人民政府的司法审判，不得再援引其条文	

判断分析

1. 下列关于中国共产党民主政权宪法性文件的说法正确的是？①

A. 中国共产党领导以《抗日救国十大纲领》为准绳，建立起了切合国情的抗日民主法制【正确】

B.《陕甘宁边区施政纲领》规定团结地主、资本家共同抗日，并明确规定男女平等【正确】

D.《陕甘宁边区抗战时期施政纲领》规定国家司法审判实行三级四审制【错误，我国清末采用的是四级三审制，《陕甘宁边区抗战时期施政纲领》中并无相关内容】

2. 清末民初，正是中西交汇的历史时段。在法学领域，它处于中国的法治文明和西方的法治文明全方位地接触、冲突、融合的阶段。下列就我国近现代法律的内容说法错误的是？②

A.《陕甘宁边区宪法原则》规定边区人民不分民族一律平等，在政治上享有各项自由权利，体现了平权的要求【正确】

B.《陕甘宁边区宪法原则》规定经济上采取公营、合作、私营三种方式，组织一切人力、财力促进经济繁荣，体现了发展的愿望【正确】

C.《中华苏维埃共和国宪法大纲》规定坚持抗日民族统一战线方针，团结边区内各抗日阶级、工人、农民、地主、资本家，体现了顾全大局的品质【错误，是《陕甘宁边区施政纲领》规定，不是《中华苏维埃共和国宪法大纲》】

---

① 此题选自觉晓法考题库模拟题（题号：62108006），其中 C 选项【《关于宪草问题的协议》确立边区、县、乡人民代表会议为管理政权机关】非本章知识点内容，故予以删除

② 此题选自觉晓法考题库模拟题（题号：62108007），其中 D 选项【清末政府开始争取外国在华领事裁判权保护我国侨民，体现了民族观念的强化】非本章知识点内容，故予以删除

附录：中国法制史之最

1. 《法经》中国历史上第一部比较系统的封建成文法典。
2. 《永徽律疏》中国历史上保存最完整、最早、最有影响的古代成文法典。
3. 《唐六典》第一次以法典形式规定了法官回避制度。
4. 《宋刑统》是中国历史上第一部刊印颁行的法典。
5. 宋代的《洗冤集录》是世界上最早的法医学著作。
6. 《明大诰》是中国法制史上最普及的法规。
7. 《大清律例》是中国历史上最后一部封建成文法典。
8. 《钦定宪法大纲》中国近代史上第一个宪法性文件。
9. 《大清新刑律》第一部近代意义上的专门刑法典。
10. 《修正中华民国临时政府组织大纲》是中华民国第一部全国性的临时宪法文件。
11. 《中华民国临时约法》中国历史上第一部资产阶级共和国性质的宪法文件。
12. 《中华民国宪法》（1923年贿选宪法）中国近代史上首部正式颁行的宪法典。

法律职业道德

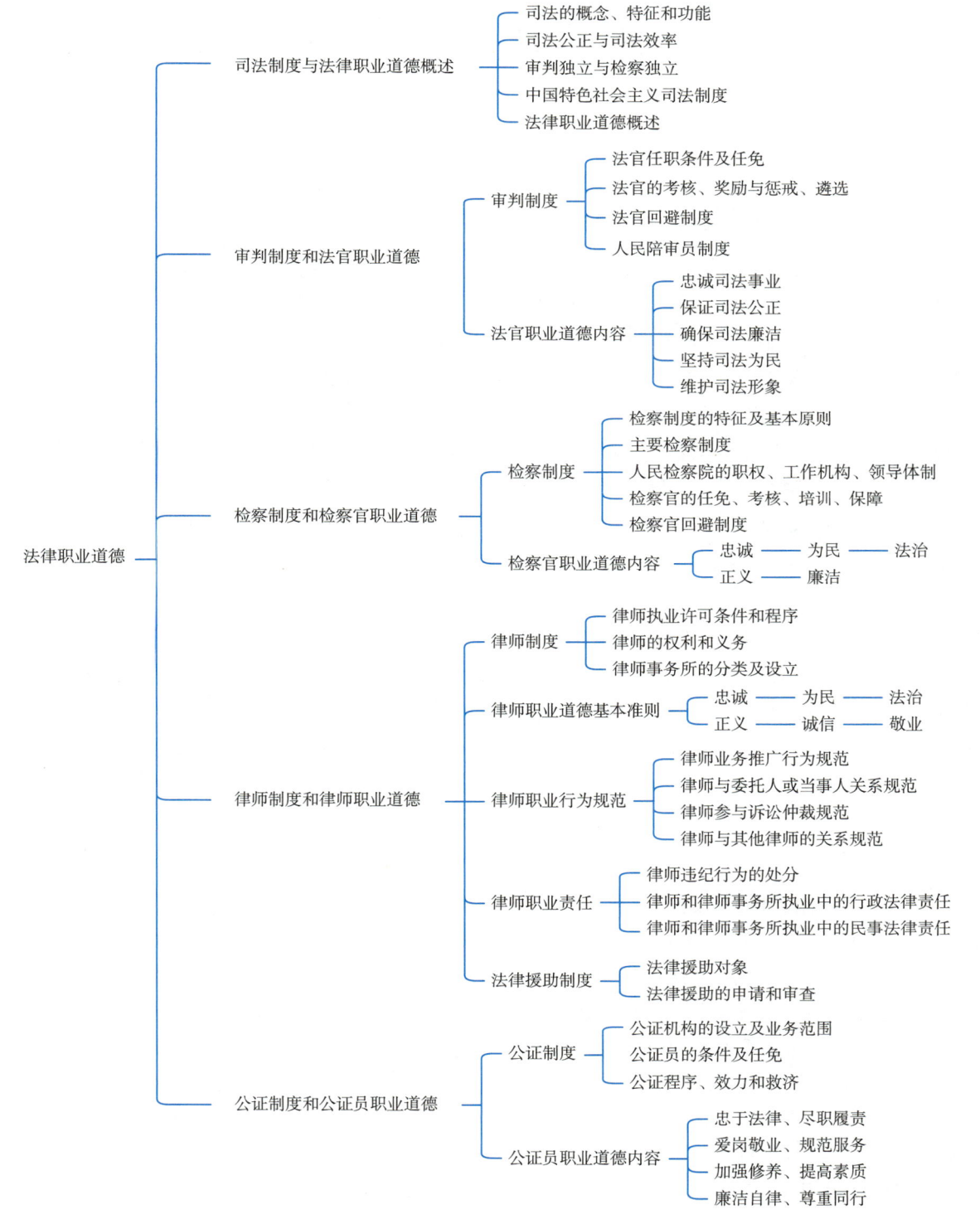

- 法律职业道德
  - 司法制度与法律职业道德概述
    - 司法的概念、特征和功能
    - 司法公正与司法效率
    - 审判独立与检察独立
    - 中国特色社会主义司法制度
    - 法律职业道德概述
  - 审判制度和法官职业道德
    - 审判制度
      - 法官任职条件及任免
      - 法官的考核、奖励与惩戒、遴选
      - 法官回避制度
      - 人民陪审员制度
    - 法官职业道德内容
      - 忠诚司法事业
      - 保证司法公正
      - 确保司法廉洁
      - 坚持司法为民
      - 维护司法形象
  - 检察制度和检察官职业道德
    - 检察制度
      - 检察制度的特征及基本原则
      - 主要检察制度
      - 人民检察院的职权、工作机构、领导体制
      - 检察官的任免、考核、培训、保障
      - 检察官回避制度
    - 检察官职业道德内容
      - 忠诚 — 为民 — 法治
      - 正义 — 廉洁
  - 律师制度和律师职业道德
    - 律师制度
      - 律师执业许可条件和程序
      - 律师的权利和义务
      - 律师事务所的分类及设立
    - 律师职业道德基本准则
      - 忠诚 — 为民 — 法治
      - 正义 — 诚信 — 敬业
    - 律师职业行为规范
      - 律师业务推广行为规范
      - 律师与委托人或当事人关系规范
      - 律师参与诉讼仲裁规范
      - 律师与其他律师的关系规范
    - 律师职业责任
      - 律师违纪行为的处分
      - 律师和律师事务所执业中的行政法律责任
      - 律师和律师事务所执业中的民事法律责任
    - 法律援助制度
      - 法律援助对象
      - 法律援助的申请和审查
  - 公证制度和公证员职业道德
    - 公证制度
      - 公证机构的设立及业务范围
      - 公证员的条件及任免
      - 公证程序、效力和救济
    - 公证员职业道德内容
      - 忠于法律、尽职履责
      - 爱岗敬业、规范服务
      - 加强修养、提高素质
      - 廉洁自律、尊重同行

第一章 司法制度与法律职业道德概述

一、司法特征和功能【司法特征C、司法功能E】

特征	独立性	1. 司法机关依据法律办事，依法行使职权，不受上级机关、行政机关的干涉 2. 司法机关在行使司法职权的司法活动中所作出的判断、正当职务行为不被追究法律责任，法治的基本要求是司法的独立性
	法定性	司法机关的权力由宪法、法律专门授权，要求司法机关按照法律规定的手段、程序进行司法活动
	交涉性	司法活动需要在受判决直接影响的有关各方参与下，通过提出证据并进行理性说服和辩论，而行政活动大部分是通过单方面调查取证而形成的决定
	程序性	处理案件必须依据相应的程序法规定，程序是实现司法公正的重要保证
	普遍性	司法是社会纠纷解决体系中最具普适性的方式，司法机关能广泛地介入和处理各种纠纷
	终极性	司法处理纠纷的结果是最终性的决定
功能		1. 司法的直接功能是解决纠纷，这也是司法的主要功能，是其他功能可以发挥作用的先决条件 2. 司法的间接功能有：人权保障、调整社会关系、解释补充法律、形成公共政策。 【注意：最高人民法院参与公共政策的制定，是司法功能的表现而不是司法权在国家权力配置中的越位】

判断分析

1. 司法与行政都是国家权力的表现形式，但司法具有一系列区别于行政的特点。下列哪些选项体现了司法区别于行政的特点？（2014年第1卷第83题·多选）

A. 甲法院审理一起民事案件，未按照上级法院的指示作出裁判【正确。体现的是司法的独立性】

B. 乙法院审理一起刑事案件，发现被告人另有罪行并建议检察院补充起诉，在检察院补充起诉后对所有罪行一并作出判决【正确。体现的是司法的程序性】

C. 丙法院邀请人大代表对其审判活动进行监督【错误。行政和司法都可以接受人大代表的监督】

D. 丁法院审理一起行政案件，经过多次开庭审理，在原告、被告及其他利害关系人充分举证、质证、辩论的基础上作出判决【正确。体现的是司法的交涉性】

2. 下列关于司法原理的内容，表述正确的是？（2021年公法卷第115题·单选）

A. 与行政相比，司法具有独立性、法定性、交涉性、程序性、普遍性、终极性以及受监督性等特点【错误。司法、行政都有受监督性】
　　B. 司法公开要求推进审判公开、检务公开、警务公开、狱务公开，所有生效法律文书必须统一上网【错误。该说法过于绝对，例如涉及国家秘密的不公开】
　　C. 为办案需要，某法官经领导批准后，与当事人相约在距离当事人较近的某咖啡厅里沟通案件情况【正确。一般应当在工作场所、工作时间接触当事人，但为办案需要，经批准可以在非工作场所、非工作时间接触；或有特殊原因的，需要在接触之后3日内向本单位纪检监察部门报告情况】
　　D. 司法机关领导干部因履行职责需要对正在办理的案件提出指导意见，应当以书面形式提出【错误。可以口头提出】

二、司法公正与司法效率【司法公正与司法效率 A】

司法公正	内涵	1. 实体公正是指结果上的公正，即司法机关适用法律解决纠纷的结果是公正的，具体来讲是案件事实真相的发现和适用法律正确两个方面，其中案件事实认定是法律适用正确的前提，正确适用法律是实体公正的根本要求 【追求实体公正，是我国司法制度和法律职业道德的基本准则】
		2. 程序公正是指案件处理过程上的公正，包括当事人平等地参与、严格遵循法定程序及法官的居中裁判等，保证当事人受到公平对待 【程序是实体的保障，实体是程序的目标】
	体现	1. 司法活动的合法性。司法机关办理案件需要严格适用法律，依法办事
		2. 司法人员的中立性。司法人员在处理案件时要不偏不倚，不能与案件有利益关联
		3. 司法活动的公开性。司法程序的每一个阶段、每一个步骤都应该以当事人和社会大众看得见的方式进行，如直播庭审、裁判文书公开
		4. 当事人地位的平等性。当事人享有平等的司法权利；平等保护当事人行使其司法权利，反对特权观念
		5. 司法程序的参与性。作为争议主体的当事人有权充分参与司法程序、进行陈述辩论、提出自己的主张以及证据。
		6. 司法结果的正确性。事实清楚、定性准确、处理适当
		7. 司法人员的廉洁性。恪守司法廉洁，是司法公正与司法公信的基石和防线。只有筑牢司法人员拒腐防变思想道德防线，才能促进司法人员反腐倡廉建设，才能确保司法公正，才能维护司法权威
司法效率		包括司法的时间效率、资源利用效率和司法活动的成本效率。法官在恪守中立的前提下，应当督促当事人或其诉讼代理人为了效率完成诉讼活动
公正与效率的关系		1. 公正优先，兼顾效率
		2. 司法公正与司法效率相辅相成，司法公正本身就含有对司法效率的要求，没有司法效率，就谈不上司法公正；司法不公正，司法效率也就无从说起

判断分析

1. 效率与公正都是理想型司法追求的目标，同时也是理想型司法应具备的两个基本要素。关于两者的关系，下列哪一说法是错误的？（2009年第1卷第48题·单选）

A. 司法效率和司法公正是相辅相成的【正确】

B. 根据我国司法现状应当作出"公正优先、兼顾效率"的价值选择【正确。我国正处于急剧的社会转型时期，倡导"效率优先"，会进一步刺激人们的功利心理，加剧社会发展的不平衡，因此我国的司法在当前应当确立"公正优先、兼顾效率"的价值选择】

C. 细化诉讼程序通常导致效率低下，效率和公正难以兼得【错误。细化诉讼程序并不一定导致效率低下，反而可以减少由于程序规定不明确而带来的障碍，从而提高效率】

D. 司法工作人员提高业务水平，勤勉敬业，有利于促进司法公正和效率【正确】

2. 关于司法公正及实体公正、程序公正问题的理解，下列哪些表述是正确的？（2010年第1卷第84题·多选）

A. 司法公正是法治的组成部分和基本内容，是民众对法治的必然要求，司法公正包括实体公正和程序公正两个方面【正确】

B. 追求实体公正，是我国司法制度和法律职业道德的基本准则，主要指努力发现案件事实真相和正确适用实体法律【正确】

C. 程序公正包括当事人平等地参与、严格遵循法定程序及法官的居中裁判等，保证当事人受到公平对待【正确】

D. 根据形势及效率需要，可在有关司法过程中将"类推"和"自由心证"作为司法公正的补充手段【错误。可将"无罪推定"和"自由心证"作为司法公正的补充手段，但"类推"不可以】

三、审判独立与检察独立【独立行使审判权与检察权 C】

含义	司法独立是指人民法院、人民检察院依照法律规定独立行使审判权、检察权，不受行政机关、社会团体和个人的干涉，即法官除了法律没有别的上司。
要求	1. 法官应当尊重其他法官对审判职权的独立行使，并做到： （1）除非基于履行审判职责或者通过适当的程序，不得对其他法官正在审理的案件发表评论，不得对与自己有利害关系的案件提出处理建议和意见； （2）不得擅自过问或者干预下级人民法院正在审理的案件； （3）不得向上级人民法院就二审案件提出个人的处理建议和意见； （4）不得违反规定为案件当事人转递涉案材料或者打探案情，不得以任何方式为案件当事人说情打招呼。 2. 健全维护司法权威的法律制度。完善惩戒妨碍司法机关依法行使职权、拒不执行生效裁判和决定、藐视法庭权威等违法犯罪行为的法律规定。 3. 建立健全司法人员履行法定职责保护机制。非因法定事由，非经法定程序，不得将法官、检察官调离、辞退或者作出免职、降级等处分。

判断分析

司法独立是司法改革的重要目标。下列关于司法独立说法不正确的是？（2018年公法卷第19题·单选）

A. 人民法院、人民检察院依照法律规定独立行使审判权、检察权，不受行政机关、社会团体和个人的干涉，也不受党和人大的监督【错误。我国的司法独立不仅仅是独立，而且要受监督，尤其要受党和人大的监督】

B. 人民法院工作人员在审理相关案件时，以本人或者他人名义持有与所审理案件相关的上市公司股票的，应主动申请回避【正确】

C. 健全维护司法权威的法律制度。完善惩戒妨碍司法机关依法行使职权、拒不执行生效裁判和决定、藐视法庭权威等违法犯罪行为的法律规定【正确】

D. 非因法定事由，非经法定程序，不得将法官、检察官调离、辞退或者作出免职、降级等处分【正确】

四、中国特色社会主义司法制度

体系	内容
司法规范体系	包括建构中国特色社会主义司法制度、司法组织以及规范司法活动的各种法律规范。如我国宪法中关于司法制度的规范，《人民法院组织法》《人民检察院组织法》《法官法》《检察官法》中关于司法制度的规范等
司法组织体系	司法组织体系主要指审判组织体系和检察组织体系。党和国家非常重视司法组织体系和系统建设，司法组织体系和相关组织体系已经建成并不断完善
司法制度体系	我国法律体系中关于司法制度的法律规范体系。各项司法制度既是司法机关明确职责分工和履行司法职能的平台，也是监督和规范司法行为的基本规则。我国各项司法制度已经比较完善并基本适应司法实践需要，主要包括侦查制度、检察制度、审判制度、监狱制度、律师制度、法律援助制度和公证制度。还有人民调解制度、人民陪审员制度、人民监督员制度、死刑复核制度、审判监督制度、司法解释制度以及案例指导制度等，都是独具中国特色的司法制度。
司法人员管理体系	我国的司法人员是指有侦查、检察、审判、监管职责的工作人员及辅助人员。经过几十年的改革发展和教育培训，各系统的司法人员队伍数量不断扩大，素质不断提高，分类日益科学

判断分析

关于司法、司法制度的特征和内容，下列哪一表述不能成立？（2012年第1卷第45题·单选）

A. 中国特色社会主义司法制度包括司法规范体系、司法组织体系、司法制度体系、司法人员管理体系【正确】

B. 法院已成为现代社会最主要的纠纷解决主体，表明司法的被动性特点已逐渐被普遍性特点所替代【错误。司法的被动性和普遍性针对不同的角度，不存在代替的问题】

C. 解决纠纷是司法的主要功能，它构成司法制度产生的基础、决定运作的主要内容和直接任务，也是其他功能发挥作用的先决条件【正确】

D. "分权学说"作为西方国家一项宪法原则，进入实践层面后，司法的概念逐步呈现技术性、程序性特征【正确】

五、法律职业道德概述【法律职业道德概述 A】

概念	法律职业道德是指法官、检察官、律师、公证员、法律类仲裁员、法律顾问和行政机关中从事行政处罚决定法制审核、行政复议、行政裁决的公务员等法律职业人员在进行法律职业活动过程中，所应遵循的符合法律职业要求的心理意识、行为准则和行为规范的总和。
特征	1. 政治性。法治工作是政治性很强的工作，需要做到忠于党、忠于人民、忠于法律，这是首要的职业道德。 2. 职业性。法律职业道德是在特定的职业范围内发挥作用的，具有职业上的范围限制。 3. 实践性。法律职业行为过程，就是法律职业实践过程，只有在法律实践过程中，才能体现出法律职业道德的水准。法律职业道德的作用是调整法律职业关系，对从业人员的法律职业活动中的具体行为进行规范。 4. 正式性。法律职业道德的表现形式较为正式，除了通过一般职业道德的规章制度、工作守则、服务公约、劳动规程、行为须知等来表现以外，还通过法律、法规、规范性文件等形式表现出来。 5. 更高性。要求法律职业人员具有更高的法律职业道德水平，其约束力和强制力也更为明显。
基本原则	1. 忠于党、忠于国家、忠于人民、忠于法律。 2. 以事实为根据，以法律为准绳。 3. 严明纪律，保守秘密。 4. 互相尊重，相互配合。 5. 恪尽职守，勤勉尽责。 6. 清正廉洁，遵纪守法。

⚖️ 判断分析

1. 关于法律职业道德，下列哪一表述是错误的？（2021年公法卷第114题·单选）

A. 法律职业道德与其他职业道德相比，具有更强的公平正义象征和社会感召作用【正确。法律人员应该具有的道德品行必然要高于其他职业的道德要求，要承担更多的社会义务，这是由法律职业的特殊性决定的】

B. 法律职业以法官、检察官、律师为代表，法律职业之间具备同质性而无行业属性，因此多数国家规定担任法官、检察官、律师须通过专门培养和训练【错误。法律职业的特征包括行业属性，即内部存在法官、检察官、律师、公证员等具体行业，因而不可能有完全统一的法律职业道德规范。"具备同质性而无行业属性"的说法错误】

C. 选择合适的内化途径和适当的内化方法，才能使法律职业人员将法律职业道德规范融入法律职业精神【正确】

D. 法律职业道德教育的途径和方法，包括提高法律职业人员道德认识、陶冶法律职业人员道德情感、养成法律职业人员道德习惯等【正确】

2.下列关于法律职业制度及法律职业道德的表述,正确的有?(2021年公法卷第118题·多选)

A.法律职业与一般职业不同,具有职业性、实践性、更高性和正式性等特点【正确】

B.法律职业道德的首要原则是清正廉洁、遵纪守法【错误。法律职业人员应当把忠于党、国家、人民和法律作为首要原则】

C.法官与检察官的任职条件完全相同【正确】

D.被开除公职的司法人员、吊销执业证书的律师和公证员,5年内禁止从事法律职业【错误。终身禁止从事法律职业】

第二章 审判制度与法官职业道德

一、审判制度概述【审判制度概述 A】

基本原则	1. 司法公正原则。
	2. 审判独立原则：法院依法独立行使审判权，不受行政机关、社会团体和个人的干涉。【可结合法官职业道德中保证司法公正知识点学习】
	3. 不告不理原则：审理范围由当事人确定，和裁判范围一致。
	4. 直接言词原则：【强调审判活动的亲历性】
	5. 及时审判原则：在法定期限内尽量快速结案，不超期结案。
主要审判制度	1. 两审终审制度。
	2. 审判公开制度。
	3. 人民陪审员制度。
	4. 审判监督制度。
审判组织	独任庭	1. 简单民刑案。
		2. 特别程序审理的案件中，除选民资格案件或者重大、疑难的案件，由审判员组成合议庭审理；其他案件由审判员一人独任审理。
		3. 刑事自诉加轻微，不排除普通程序某些规则的运用，发现案件疑难复杂的，可提交审委会讨论。
	合议庭	1. 合议庭成员由单数组成，必有审判员，笔录全体签，陪与审有同权
		2. 裁判文书以审判组织的名义发布，由合议庭人员署名。
	审判委员会	1. 审判委员会由院长或由其委托的副院长主持，同级检察院检察长或由其委托的副检察长可以列席，但不参与表决；必要时可以邀请人大代表、政协委员、专家学者等列席。
		2. 审判委员会讨论案件，合议庭对其汇报的事实负责，审判委员会委员对本人发表的意见和表决负责。
		3. 合议庭必须执行审委会决议。

判断分析

关于我国司法制度，下列说法正确的是？① （2019年公法卷第13题·多选）

---

① 此题C选项【检察机关有权实行立案监督、侦查监督、审判监督，以实现对诉讼活动的法律监督——正确】；D选项【检察官独立不同于法官独立，下级检察院要服从上级检察院的领导——正确】，均涉及到讲义第三章检察制度的内容，非此章节所涉知识点，故予以删除

A. 两审终审、人民陪审员、审判公开都是我国的审判制度【正确】
B. 基层法院除审判案件外，还需要指导人民调解委员会的工作【正确】

二、法官任职条件及任免【法官的任职条件及任免C】

范围	包括最高人民法院、地方各级法院和军事法院等专门法院的院长、副院长、审判委员会委员、庭长、副庭长和审判员。	
任职条件【法官和检察官任职条件相同】	一般条件	（1）**学历条件**： ①法学类本科学历并获得学士及以上学位； ②非法学类本科及以上学历并获得法律硕士、法学硕士及以上学位，或非法学类本科及以上学历并获得其他相应学位，具有法律专业知识。
		（2）**经历条件**： ①从事法律工作满五年； ②获得法律硕士、法学硕士学位，或法学博士学位的，年限可分别放宽至四年、三年。
		（3）**资格条件**：初任法官应当取得法律职业资格。
	禁止条件	（1）因犯罪受过刑事处罚的； （2）被开除公职的； （3）被吊销律师、公证员执业证书或被仲裁委员会除名的。
	限制条件	（1）不得兼任人民代表大会常务委员会的组成人员； （2）不得兼任行政机关、监察机关、检察机关的职务； （3）不得兼任企业或者其他营利性组织、事业单位的职务； （4）不得兼任律师、仲裁员和公证员。
法官的任免	1. 最高人民法院院长由全国人民代表大会选举和罢免，副院长、审判委员会委员、庭长、副庭长和审判员，由院长提请全国人民代表大会常务委员会任免。	
	2. 最高人民法院巡回法庭庭长、副庭长，由院长提请全国人民代表大会常务委员会任免。	
	3. 地方各级人民法院院长由本级人民代表大会选举和罢免，副院长、审判委员会委员、庭长、副庭长和审判员，由院长提请本级人民代表大会常务委员会任免。	
	4. 在省、自治区内按地区设立的和在直辖市内设立的中级人民法院的院长，由省、自治区、直辖市人民代表大会常务委员会根据主任会议的提名决定任免，副院长、审判委员会委员、庭长、副庭长和审判员，由高级人民法院院长提请省、自治区、直辖市人民代表大会常务委员会任免。 （总结：两类特殊中级人民法院的院长，由上级人大常委会任免）	
	5. 新疆生产建设兵团各级人民法院、专门人民法院的院长、副院长、审判委员会委员、庭长、副庭长和审判员，依照全国人民代表大会常务委员会的有关规定任免。	
院长的任职	1. 人民法院的院长应当具有法学专业知识和法律职业经历。	
	2. 副院长、审判委员会委员应当从法官、检察官或其他具备法官条件的人员中产生。	

三、法官的考核、奖励与惩戒、遴选【法官的考核、奖励与惩戒C】

法官的考核	1. 考核内容： 审判工作实绩【重点考核】、职业道德、专业水平、工作能力、审判作风。	
	2. 考核结果： 【书面形式通知法官本人】 分为优秀、称职、基本称职和不称职四个等次；作为调整法官等级、工资以及法官奖惩、免职、降职、辞退的依据。	
	3. 考核结果的复核：法官对考核结果有异议的，可申请复核。	
法官的奖励	奖励情形	（1）公正司法，成绩显著的；
		（2）总结审判实践经验成果突出，对审判工作有指导作用的；
		（3）在办理重大案件、处理突发事件和承担专项重要工作中，做出显著成绩和贡献的；
		（4）对审判工作提出改革建议被采纳，效果显著的；
		（5）提出司法建议被采纳或者开展法治宣传、指导调解组织调解各类纠纷，效果显著的。
法官的惩戒与遴选	法官的惩戒 【检察官惩戒同法官惩戒】	（1）案件来源： 人民法院、人民检察院在司法管理、诉讼监督和司法监督工作中，发现法官、检察官有涉嫌违反审判、检察职责的行为，需要认定是否构成故意或者重大过失的，应当在查明事实的基础上，提请惩戒委员会审议。【内部移送】
		（2）惩戒委员会的设立： ①最高法、最高检和省级设立法官、检察官惩戒委员会； ②法官（检察官）惩戒委员会由法官（检察官）代表、其他从事法律职业的人员和有关方面代表组成。【法官（检察官）代表不少于半数】
		（3）惩戒委员会的职能： 负责审查认定法官、检察官是否存在违反审判、检察职责的行为，提出构成故意违反职责、存在重大过失、存在一般过失或没有违反职责等审查意见。
		（4）惩戒决定： ①通过：惩戒委员会经过审议，应当根据查明的事实、情节和相关规定，经全体委员的三分之二以上通过，对当事法官、检察官构成故意违反职责、存在重大过失、存在一般过失或者没有违反职责提出审查意见； ②送达：惩戒委员会的审查意见应当送达当事法官、检察官和有关人民法院、人民检察院； ③异议：当事法官、检察官或者有关人民法院、人民检察院对审查意见有异议的，可以向法官、检察官惩戒委员会提出。法官、检察官惩戒委员会应当对异议及其理由进行审查，作出决定； ④救济：当事法官、检察官对惩戒决定不服的，可以向作出决定的人民法院、人民检察院申请复议，并有权向上一级人民法院、人民检察院申诉。

📜 判断分析

根据《法官法》及《人民法院工作人员处分条例》对法官奖惩的有关规定，下列哪一选项不能成立？（2012年第1卷第48题·单选）

A. 高法官在审判中既严格遵守程序，又为群众行使权利提供便利；既秉公执法，又考虑情理，案结事了成绩显著。法院给予其嘉奖奖励【正确】

B. 黄法官就民间借贷提出司法建议被采纳，对当地政府完善金融管理、改善服务秩序发挥了显著作用。法院给予其记功奖励【正确】

C. 许法官违反规定会见案件当事人及代理人，此事被对方当事人上网披露，造成不良影响。法院给予其撤职处分【错误。违反规定会见案件当事人，给予警告处分；造成不良后果的，给予记过或者记大过处分，而非撤职】

D. 孙法官顺带某同学（律师）参与本院法官聚会，半年后该同学为承揽案件向聚会时认识的某法官行贿。法院领导严厉警告孙法官今后注意【正确。行贿与孙法官并没有直接关系，且孙法官并没有利用自己的职权，领导严厉警告孙法官今后注意并不违反相关规定】

四、法官回避制度【法官回避制度D】

任职回避	**法官之间有夫妻关系、直系血亲关系、三代以内旁系血亲以及近姻亲关系的，不得同时担任下列职务：** （一）同一人民法院的院长、副院长、审判委员会委员、庭长、副庭长； （二）同一人民法院的院长、副院长和审判员； （三）同一审判庭的庭长、副庭长、审判员； （四）上下相邻两级人民法院的院长、副院长。 【禁止同院当领导，禁止院内上下级，禁止庭中上下级，禁止院长上下级】
任职回避	**法官的配偶、父母、子女有下列情形之一的，法官应当实行任职回避：** （一）担任该法官所任职人民法院辖区内律师事务所的合伙人或者设立人的； （二）在该法官所任职人民法院辖区内以律师身份担任诉讼代理人、辩护人，或者为诉讼案件当事人提供其他有偿法律服务的。
离职回避	1. 法官从法院离任后**两年**内，不得以律师身份担任诉讼代理人或辩护人； 2. 法官从法院离任后，不得担任**原任职法院**办理案件的诉讼代理人或辩护人，但作为当事人的**监护人**或**近亲属**代理诉讼或进行辩护的除外； 3. 法官被开除后，不得担任诉讼代理人或者辩护人，但可作为当事人的监护人或近亲属代理诉讼或辩护。

📜 判断分析

1. 根据我国《法官法》有关法官的任职回避的规定，下列选项正确的是？（2020年公法卷第169题·多选）

A. 甲与乙系夫妻，二人不得同时在同一人民法院担任院长、副院长【正确】

B. 甲系乙的岳母，二人不得同时在同一人民法院担任院长、审判员【正确】

C. 甲与乙系同胞兄弟，二人不得同时在同一人民法院担任刑一庭庭长、民一庭审判员【错误。二者不是同一审判庭的庭长、副庭长、审判员】

D. 甲系某省高级人民法院院长，其妻乙不得同时在该省某县人民法院担任院长【错误。二者不是上下相邻两级人民法院院长、副院长】

2. 关于法官任免和法官行为，下列哪一说法是正确的？（2013年第1卷第46题·单选）

A. 唐某系某省高院副院长，其子系该省某县法院院长。对唐某父子应适用任职回避规定【错误。二者不是上下相邻两级人民法院的院长、副院长，不需要回避】

B. 楼法官以交通肇事罪被判处有期徒刑一年、缓刑一年。对其无须免除法官职务【错误。犯交通肇事罪属于违纪违法，应当依法提请免除其法官职务】

C. 白法官将多年办案体会整理为《典型案件法庭审理要点》，被所在中级法院推广到基层法院，收效显著。对其应予以奖励【正确。总结审判实践经验成果突出，对审判工作有指导作用的法官，应当给予奖励】

D. 陆法官在判决书送达后，发现误将上诉期15日写成了15月，立即将判决收回，做出新判决书次日即交给当事人。其行为不违反法官职业规范规定【错误。更改判决书中的笔误应采用裁定的形式而不是直接收回】

五、法官职业道德【法官职业道德A】

忠诚司法事业	1. 牢固树立社会主义法治理念，忠于党、忠于国家、忠于人民、忠于法律，做中国特色社会主义事业建设者和捍卫者。
	2. 坚持和维护中国特色社会主义司法制度，认真贯彻落实依法治国基本方略，尊崇和信仰法律，模范遵守法律，严格执行法律，自觉维护法律的权威和尊严。
	3. 热爱司法事业，珍惜法官荣誉，坚持职业操守，恪守法官良知，牢固树立司法核心价值观，以维护社会公平正义为己任，认真履行法官职责。
	4. 维护国家利益，遵守政治纪律，保守国家秘密和审判工作秘密，不从事或参与有损国家利益和司法权威的活动，不发表有损国家利益和司法权威的言论。
保证司法公正	1. 维护审判独立： （1）坚持和维护法院依法独立行使审判权的原则，客观公正审理案件，排除法院内部对法官独立审判的干涉；【内部独立】 （2）在审判活动中独立思考、自主判断，敢于坚持原则；【内心独立】 （3）不受任何行政机关、社会团体和个人的干涉，不受权势、人情等因素的影响。【外部独立】 2. 确保裁判结果公平公正： （1）坚持以事实为根据，以法律为准绳； （2）努力查明案件事实，正确适用法律，合理行使裁量权； （3）避免主观臆断、超越职权、滥用职权。

续表

保证司法公正	3. 坚持实体公正与程序公正并重： （1）牢固树立程序意识，严格按照法定程序执法办案，充分保障当事人和其他诉讼参与人的诉讼权利； （2）实体公正是程序公正的目的，程序公正是实体公正的保障。
	4. 提高司法效率：严格遵守法定办案时限，注重节约司法资源，杜绝玩忽职守、拖延办案等行为，监督当事人及时完成诉讼活动。
	5. 公开审判： （1）认真贯彻司法公开原则，尊重人民群众的知情权； （2）自觉接受法律监督和社会监督，同时避免司法审判受到外界的不当影响。
	6. 遵守回避制度，保持中立： （1）审理案件保持中立公正的立场，平等对待当事人和其他诉讼参与人； （2）不私自单独会见当事人及其代理人、辩护人；【禁止单方接触】 （3）自觉遵守回避制度，同时还应考虑其他虽不影响公正裁判，但会引起公众合理怀疑的情形。
	7. 不办关系案、人情案、金钱案： （1）尊重其他法官对审判职权的依法行使； （2）除履行工作职责或通过正当程序外，不过问、不干预、不评论其他法官正在审理的案件。
确保司法廉洁	1. 自重、自省，坚守廉洁底线： （1）树立正确的权力观、地位观、利益观；坚持自重、自省、自警、自励，坚守廉洁底线； （2）依法正确行使审判权、执行权，杜绝以权谋私、贪赃枉法行为。
	2. 不接受诉讼当事人的财物和其他利益： （1）严格遵守廉洁司法规定，不接受案件当事人及相关人员的请客送礼； （2）不利用职务便利或法官身份谋取不正当利益； （3）不违反规定与当事人或其他诉讼参与人进行不正当交往，不在执法办案中徇私舞弊。
	3. 不得从事或参与营利性的经营活动： （1）不在企业及其他营利性组织中兼任法律顾问等职务； （2）不就未决案件或再审案件给当事人及其他诉讼参与人提供咨询意见。
	4. 不得以其身份谋取特殊利益： （1）妥善处理个人和家庭事务，不利用法官身份寻求特殊利益； （2）按规定如实报告个人有关事项，教育督促家庭成员不利用法官的职权、地位谋取不正当利益。
坚持司法为民	1. 牢固树立以人为本、司法为民的理念，强化群众观念，重视群众诉求，关注群众感受，自觉维护人民群众的合法权益。
	2. 注重发挥司法的能动作用，积极寻求有利于案结事了的纠纷解决办法，努力实现法律效果与社会效果的统一。
	3. 认真执行司法便民规定，努力为当事人和其他诉讼参与人提供必要的诉讼便利，尽可能降低其诉讼成本。

续表

坚持司法为民	4. 尊重当事人和其他诉讼参与人的人格尊严，避免盛气凌人、"冷硬横推"等不良作风；尊重律师，依法保障律师参与诉讼活动的权利。
维护司法形象	1. 坚持学习，精研业务，忠于职守，秉公办案，惩恶扬善，弘扬正义，保持昂扬的精神状态和良好的职业操守。
	2. 坚持文明司法，遵守司法礼仪，在履行职责过程中行为规范、着装得体、语言文明、态度平和，保持良好的职业修养和司法作风。
	3. 加强自身修养，培育高尚道德操守和健康生活情趣，杜绝与法官职业形象不相称、与法官职业道德相违背的不良嗜好和行为，遵守社会公德和家庭美德，维护良好的个人声誉。
	4. 法官退休后应当遵守国家相关规定，不利用自己的原有身份和便利条件过问、干预执法办案，避免因个人不当言行对法官职业形象造成不良影响。

【总结】答题时重在看题干的考查方向：
（1）若题干是宏观方向，很可能是考查忠诚方面；若是审判中的具体内容，很可能是考查公正；
（2）若题干是利益、营利，很可能考查是廉洁方面；若是业务、道德，很可能是考查司法形象；
（3）若题干是涉及人、群众，很可能是考查为民。

判断分析

1. 下列选项中，哪些法官的行为没有违反法官职业道德规范？（2024仿真题·多选）

A. 丁法官下班后未经批准去听了律所公益讲座【错误。禁止法官非因工作需要且未经批准，擅自参加律师事务所或者律师举办的讲座】

B. 周法官明知证据有问题但依然根据该证据作出判决【错误。以有问题的证据作为定案依据违背了司法公正】

C. 张法官2022年底离职后，2024年代理其父亲在原任职法院审理的民事纠纷案件【正确。为近亲属代理诉讼不受不得担任原任职法院办理案件的诉讼代理人或辩护人的限制】

D. 李法官在甲市法院退休两年后去乙市做律师，入职后向甲市法院备案【正确。离职两年后成为律师已超出"2年"的代理、辩护禁止期限】

2. 依据法官职业道德规范，下列说法正确的是？（2019年公法卷第14题·多选）

A. 法官赵海在庭审时无故打断被告的发言，评论：法官的行为违反其职业道德【正确。无故打断被告发言的行为属于庭审过程中的随意行为，也违反了保障当事人诉讼权利的理念】

B. 法官赵海在开庭时，为营造轻松和谐的气氛，与一方当事人谈笑风生。评论：法官的行为违反法庭规则【正确。违反了平等对待当事人的职业道德要求，同时"谈笑风生"也不利于保证庭审活动的严肃性】

C. 法官赵海以法官身份出席老同学私人投资的公司开业典礼，并在此公司入股。评论：法官的行为违反其职业道德【正确。以法官身份出席私人公司开业典礼已属不当，而入股该公司属于"从事或者参与营利性的经营活动"】

D. 法官赵海正在承办一轮奸案件。该案被告向法官的儿子表示，愿将一辆玛莎拉蒂相送，条件是法官赵海在办理案件时网开一面。法官知道后未置一词。评论：法官的行为违反了应当约束家庭成员的义

务【正确。法官应当<u>教育督促</u>家庭成员不利用法官的职权、地位谋取不正当利益】

3. 张法官与所承办案件当事人的代理律师系某业务培训班同学,偶有来往,为此张法官向院长申请回避,经综合考虑院长未予批准。张法官办案中与该律师依法沟通,该回避事项虽被对方代理人质疑,但审判过程和结果受到一致肯定。对照《法官职业道德基本准则》,张法官的行为直接体现了下列哪一要求?(2017年第1卷第48题·单选)

A. 严格遵守审限【错误】

B. 约束业外活动【错误】

C. 坚持司法便民【错误】

D. 保持中立地位【正确】

第三章 检察制度与检察官职业道德

一、检察制度的特征及基本原则【检察制度的特征及基本原则 E】

检察制度的特征	1. 党绝对领导下的国家机关；
	2. 人大制度下与行政、监察、审判机关平行，具有独立宪法地位的国家机关；
	3. 国家的法律监督机关；
	4. 检察机关实行一体化原则：上下级检察机关之间是领导关系。
基本原则	1. 依法设置原则；
	2. 依法独立行使检察权原则：不受行政机关、社会团体和个人的干涉；
	3. 公益原则：人民检察院通过行使检察权维护国家利益和社会公共利益；
	4. 适用法律一律平等原则；
	5. 司法公正原则；
	6. 司法公开原则；
	7. 接受人民监督原则；
	8. 司法责任制：检察官对其职权范围内就案件作出的决定负责。检察长、检察委员会对案件作出决定的，承担相应责任。
	9. 检察一体化原则:【检察权统一行使原则】 （1）双重领导：检察长负责制和检察委员会集体领导相结合的领导体制，检察长不同意检察委员会全体委员过半数的意见，属于办理案件的，可以报请上一级检察院决定；属于重大事项的，可以报请上一级检察院或者本级人大常委会决定。报请本级人大常委会决定的，应当同时抄报上一级检察院;【注意：法院院长是审委会组成人员，而审委会采取民主集中制原则，审委会的决议按照全体委员 1/2 以上多数意见作出】 （2）上命下从：上下级是领导关系（上级可直接变更、撤销下级的决定）； （3）各地和各级检察机关之间具有职能协助的义务，检察官之间在职务关系上可以发生相互承继、转移和代理。

判断分析

检察一体原则是指各级检察机关、检察官依法构成统一的整体，下级检察机关、下级检察官应当根据上级检察机关、上级检察官的批示和命令开展工作。据此，下列哪一表述是正确的？（2016 年第 1 卷

第 47 题·单选）

A. 各级检察院实行检察委员会领导下的检察长负责制【错误。检察院内部实行的是检察长负责制与检察委员会集体领导相结合的领导体制】

B. 上级检察院可建议而不可直接变更、撤销下级检察院的决定【错误。上下级检察院是领导关系，上级检察院可直接变更、撤销下级检察院的决定】

C. 在执行检察职能时，相关检察院有协助办案检察院的义务【正确。属于检察一体原则的要求】

D. 检察官之间在职务关系上可相互承继而不可相互移转和代理【错误。根据检察一体原则，可以发生相互转移和代理】

二、主要检察制度【主要检察制度 E】

主要检察制度		内容
刑事检察制度	刑事立案监督制度	是指人民检察院对公安机关等侦查机关的刑事立案活动是否合法进行法律监督的制度。
	刑事侦查监督制度	是指人民检察院对公安机关等侦查机关的侦查活动是否合法实行专门的法律监督的制度。
	审查逮捕制度	检察机关审查逮捕制度分为审查批准逮捕与审查决定逮捕。审查批准逮捕，是指人民检察院对公安机关、国家安全机关、监狱提请批准逮捕的案件进行审查后，依据事实和法律，作出是否逮捕犯罪嫌疑人的决定；审查决定逮捕，是指人民检察院在直接受理的刑事案件的办理过程中，经审查，依照事实和法律，作出是否逮捕犯罪嫌疑人的决定。
	公诉制度	公诉权是国家赋予检察机关代表国家提起诉讼，追究犯罪的专有权力，是检察权的重要组成部分。检察机关通过审查决定起诉、提起公诉和支持公诉，行使公诉权。规范行使公诉权活动的有关法律制度，就是公诉制度。
	刑事审判监督制度	是指人民检察院对人民法院的刑事审判工作实行法律监督的制度，它包括对刑事判决、裁定在认定事实、适用法律上是否正确的监督和对刑事审判活动中有无违法行为的监督。
	刑事执行检察制度	是指检察机关依照法律规定的权限和程序，对刑事诉讼活动中的刑事强制措施决定、刑事判决裁定和强制医疗决定等的执行情况进行法律监督的制度。
民事检察制度		人民检察院依照法律规定对民事诉讼和执行活动进行法律监督的制度。
行政检察制度		人民检察院依照法律规定对行政诉讼和执行活动进行法律监督的制度。
公益诉讼检察制度		包括民事公益诉讼制度和行政公益诉讼制度，是指在国家利益或社会公共利益受到侵害的情形下，检察机关根据《民事诉讼法》和《行政诉讼法》的相关规定提起的，要求违法民事主体依法承担民事责任或者要求违法行政主体依法履行公益保护监管职责的诉讼制度。
检务公开制度		检察机关依法向社会和诉讼参与人公开与检察职权相关的不涉及国家秘密和个人隐私等活动和事项。

续表

主要检察制度	内容
人民监督员制度	1. 设立目的：确保职务犯罪侦查、起诉权的正确行使。 2. 人民监督员的产生： （1）管理工作：人民监督员的选任和培训、考核等管理工作由**司法行政机关**负责，检察院配合协助； （2）参与具体案件：由**司法行政机关**从人民监督员信息库中**随机抽选**。 3. 监督对象：重点监督检察机关办理职务犯罪的立案、羁押、扣押冻结财物、起诉等执法活动。

三、人民检察院的职权、工作机构、领导体制

职权	1. 依照法律规定对有关刑事案件**行使侦查权**； 2. 对刑事案件进行审查，批准或者决定是否逮捕犯罪嫌疑人； 3. 对刑事案件进行审查，决定是否提起公诉，对决定提起公诉的案件**支持公诉**； 4. 依照法律规定提起公益诉讼； 5. 对诉讼活动实行法律监督； 6. 对判决、裁定等生效法律文书的执行工作实行法律监督； 7. 对监狱、看守所的执法活动实行法律监督； 8. 法律规定的其他职权。
工作机构	1. 人民检察院办理案件，根据案件情况可以由一名检察官独任办理，也可以由两名以上检察官组成办案组办理。 2. 检察官在**检察长领导下开展工作**，重大办案事项由检察长决定。检察长可以将部分职权委托检察官行使，可以授权检察官签发法律文书。 3. 各级人民检察院设**检察委员会**。检察委员会由检察长、副检察长和若干资深检察官组成，成员应当为单数。
领导体制	人民检察院内部实行的是**检察长负责制与检察委员会集体领导相结合**的领导体制。（详见本章【检察一体化原则】）

判断分析

关于我国司法制度，下列说法正确的是？（2019年公法卷第13题·多选）

A. 检察机关有权实行立案监督、侦查监督、审判监督，以实现对诉讼活动的法律监督【正确。检察机关作为**法律监督机关**，有权实行上述监督】

B. 检察官独立不同于法官独立，下级检察院要服从上级检察院的领导【正确。检察权的行使遵循**检察一体化**原则，实行"**上命下从**"】

四、检察官的任免、考核、培训、保障【检察官的任职条件及任免 C】

检察官的任免	1. 限制条件： （1）不得兼任人大常委会的组成人员； （2）不得兼任行政机关、监察机关、审判机关的职务； （3）不得兼任企业或者其他营利性组织、事业单位的职务； （4）不得兼任律师、仲裁员和公证员。 【法官不得兼任检察机关的职务，检察官不得兼任审判机关的职务，此外法官和检察官的限制条件完全一致】 2. 任职条件和禁止条件：参见第二章【法官任职条件及任免】部分。
检察官遴选	1. 遴选委员会： （1）省级设立检察官遴选委员会，负责初任检察官人选专业能力的审核。 （2）省级检察官遴选委员会的组成人员应当包括地方各级人民检察院检察官代表、其他从事法律职业的人员和有关方面代表，其中检察官代表不少于1/3。 （3）遴选最高人民检察院检察官应当设立最高人民检察院检察官遴选委员会，负责检察官人选专业能力的审核。 2. 检察官任职： （1）初任检察官一般到基层人民检察院任职。 （2）上级人民检察院检察官一般逐级遴选；最高人民检察院和省级人民检察院检察官可以从下两级人民检察院遴选。 （3）参加上级人民检察院遴选的检察官应当在下级人民检察院担任检察官一定年限，并具有遴选职位相关工作经历。 【法官遴选无第（3）项年限和工作经历要求，其他遴选条件法官和检察官完全一致】
检察官的考核	参见第二章【法官的考核、奖励与惩戒、遴选】部分。
检察官的保障	1. 检察院设立检察官权益保障委员会，维护检察官合法权益，保障检察官依法履行职责。 2. 保障内容：人身财产保障、职业保障、工资保险福利保障和退休待遇。

五、检察官回避制度【检察官回避制度 D】

任职回避	1. 检察官之间有夫妻关系、直系血亲关系、三代以内旁系血亲以及近姻亲关系的，不得同时担任下列职务： （1）同一人民检察院的检察长、副检察长、检察委员会委员； （2）同一人民检察院的检察长、副检察长和检察员； （3）同一业务部门的检察员； （4）上下相邻两级人民检察院的检察长、副检察长。
	2. 检察官的配偶、父母、子女有下列情形之一的，检察官应当实行任职回避： （1）担任该检察官所任职人民检察院辖区内律师事务所的合伙人或设立人； （2）在该检察官所任职人民检察院辖区内以律师身份担任诉讼代理人、辩护人，或为诉讼案件当事人提供其他有偿法律服务。

续表

离职回避【同法官】	1. 检察官从人民检察院离任后两年内，不得以律师身份担任诉讼代理人或者辩护人。 2. 检察官从人民检察院离任后，不得担任原任职检察院办理案件的诉讼代理人或者辩护人，但是作为当事人的监护人或者近亲属代理诉讼或者进行辩护的除外。 3. 检察官被开除后，不得担任诉讼代理人或者辩护人，但是作为当事人的监护人或者近亲属代理诉讼或者进行辩护的除外。

判断分析

根据我国检察官法有关任职回避的规定，下列表述哪一项是不正确的？（2004年第1卷第49题·单选）

A. 杨某和蒋某系夫妻，二人不得同时在同一人民检察院担任检察员【正确】

B. 何甲和何乙系姐弟，二人不得同时在同一人民检察院担任检察委员会委员【正确】

C. 检察官袁某从人民检察院离任后2年内，不得担任诉讼代理人或者辩护人【错误。离任后两年内，不得以律师身份担任诉讼代理人或者辩护人】

D. 林某为县人民检察院检察官，其子小林不得担任该县人民检察院办理案件的辩护人【正确】

六、检察官的职业道德【检察官职业道德 A】

忠诚	（1）忠于党、忠于国家：维护国家安全、荣誉和利益； （2）忠于人民：全心全意为人民服务、执法为民； （3）忠于宪法和法律； （4）忠于检察事业。
为民	（1）让人民群众在每一个司法案件中都能感受到公平正义； （2）融入人民、服务人民、依靠群众、接受人民群众监督。
担当	坚决打击各类犯罪、自觉接受监督，以公开促公正，直面矛盾、正视问题。 【检察官有担当、法官讲形象】
公正	（1）独立履职：不受行政机关、社会团体和个人干涉； （2）理性履职：以事实为根据，以法律为准绳，不滥用职权； （3）履职回避； （4）提高效率：严守法定办案时限，严格执行执法过错责任追究制度。
廉洁	（1）坚持廉洁操守：不得以权谋私；不收受案件当事人馈赠； （2）避免不正当影响：不得从事营利性活动；不得兼任律师、仲裁员、公证员等；不得为所办案件当事人介绍辩护人或诉讼代理人； （3）妥善处理个人事务。

判断分析

1. 王检察官的下列哪一行为符合检察官职业道德的要求？（2011年第1卷第48题·单选）

A. 穿着检察正装、佩戴检察标识参加单位组织的慰问孤寡老人的公益活动【正确。单位组织的公益

活动属于政务活动】

B. 承办一起两村械斗引起的伤害案，受害人系密切近邻，但为早日结案未主动申请回避【错误。应当自觉遵守回避制度】

C. 参加朋友聚会，谈及在办案件犯罪嫌疑人梁某交代包养了4个情人，但嘱咐朋友不要外传【错误。在职务外活动中，应当不披露或者使用未公开的检察工作信息，以及在履职过程中获得的商业秘密、个人隐私等非公开的信息】

D. 业余时间在某酒吧任萨克斯管主奏，对其检察官身份不予否认，收取适当报酬【错误。不能从事、参与经商办企业、违法违规营利活动，以及其他可能有损检察官廉洁形象的商业、经营活动】

2.根据《中华人民共和国检察官职业道德基本准则》规定，下列哪一选项不是检察官职业道德的基本要求？（2010年第1卷第48题·单选）

A. 忠诚【正确】

B. 公正【正确】

C. 严明【错误。检察官职业道德的基本要求是"忠诚、为民、担当、公正、廉洁"】

D. 廉洁【正确】

第四章 律师制度与律师职业道德

一、律师制度概述【律师制度概述 E】

概念	依法取得律师执业证书，接受委托或者指定，为当事人提供法律服务的执业人员。律师可分为专职律师和兼职律师、公司律师、公职律师和军队律师。
律师执业许可条件	1. 一般条件： （1）拥护中华人民共和国宪法； （2）通过国家统一法律职业资格考试，取得法律职业资格； （3）在律师事务所实习满1年； （4）品行良好。 实行国家统一法律职业资格考试前取得的国家统一司法考试合格证书、律师资格凭证，与国家统一法律职业资格证书具有同等效力。
	2. 特殊条件： 具有高等院校本科以上学历，在法律服务人员紧缺领域从事专业工作满15年，具有高级职称或者同等专业水平并具有相应的专业法律知识的人员，申请专职律师执业的，经国务院司法行政部门考核合格，准予执业。具体办法由国务院规定。
	3. 禁止条件： （1）无民事行为能力或者限制民事行为能力的； （2）受过刑事处罚的，但过失犯罪的除外； （3）被开除公职或者被吊销律师、公证员执业证书的。
	4. 限制条件： （1）律师只能在一个律师事务所执业； （2）公务员不得兼任执业律师；律师担任各级人民代表大会常务委员会组成人员的，任职期间不得从事诉讼代理或者辩护业务； （3）曾担任法官、检察官的律师从人民法院、人民检察院离任后二年内，不得担任诉讼代理人、辩护人。
律师管理体制	1. 律师行政管理：司法行政部门依照《律师法》第4条对律师、律师事务所和律师协会进行监督、指导。主要包括：律师执业许可；律师事务所设立许可；对律师和律师事务所执业活动实施日常监督管理；对律师事务所开展年度检查考核；对律师和律师事务所违法行为进行处罚。

续表

律师管理体制	2. **律师行业自律**：律师协会是社会团体法人，是律师的自律性组织。全国设立中华全国律师协会，省、自治区、直辖市设立地方律师协会，设区的市根据需要可以设立地方律师协会。 3. 律师、律师事务所应当加入所在地的地方律师协会。加入地方律师协会的律师、律师事务所，同时是全国律师协会的会员。

判断分析

下列哪一种情况不违反《律师法》的规定？（2008年第1卷第49题·单选）

A. 甲律师原在深圳某律师事务所执业，迁居后转入北京某律师事务所，同时仍在深圳某律师事务所执业【违反。律师只能在<u>一个</u>律师事务所执业】

B. 大学教授乙在学校不知道的情况下，申请兼职律师执业并要求受理机关保密【违反。需要<u>经所在单位同意</u>】

C. 丙律师在担任县人大常委会委员期间，代理了一起为农民工追讨工资的诉讼【违反。律师担任人大常委会委员的，<u>任职期间不得</u>从事诉讼代理或者辩护业务】

D. 丁先生法律本科毕业后，尚未取得律师执业证书，在一家律师事务所参与非诉讼法律事务【未违反】

二、律师的权利和义务【律师的权利义务及业务范围 A】

律师权利	1. 代理权。律师可以接受辩护委托、代理委托。 2. 会见权。有权会见犯罪嫌疑人且会见时不被监听，办案机关也<u>不得派员</u>在场，拒绝会见的应该说明理由，看守所<u>不得</u>以<u>未预约</u>为由拒绝安排辩护律师会见。 3. 阅卷权。辩护律师有权查阅、摘抄、复制案卷材料，必要时，检察院<u>可以派员</u>在场协助。 4. 调查取证权。 5. 依法执行职务受法律保障的权利。 6. 拒绝辩护或代理权。 7. 知情权。律师可以向侦查机关了解涉嫌的罪名和案件有关情况及<u>已经查明</u>的事实。 8. 提出意见权。法律未作规定的事项，律师要求听取意见的，检察院可以安排听取。 9. 其他权利。代理申诉、控告；申请变更强制措施；辩护律师作无罪辩护的，可以当庭或者庭后就<u>量刑问题</u>发表辩护意见。
律师义务	1. 只能在一个律所执业。 2. 不得在同一案件中，为双方当事人担任代理人。 3. 保守秘密。不得泄露案件办理过程中当事人的秘密、隐私，但正在或者准备实施危害国家、公共安全、严重危害他人人身安全犯罪的除外。 4. 不得超越委托权限。 5. 加入律师协会，并履行律师协会章程规定的义务。

续表

	律师在执业活动中不得有下列行为： （1）私自接受委托、收取费用，接受委托人的财物或者其他利益； （2）利用提供法律服务的便利牟取当事人争议的权益； （3）接受对方当事人的财物或者其他利益，与对方当事人或者第三人恶意串通，侵害委托人的权益； （4）违反规定会见法官、检察官、仲裁员以及其他有关工作人员； （5）向法官、检察官、仲裁员以及其他有关工作人员行贿，介绍贿赂或者指使、诱导当事人行贿，或者以其他不正当方式影响法官、检察官、仲裁员以及其他有关工作人员依法办理案件； （6）故意提供虚假证据或者威胁、利诱他人提供虚假证据，妨碍对方当事人合法取得证据； （7）煽动、教唆当事人采取扰乱公共秩序、危害公共安全等非法手段解决争议； （8）扰乱法庭、仲裁庭秩序，干扰诉讼、仲裁活动的正常进行。

🔨 判断分析

法院、检察院、公安机关、国家安全机关、司法行政机关应当尊重律师，健全律师执业权利保障制度。下列哪一做法是符合有关律师执业权利保障制度的？（2016年第1卷第48题·单选）

A. 县公安局仅告知涉嫌罪名，拒绝告知律师已经查明的该罪的主要事实【错误。律师可以向公安机关了解案件情况和已经查明的事实，公安机关不得拒绝告知】

B. 看守所为律师提供网上预约会见平台服务，某律师来会见，看守所以没有提前预约为由拒绝【错误。看守所不得以未预约会见为由拒绝安排辩护律师会见】

C. 国家安全机关在侦查危害国家安全犯罪期间，不批准律师的会见申请并且说明了理由【正确。国家安全犯罪有碍侦查的，可以不许可会见，但应当说明理由】

D. 作无罪辩护的律师在庭后提交量刑辩护意见，合议庭以没有在庭审中发表意见为由拒绝【错误。辩护律师作无罪辩护的，可以当庭就量刑问题发表辩护意见，也可以庭后提交量刑辩护意见】

三、律师事务所的分类及设立【律师事务所的分类及设立、终止 C】

分类	1. 合伙律所：设立合伙律师事务所，应当有3名以上合伙人，设立人应当是具有3年以上执业经历的律师，可以采用普通合伙或者特殊的普通合伙形式设立。 （1）普通合伙：需要3名以上合伙人，有30万以上的资产，合伙人承担无限责任； （2）特殊的普通合伙：20名以上合伙人，有1000万以上的资产，个别合伙人故意或者重大过失造成损失，承担无限责任或无限连带责任，其他合伙人以其在律所的财产份额承担有限责任。
	2. 个人律所：由1名律师个人设立，财产归个人所有，设立人承担无限责任，需要具有5年以上执业经历。
	3. 国资律所：司法行政机关设立，国家出资。
设立	1. 设立律所向设区的市级或者直辖市的区级人民政府司法行政部门提出申请，由省级司法行政机关决定。

设立	2. 律所名称、负责人、章程、合伙协议的变更，经受理申请机关审查后报原审核机关批准。
	3. 律所住所、合伙人的变更，自变更之日起15日内经受理申请机关审查后报原审核机关备案。
	5. 住所变更涉及跨省的，应当按照注销原律所、设立新律所的程序办理。 【总结：名称、负责人等重大的变更需要审批，住所、合伙人等一般性事项的变更只需要备案即可，但跨省变更住所例外】
	5. 设立分所：成立3年以上并具有20名以上执业律师的合伙律师事务所，可向分所所在地的设区的市一级司法行政部门提出申请，省级司法行政机关审核。

⚖ 判断分析

下列关于《律师法》说法正确的是？（2019年公法卷第16题·多选）

A. 律师事务所变更名称、负责人、章程、合伙协议的，应当报原审核部门批准【正确】

B. 律师服务机构一般采用合伙形式【正确】

C. 设立个人律师事务所，设立人应当是具有五年以上执业经历的律师【正确】

D. 律师事务所采用特殊的普通合伙形式的，当个别合伙人因故意或重大过失造成对外债务时，该合伙人应当承担无限责任或者无限连带责任【正确。该合伙人应当承担无限责任或者无限连带责任，其他合伙人以其在律师事务所中的财产份额为限承担责任】

四、律师执业行为规范【律师职业道德、责任与执业行为规范 A】

律师业务推广规范	1. 推广原则： （1）平等、诚信原则； （2）遵守职业道德和执业纪律； （3）遵守律师行业公认的行业准则，公平竞争。
	2. 律师业务推广广告： （1）律师、律师事务所为推广业务可以发布推广广告；律师发布广告应该遵守国家有关法律法规且能够使得公众辨明该广告是律师广告；律师广告可以个人名义发布也可以律师事务所名义发布，以个人名义发布应当注明律师执业律师事务所的名称，应当载明律师执业证号。 （2）具有下列情况之一的，律师和律师事务所不得发布律师广告： ①没有通过年度考核的； ②处于停止执业或停业整顿处罚期间的； ③受到通报批评、公开谴责未满1年的。 （3）律师事务所和律师不得以诋毁其他律师事务所、律师或支付介绍费等不正当手段承揽业务，不能采用普通商业广告中艺术夸张的方式进行宣传。
	3. 律师宣传： （1）律师和律师事务所可以宣传其擅长某一方面的专业领域问题，但不得宣传或者变相暗示公众其被公认或者证明为这一方面的专家或权威； （2）律师和律师事务所不得进行律师间或者律师事务所间的比较宣传。
	【详见《律师执业行为规范（试行）（含修正案）》第三章】

续表

律师与委托人或当事人的关系规范	1. 委托代理关系：律师接受委托后，无正当理由不得拒绝辩护或者代理或以其他方式终止委托。**委托事项违法、委托人利用律师提供的服务从事违法活动或者委托人故意隐瞒与案件有关的重要事实的**，律师有权告知委托人并要求其整改，有权拒绝辩护或者代理或以其他方式终止委托，并有权就已经履行事务取得律师费。
	2. 禁止虚假承诺。
	3. 禁止非法谋取委托人利益。
	4. **利益冲突审查**： （1）绝对冲突： 有下列情形之一的，律师及律师事务所不得与当事人建立或维持委托关系： ①律师在同一案件中为双方当事人担任代理人，或代理与本人或者其近亲属有利益冲突的法律事务的； ②律师办理诉讼或者非诉讼业务，其近亲属是对方当事人的法定代表人或者代理人的； ③曾经亲自处理或者审理过某一事项或者案件的行政机关工作人员、审判人员、检察人员、仲裁员，成为律师后又办理该事项或者案件的； ④同一律师事务所的不同律师同时担任同一刑事案件的被害人的代理人和犯罪嫌疑人、被告人的辩护人，但在该县区域内只有一家律师事务所且事先征得当事人同意的除外； ⑤在民事诉讼、行政诉讼、仲裁案件中，同一律师事务所的不同律师同时担任争议双方当事人的代理人，或者本所或其工作人员为一方当事人，本所其他律师担任对方当事人的代理人的； ⑥在非诉讼业务中，除各方当事人共同委托外，同一律师事务所的律师同时担任彼此有利害关系的各方当事人的代理人的； ⑦在委托关系终止后，同一律师事务所或同一律师**在同一案件**后续审理或者处理中又接受对方当事人委托的。 （2）相对冲突： 有下列情形之一的，律师应当告知委托人并主动提出回避，但委托人同意其代理或者继续承办的除外： ①接受民事诉讼、仲裁案件一方当事人的委托，而同所的其他律师是该案件中对方当事人的近亲属的； ②担任刑事案件犯罪嫌疑人、被告人的辩护人，而同所的其他律师是该案件被害人的近亲属的； ③同一律师事务所接受正在代理的诉讼案件或者非诉讼业务当事人的对方当事人所委托的其他法律业务的； ④律师事务所与委托人存在法律服务关系，在某一诉讼或仲裁案件中该委托人未要求该律师事务所律师担任其代理人，而该律师事务所律师担任该委托人对方当事人的代理人的； ⑤在委托关系终止后一年内，律师又就**同一法律事务**接受与原委托人有利害关系的对方当事人的委托的。
	5. 转委托：未经委托人同意，律师事务所**不得**将委托人委托的法律事务转委托其他律师事务所办理。但在紧急情况下，为维护委托人的利益可以转委托，但应当及时告知委托人。
	【详见《律师执业行为规范（试行）（含修正案）》第四章】

续表

律师参与诉讼或仲裁规范	1. 遵守回避制度； 2. 调查取证； 3. 尊重法庭和规范接触司法人员； 4. 注意庭审仪表和语态。
	【详见《律师执业行为规范（试行）（含修正案）》第五章】
律师与其他律师的关系规范	1. 尊重与合作； 2. 禁止不正当竞争 有下列情形之一的，属于律师执业不正当竞争行为： （1）诋毁、诽谤其他律师或者律师事务所信誉、声誉； （2）无正当理由，以低于同地区同行业收费标准为条件争揽业务，或者采用承诺给予客户、中介人、推荐人回扣，馈赠金钱、财物或者其他利益等方式争揽业务； （3）故意在委托人与其代理律师之间制造纠纷； （4）向委托人明示或者暗示自己或者所属的律师事务所与司法机关、政府机关、社会团体及其工作人员具有特殊关系； （5）就法律服务结果或者诉讼结果作出虚假承诺； （6）明示或者暗示可以帮助委托人达到不正当目的，或者以不正当的方式、手段达到委托人的目的。
	【详见《律师执业行为规范（试行）（含修正案）》第六章】

判断分析

1. 律师事务所应当建立利益冲突审查制度，在接受委托之前，应当进行利益冲突审查。办理委托事务的律师与委托人之间存在利害关系或利益冲突的，不得承办该业务并主动提出回避。以下哪几项构成利益冲突应该回避的情形？（2018年公法卷第63题·多选）

A. 甲曾是行政执法人员，曾承办对甲公司的行政处罚案件，1年后成为律师受该公司委托，成为该公司的法律顾问【不构成。要求回避的是同一事项而不是同一主体。甲是担任该公司的法律顾问，并不是同一事项】

B. 在张某诉王某侵权案中，张某解除对赵律师的委托关系后，在后续审理中，赵律师接受了王某的委托【构成。在委托关系终止后，同一律师事务所或同一律师在同一案件后续审理或者处理中不能再接受对方当事人委托】

C. 在非诉业务中，各方当事人共同委托甲律师事务所的律师同时担任各方当事人的代理人【不构成。"共同委托"不违反利益冲突原则】

D. 汪律师接受张某委托，担任张某的辩护人，而同所的方律师是该案被害人的近亲属，张某尚不知情【构成。担任刑事案件犯罪嫌疑人、被告人的辩护人，而同所的其他律师是该案件被害人的近亲属的，律师应当告知委托人并主动提出回避】

2. 某律师事务所律师代理原告诉被告买卖合同纠纷案件，下列哪一做法是正确的？（2016年第1卷第49题·单选）

A. 该律师接案时，得知委托人同时接触他所律师，私下了解他所报价后以较低收费接受委托【错误。

律师以**低于同地区同行业收费标准**为条件争揽业务为**不正当竞争**】

B. 在代书起诉状中，律师提出要求被告承担精神损害赔偿 20 万元的诉讼请求【错误。律师接受委托后，应当在委托人**委托的权限内**开展执业活动，不得超越委托权限】

C. 在代理合同中约定，如胜诉，在 5 万元律师代理费外，律师事务所可按照胜诉金额的一定比例另收办案费用【错误。合同约定在 5 万元律师代理费外另行收费属于**重复收费**的情形】

D. 因律师代理意见未被法庭采纳，原告要求律师承担部分诉讼请求损失，律师事务所予以拒绝【正确。如损失不是因律师**违法执业**或者**过错**给当事人造成损失的，律师事务所应予以拒绝】

五、律师职业责任【律师职业道德、责任与执业行为规范 A】

概念	律师在执业活动中因违反有关法律、法规和执业纪律所应承担的责任，包括违纪行为的处分和行政法律责任、民事法律责任、刑事法律责任。**违纪行为的处分和行政法律责任为律师职业责任最主要的责任形式。**
违纪行为的处分	1. 种类： （1）训诫； （2）警告； （3）通报批评、公开谴责； （4）中止会员权利 1 个月以上 1 年以下； （5）取消会员资格。 2. 实施机构：惩戒委员会
行政法律责任	1. **律师**执业中违法行为的行政法律责任： （1）警告； （2）罚款； （3）没收违法所得； （4）停止执业； （5）吊销律师执业证书。 2. **律师事务所**执业中违法行为的行政法律责任： （1）警告； （2）罚款； （3）没收违法所得； （4）停业整顿； （5）吊销执业证书。
民事法律责任	1. 合伙律师事务所的合伙人按照合伙形式对该律师事务所的债务依法承担责任。 2. 个人律师事务所的设立人对律师事务所的债务承担无限责任。 3. 国家出资设立的律师事务所，依法自主开展律师业务，以该律师事务所的全部资产对其债务承担责任。

第四章 律师制度与律师职业道德

📝 判断分析

对于律师的行为的规制不能仅限于道德（律师职业道德），更应该有相应的规制措施，即通过律师职业责任的方式来约束律师的行为。律师职业责任是指律师在执业活动中因违反有关律师行为、律师管理的法律、法规和执业纪律所应承担的责任，包括违纪行为的处分、行政法律责任、民事法律责任和刑事法律责任，其中主要是行政责任，下列关于律师违纪责任与行政责任处分的说法正确的是？（2021年公法卷第117题·多选）

A. 李律师在乘坐陈某女的车辆时，进行言语挑逗，因此发生口角，进而对陈某女殴打，后被行政拘留7日，为此当地律协予以公开谴责【正确。对于律师的违纪行为可处以五种类型的处分：训诫、警告、通报批评、公开谴责、中止会员权利和取消会员资格】

B. 曾律师为保证本方当事人胜诉，劝导证人莫某某作证说亲眼看到对方当事人接过了借款款项5万元，事后曾律师给莫某某2000元好处费，当地律协给予停止执业8个月的处罚【正确。对于律师故意提供虚假证据或者威胁、利诱他人提供虚假证据，妨碍对方当事人合法取得证据的，给予停止执业6个月至1年的处罚，可以处5万元以下的罚款】

C. 余律师在代理陆某某案件后发现，陆某某的表弟是自己的情敌，遂在开庭时不按时出庭，于是当地律协给予余律师停止执业7个月的处罚【错误。律师接受委托后，无正当理由，拒绝辩护或者代理，不按时出庭参加诉讼或者仲裁的，给予警告，可以处1万元以下的罚款，有违法所得，没收；情节严重，给予停止执业3至6个月的处罚，而不是6个月至1年】

D. 季律师在代理一起强奸案之后，在同学聚会期间将得知的被害人的姓名和手机号透露给老同学纪某某，当地律协给予警告，并处1万元以下的罚款【正确。律师泄露商业秘密或个人隐私的，给予警告，可以处1万元以下的罚款，有违法所得，没收；情节严重，给予停止执业3至6个月的处罚】

六、法律援助制度【法律援助制度 A】

法律援助对象	**（一）以经济困难为前提申请援助的情形：** 1. 刑事案件的犯罪嫌疑人、被告人因经济困难或者其他原因没有委托辩护人的，本人及其近亲属可以向法律援助机构申请法律援助。 2. 刑事公诉案件的被害人及其法定代理人或者近亲属，刑事自诉案件的自诉人及其法定代理人，刑事附带民事诉讼案件的原告人及其法定代理人，因经济困难没有委托诉讼代理人的，可以向法律援助机构申请法律援助。 3. 下列事项的当事人，因经济困难没有委托代理人的，可以向法律援助机构申请法律援助： （1）依法请求国家赔偿； （2）请求给予社会保险待遇或者社会救助； （3）请求发给抚恤金； （4）请求给付赡养费、抚养费、扶养费； （5）请求确认劳动关系或者支付劳动报酬； （6）请求认定公民无民事行为能力或者限制民事行为能力； （7）请求工伤事故、交通事故、食品药品安全事故、医疗事故人身损害赔偿； （8）请求环境污染、生态破坏损害赔偿； （9）法律法规、规章规定的其他情形。

续表

法律援助对象	（二）不受经济困难限制申请援助的情形： 有下列情形之一，当事人申请法律援助的，不受经济困难条件的限制： 1. 英雄烈士近亲属为维护英雄烈士的人格权益； 2. 因见义勇为行为主张相关民事权益； 3. 再审改判无罪请求国家赔偿； 4. 遭受虐待、遗弃或者家庭暴力的受害人主张相关权益。 （三）有关部门指派援助的情形： 1. 刑事案件的犯罪嫌疑人、被告人属于下列人员之一，没有委托辩护人的，人民法院、人民检察院、公安机关应当通知法律援助机构指派律师担任辩护人：(1) 未成年人；(2) 视力、听力、言语残疾人；(3) 不能完全辨认自己行为的成年人；(4) 可能被判处无期徒刑、死刑的人；(5) 申请法律援助的死刑复核案件被告人；(6) 缺席审判案件的被告人。 2. 强制医疗案件的被申请人或者被告人没有委托诉讼代理人的，人民法院应当通知法律援助机构指派律师为其提供法律援助。
法律援助的申请和审查	1. 诉讼事项： 向办案机关所在地的法律援助机构提出申请。 2. 非诉讼事项： 向争议处理机关所在地或者事由发生地的法律援助机构提出申请。 3. 法律援助审查： 法律援助机构应当自收到法律援助申请之日起七日内进行审查，作出是否给予法律援助的决定。决定给予法律援助的，应当自作出决定之日起三日内指派法律援助人员为受援人提供法律援助；决定不给予法律援助的，应当书面告知申请人，并说明理由。

判断分析

1. 下列关于我国法律援助制度的说法，正确的是？①（2024仿真题·多选）

A. 再审改判无罪，当事人为请求赔偿而申请法律援助，不受经济困难条件限制【正确】

B. 法律援助中心可以指派高校法学专业志愿者替申请人书写赔偿申请书【正确】

C. 对于国家赔偿的案件，免予核查法律援助申请人的经济困难状况【错误。国家赔偿案件不属于免予核查法律援助申请人经济困难状况的情形】

2. 下列关于法律援助的说法不正确的是？（2019年公法卷第59题·单选）

A. 法律援助机构须对人民检察院抗诉的案件进行经济状况审查【错误。检察院抗诉的，无须进行经济状况审查】

B. 律师事务所拒绝法律援助机构的指派，不安排本所律师办理法律援助案件的，情节严重的给予停业整顿的处罚【正确。由司法行政部门给予警告、责令改正；情节严重的，给予1个月以上3个月以下停业整顿的处罚】

C. 我国的法律援助实行无偿服务【正确】

D. 检察院审查批准逮捕时，认为公安机关对犯罪嫌疑人应当通知辩护而没有通知的，应当通知公安机关予以纠正，公安机关应当将纠正情况通知检察院【正确】

---

① 此题D选项【对拒绝为符合法律援助条件的人员提供法律援助的工作人员可进行行政处罚——错误。司法行政部门对拒绝提供法律援助的工作人员的处分（内部性）不属于行政处罚】，涉及到行政处罚内容，非本讲义科目所涉知识点，故予以删除

第五章 公证制度与公证员职业道德

一、公证制度概述

概念	我国的公证制度是由我国有关公证的法律法规所规定的，公证机构、公证员和当事人进行公证活动所必须遵循的法律规范的总称。内容涉及公证机构、公证员、公证程序、公证效力、法律责任等。
特征	1. 公证是一种特殊的证明活动： （1）公证主体的特定性； （2）公证对象和内容的特定性； （3）公证效力的特殊性； （4）公证程序的法定性。
	2. 公证是一种非诉讼司法活动。
公证管理体制	1. 司法行政机关的行政管理：司法行政部门依照法律规定对公证机构、公证员和公证协会进行监督、指导。
	2. 公证协会的行业管理：全国设立中国公证协会，省、自治区、直辖市设立地方公证协会。

判断分析

关于我国公证制度，下列哪一选项是错误的？（2007年第1卷第49题·单选）

A. 公证机构不以营利为目的【正确】

B. 经过公证的以给付为内容并载明债务人愿意接受强制执行承诺的债权文书具有强制执行效力【正确】

C. 当事人、公证事项的利害关系人对公证书内容有争议的，可以就该争议向法院提起民事诉讼【正确】

D. 自然人、法人或者其他组织办理公证，均可委托他人办理【错误。对于遗嘱、生存、收养关系等的公证需本人亲自办理，不得委托】

二、公证机构的设立及业务范围【公证机构的设立与业务范围 C】

设立	1. 公证机构是依法设立，不以营利为目的，依法独立行使公证职能、承担民事责任的证明机构。
	2. 设立原则： （1）按照统筹规划、合理布局的原则，可以在县、不设区的市、设区的市、直辖市或市辖区设立；在设区的市、直辖市可以设立一个或若干个公证机构； （2）公证机构不按行政区划层层设立。
	3. 设立条件： （1）应当具备：自己的名称＋固定的场所＋两名以上公证员＋开展公证业务所必需的资金。 （2）字号要求：应当由两个以上文字组成，并不得与所在省、自治区、直辖市内设立的其他公证机构的名称中的字号相同或者近似。【省内不相同】
	4. 设立程序：由所在地的司法行政机关报省级政府司法行政机关审批后，颁发公证机构执业证书。
业务范围	1. 根据自然人、法人或者其他组织的申请，公证机构办理下列公证事项：（1）合同；（2）继承；（3）委托、声明、赠与、遗嘱；（4）财产分割；（5）招标投标、拍卖；（6）婚姻状况、亲属关系、收养关系；（7）出生、生存、死亡、身份、经历、学历、学位、职务、职称、有无违法犯罪记录；（8）公司章程；（9）保全证据；（10）文书上的签名、印鉴、日期，文书的副本、影印本与原本相符；（11）自然人、法人或者其他组织自愿申请办理的其他公证事项。
	2. 根据自然人、法人或者其他组织的申请，公证机构可以办理下列事务：（1）法律、行政法规规定由公证机构登记的事务；（2）提存；（3）保管遗嘱、遗产或者其他与公证事项有关的财产、物品、文书；（4）代写与公证事项有关的法律事务文书；（5）提供公证法律咨询。

判断分析

关于公证制度和业务，下列哪一选项是正确的？（2016年第1卷第50题·单选）

A. 依据统筹规划、合理布局设立的公证处，其名称中的字号不得与国内其他公证处的字号相同或者相近【错误。不得与所在省、自治区、直辖市内设立的其他公证机构的名称中的字号相同或者近似】

B. 省级司法行政机关有权任命公证员并颁发公证员执业证书，变更执业公证处【错误。公证员的任命应当由国务院司法行政部门任命】

C. 黄某委托其子代为办理房屋买卖手续，其住所地公证处可受理其委托公证的申请【正确。办理涉及不动产的公证，应当向不动产所在地的公证机构提出】

D. 王某认为公证处为其父亲办理的放弃继承公证书错误，向该公证处提出复议的申请【错误。应向该公证处提出复查的申请，而不是复议】

第五章　公证制度与公证员职业道德

三、公证员的条件及任免【公证员的条件及任免 C】

公证员的条件	1. 一般条件： （1）具有中国国籍； （2）年龄 25 周岁以上 65 周岁以下； （3）公道正派，遵纪守法，品行良好； （4）通过法考取得法律职业资格； （5）在公证机构实习 2 年以上或具有 3 年以上其他法律职业经历并在公证机构实习 1 年以上，经考核合格。 2. 特殊条件：从事法学教学、研究工作，具有高级职称的人员，或具有本科以上学历，从事审判、检察、法制工作、法律服务满 10 年 的公务员、律师，已经离开原工作岗位，经考核合格的，可以担任公证员。 3. 禁止条件：有下列情形之一的，不得担任公证员： （1）无民事行为能力或限制民事行为能力； （2）因故意犯罪或职务过失犯罪受过刑事处罚； （3）被开除公职； （4）被吊销公证员、律师执业证书。
任职程序	本人申请，经公证机构推荐，由所在地的司法行政部门报省级政府司法行政部门审核同意后，报请国务院司法行政部门任命，并由省级政府司法行政部门颁发公证员执业证书。

🔨 判断分析

公证制度是司法制度重要组成部分，设立公证机构、担任公证员具有严格的条件及程序。关于公证机构和公证员，下列哪一选项是正确的？（2017 年第 1 卷第 50 题·单选）

A. 公证机构可接受易某申请为其保管遗嘱及遗产并出具相应公证书【错误。公证机构办理保管遗嘱应该出具的是保管证书，而不是公证书】

B. 设立公证机构应由省级司法行政机关报司法部依规批准后，颁发公证机构执业证书【错误。由所在地的司法行政部门报省、自治区、直辖市人民政府司法行政部门按照规定程序批准】

C. 贾教授在高校讲授法学 11 年，离职并经考核合格，可以担任公证员【正确。从事法学教学、研究工作，具有高级职称的人员，或者具有本科以上学历，从事审判、检察、法制工作、法律服务满 10 年的公务员、律师，已经离开原工作岗位，经考核合格的，可以担任公证员】

D. 甄某交通肇事受过刑事处罚，因此不具备申请担任公证员的条件【错误。因故意犯罪或者职务过失犯罪受过刑事处罚的，不得担任公证员。交通肇事属于一般过失犯罪】

四、公证程序、效力和救济【公证程序、效力及救济E】

一般公证程序	申请→受理→审查→出具公证书。
特别规定	委托代理： （1）当事人可以委托他人代理申办公证； （2）遗嘱、生存、收养关系等应当由本人办理公证。
公证效力	1. 证据效力。 2. 强制执行效力。 3. 法律行为成立要件效力。
公证救济	1. 公证书的复查：公证书有错误的，当事人、利害关系人可以向出具该公证书的公证机构提出复查。 2. 公证书内容争议的诉讼：当事人、利害关系人之间对公证书的内容有争议的，可以向法院提起民事诉讼。

判断分析

关于我国公证的业务范围、办理程序和效力，下列哪一选项符合《公证法》的规定？（2015年第1卷第50题·单选）

A. 申请人向公证机关提出保全网上交易记录，公证机关以不属于公证事项为由拒绝【错误。保全数据属于公证事项】

B. 自然人委托他人办理财产分割、赠与、收养关系公证的，公证机关不得拒绝【错误。遗嘱、生存、收养关系等应当由本人办理公证】

C. 因公证具有较强的法律效力，要求公证机关在办理公证业务时不能仅作形式审查【正确】

D. 法院发现当事人申请执行的公证债权文书确有错误的，应裁定不予执行并撤销该公证书【错误。法院裁定不予执行，并将裁定书送达双方当事人和公证机构】

五、公证员职业道德【公证员职业道德与职业责任C】

公证员职业道德	1. 忠于法律，尽职履责；
	2. 爱岗敬业，规范服务；
	3. 加强修养，提高素质；
	4. 廉洁自律，尊重同行： （1）不得从事有报酬的其他职业和与公证员职务、身份不相符的活动。 （2）不得接受不当利益：不得索取或接受当事人及其代理人、利害关系人的答谢款待、馈赠财物或其他利益； （3）不从事不正当竞争行为：不得利用媒体或其他手段炫耀自己，贬损他人，以支付介绍费、给予回扣、许诺提供利益等方式承揽业务，利用特殊关系进行业务垄断等。

判断分析

下列哪些做法不符合公证员职业道德的要求？（2018年公法卷第92题·多选）

A. 王公证员在除了做好公证工作外，还自己开办了一家工厂【错误。不得从事有报酬的其他职业和与公证员职务、身份不相符的活动】

B. 某公证机构的公证员，经常利用节假日到街上发传单，对自己所在的公证机构进行大肆炫耀【错误。公证员对自己所在的公证机构进行大肆炫耀是不正当竞争，应当禁止】

C. 某公证机构的业务做得很好，深受当地人们的信赖，于是此公证机构找到了市行政部门，通过行政支持对当地的公证业务进行垄断【错误。利用与行政机关、社会团体的特殊关系进行业务垄断，也属于不正当竞争】

D. 公证员为一些当事人进行公证，给当事人带来了很大的益处，有时接受当事人的答谢款待也是人之常情【错误。公证员不得索取或接受当事人及其代理人、利害关系人的答谢款待、馈赠财物或其他利益】

习近平法治思想

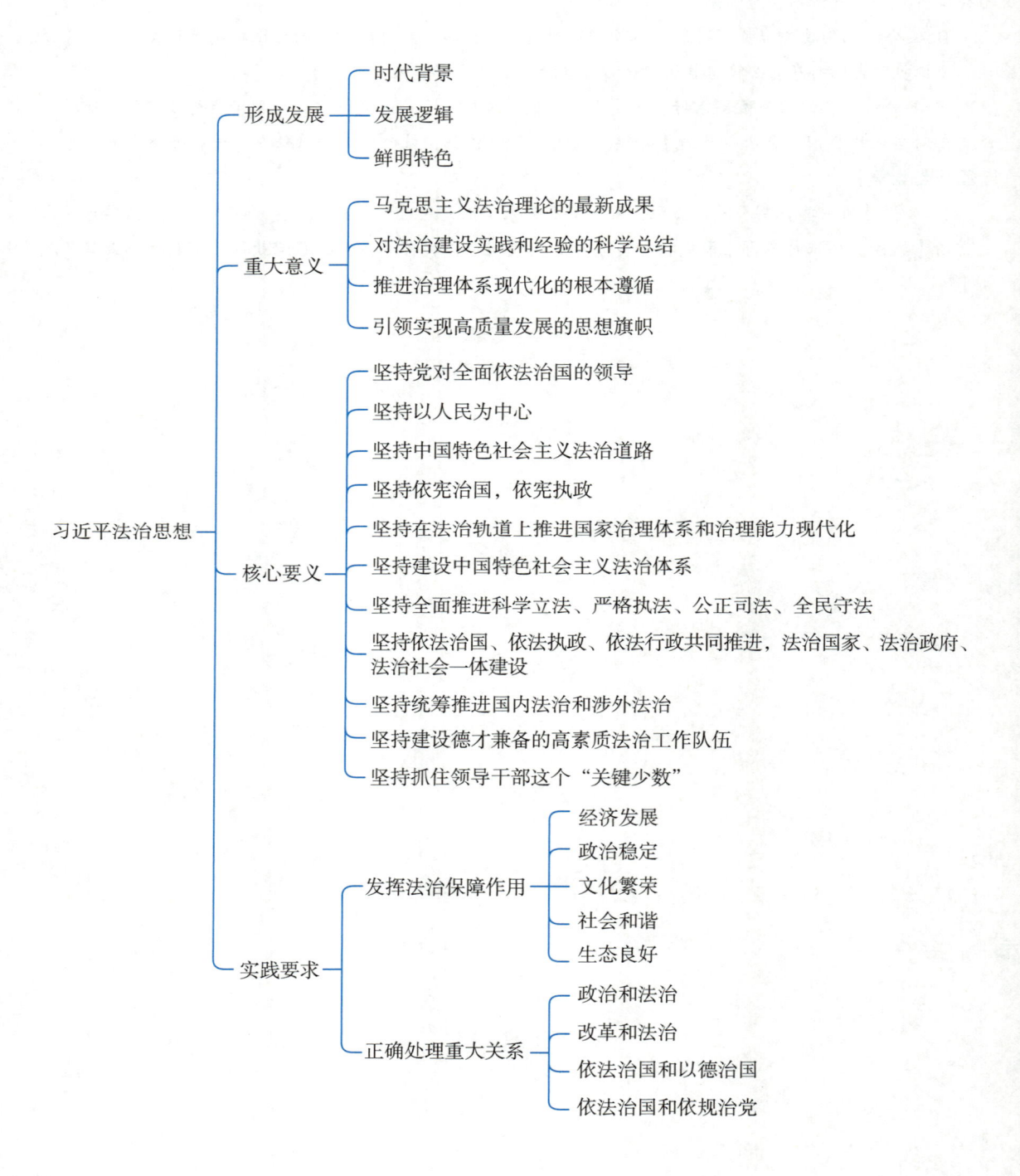

- 习近平法治思想
  - 形成发展
    - 时代背景
    - 发展逻辑
    - 鲜明特色
  - 重大意义
    - 马克思主义法治理论的最新成果
    - 对法治建设实践和经验的科学总结
    - 推进治理体系现代化的根本遵循
    - 引领实现高质量发展的思想旗帜
  - 核心要义
    - 坚持党对全面依法治国的领导
    - 坚持以人民为中心
    - 坚持中国特色社会主义法治道路
    - 坚持依宪治国，依宪执政
    - 坚持在法治轨道上推进国家治理体系和治理能力现代化
    - 坚持建设中国特色社会主义法治体系
    - 坚持全面推进科学立法、严格执法、公正司法、全民守法
    - 坚持依法治国、依法执政、依法行政共同推进，法治国家、法治政府、法治社会一体建设
    - 坚持统筹推进国内法治和涉外法治
    - 坚持建设德才兼备的高素质法治工作队伍
    - 坚持抓住领导干部这个"关键少数"
  - 实践要求
    - 发挥法治保障作用
      - 经济发展
      - 政治稳定
      - 文化繁荣
      - 社会和谐
      - 生态良好
    - 正确处理重大关系
      - 政治和法治
      - 改革和法治
      - 依法治国和以德治国
      - 依法治国和依规治党

第一章 习近平法治思想的形成发展及重大意义
【习近平法治思想的重大意义 A】

第一节 习近平法治思想的形成发展

一、习近平法治思想形成的时代背景

1. 提出：2020 年 11 月，中央全面依法治国工作会议，是第一次以党中央工作会议形式研究部署全面依法治国工作的重要会议，这次会议最重要的成就，就是明确了习近平法治思想在全面依法治国工作中的指导地位。

2. 地位：习近平法治思想是马克思主义法治理论中国化的最新成果，是中国特色社会主义法治理论的重大创新发展，是习近平中国特色社会主义思想的重要组成部分，是新时代推进全面依法治国必须长期坚持的指导思想。

3. 内涵：习近平法治思想从历史和现实相贯通、国际和国内相关联、理论和实际相结合上，深刻回答了新时代为什么要实行全面依法治国、怎样实行全面依法治国等一系列重大问题（两个问题），为深入推进全面依法治国、加快建设社会主义法治国家，运用制度威力应对风险挑战，实现党和国家长治久安，全面建设社会主义现代化国家、实现中华民族伟大复兴的中国梦，提供了科学指南。

二、习近平法治思想形成和发展的逻辑

1. 历史逻辑。习近平法治思想凝聚着中国共产党人在法治建设长期探索中形成的历史经验和智慧结晶。标志着我们党对共产党执政规律、社会主义建设规律、人类社会发展规律的认识达到了新高度，开辟了中国特色社会主义法治理论和实践的新境界。

2. 理论逻辑。习近平法治思想坚持马克思主义法治理论的基本原则，是马克思主义法治理论中国化时代化的新发展新飞跃，反映了创新马克思主义法治理论的内在逻辑要求。

3. 实践逻辑。习近平法治思想是在推进伟大斗争、伟大工程、伟大事业、伟大梦想的实践之中完善形成的，并会随着实践的发展而进一步丰富。

【理论补充】党的二十大报告中关于法治的最新论述【背诵】

全面依法治国是国家治理的一场深刻革命，关系党执政兴国，关系人民幸福安康，关系党和国家长治久安。必须更好发挥法治固根本、稳预期、利长远的保障作用，在法治轨道上全面建设社会主义现代化国家。

要坚持走中国特色社会主义法治道路，建设中国特色社会主义法治体系、建设社会主义法治国家，围绕保障和促进社会公平正义，坚持依法治国、依法执政、依法行政共同推进，坚持法治国家、法治政

府、法治社会一体建设，全面推进科学立法、严格执法、公正司法、全民守法，全面推进国家各方面工作法治化。

要完善以宪法为核心的中国特色社会主义法律体系，加强宪法实施和监督，加强重点领域、新兴领域、涉外领域立法，推进科学立法、民主立法、依法立法。扎实推进依法行政，转变政府职能，优化政府职责体系和组织结构，提高行政效率和公信力，全面推进严格规范公正文明执法。严格公正司法，深化司法体制综合配套改革，全面准确落实司法责任制，加快建设公正高效权威的社会主义司法制度，努力让人民群众在每一个司法案件中感受到公平正义。加快建设法治社会，弘扬社会主义法治精神，传承中华优秀传统法律文化，引导全体人民做社会主义法治的忠实崇尚者、自觉遵守者、坚定捍卫者，努力使尊法学法守法用法在全社会蔚然成风。

三、习近平法治思想的鲜明特色（重点）

1. 原创性。习近平总书记在理论上不断拓展新视野、提出新命题、作出新论断、形成新概括，为发展马克思主义法治理论作出了重大原创性贡献。

2. 系统性。习近平总书记强调全面依法治国是一个系统工程，注重用整体联系、统筹协调、辩证统一的科学方法谋划和推进法治中国建设，科学指出当前和今后一个时期推进全面依法治国十一个重要方面的要求，构成了系统完备、逻辑严密、内在统一的科学思想体系。

3. 时代性。习近平总书记立足中国特色社会主义进入新时代的历史方位，立时代之潮头，发思想之先声，科学回答了新时代我国法治建设向哪里走、走什么路、实现什么目标等根本性问题，在新时代治国理政实践中开启了法治中国新篇章。

4. 人民性。人民性是马克思主义最鲜明的品格。习近平总书记强调法治建设要为了人民、依靠人民、造福人民、保护人民，推动把体现人民利益、反映人民愿望、维护人民权益、增进人民福祉落实到全面依法治国各领域全过程，不断增强人民群众获得感、幸福感、安全感。

5. 实践性。习近平总书记明确提出全面依法治国并将其纳入"四个全面"战略布局，以破解法治实践难题为着力点，作出一系列重大决策部署，解决了许多长期想解决而没有解决的难题，办成了许多过去想办而没有办成的大事，社会主义法治国家建设发生历史性变革、取得历史性成就。

判断分析

关于习近平法治思想形成和发展的历史进程，下列说法不正确的有？（2021年公法卷第128题·多选）

A. 党的十九大出台了关于全面推进依法治国若干重大问题的决定【错误。应该是党的十八届四中全会出台的】

B. 党的十八届四中全会提出到2035年基本建成法治国家、法治政府、法治社会【错误。应该是党的十九大提出的】

C. 十九届三中全会决定成立中央全面依法治国委员会，加强党对全面依法治国的集中统一领导【正确】

D. 十九届五中全会从推进国家治理体系和治理能力现代化的角度，对坚持和完善中国特色社会主义法治体系，提高党依法治国、依法执政能力作出部署【错误。应该是十九届四中全会提出】

第二节　习近平法治思想的重大意义（重点）

一、是马克思主义法治理论同中国法治建设具体实际相结合、同中华优秀传统法律文化相结合的最新成果

1. 马克思主义法治理论深刻揭示了法的本质特征、发展规律，科学阐明了法的价值和功能、法的基本关系等根本问题，在人类历史上首次把对法的认识真正建立在科学的世界观和方法论基础上。
2. 习近平法治思想坚持马克思主义立场观点方法，坚持科学社会主义基本原则，植根于中华优秀传统法律文化，借鉴人类法治文明有益成果，在理论上有许多重大突破、重大创新、重大发展，同我们党长期形成的法治理论既一脉相承又与时俱进，为发展马克思主义法治理论作出了重大原创性、集成性贡献。
3. 习近平法治思想是马克思主义法治理论中国化的最新成果。

二、是对党领导法治建设丰富实践和宝贵经验的科学总结

1. 进入新时代，以习近平同志为核心的党中央对我国社会主义法治建设经验进行提炼和升华，坚持全面依法治国的基本方略，进一步明确全面依法治国在统筹推进"五位一体"总体布局和协调推进"四个全面"战略布局中的重要地位。
2. 习近平法治思想以新的高度、新的视野、新的认识赋予中国特色社会主义法治建设事业以新的时代内涵，深刻回答了事关新时代我国社会主义法治建设的一系列重大问题，实现了中国特色社会主义法治理论的历史性飞跃。

三、是在法治轨道上全面建设社会主义现代化国家的根本遵循

1. 坚持全面依法治国，是中国特色社会主义国家制度和国家治理体系的显著优势。习近平法治思想贯穿国家建设的各个领域，为在法治轨道上推进国家治理体系和治理能力现代化提供了根本遵循。
2. 坚持以习近平法治思想为指导，更好发挥法治固根本、稳预期、利长远的保障作用，及时把推动改革、促进发展、维护稳定的成果以法律形式固化下来，推动各方面制度更加成熟、日臻完善，为夯实"中国之治"提供稳定的制度保障。

四、是引领法治中国建设实现高质量发展的思想旗帜

1. 习近平法治思想从全面建设社会主义现代化国家的目标要求出发，提出了当前和今后一个时期全面依法治国的目标任务，为实现新时代法治中国建设高质量发展提供了强有力的思想武器。
2. 要毫不动摇地坚持习近平法治思想在全面依法治国工作中的指导地位，把习近平法治思想贯彻落实到全面依法治国全过程和各方面，转化为做好全面依法治国各项工作的强大动力，转化为推进法治中国建设的思路举措，转化为建设社会主义法治国家的生动实践，不断开创法治中国建设新局面。

【记忆】重大意义十六字：最新成果、科学总结、根本遵循、思想旗帜。

判断分析

关于习近平法治思想的重大意义，下列表述正确的是？

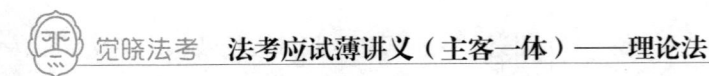

A. 习近平法治思想是马克思主义法治理论同中国实际相结合的最新成果【正确】
B. 习近平法治思想是对党领导法治建设丰富实践和宝贵经验的科学总结【正确】
C. 习近平法治思想是在法治轨道上推进国家治理体系和治理能力现代化的根本遵循【正确】
D. 习近平法治思想是引领法治中国建设实现高质量发展的思想旗帜【正确】

第二章 习近平法治思想的核心要义

【习近平法治思想的核心要义 A】

第一节 坚持党对全面依法治国的领导（重点）

一、党的领导是中国特色社会主义的法治之魂

1. 全面建设社会主义现代化国家、全面推进中华民族伟大复兴，关键在党。中国共产党是中国特色社会主义事业的坚强领导核心，是最高政治领导力量，各个领域、各个方面都必须坚定自觉坚持党的领导。

2. 坚持党的领导，是社会主义法治的根本要求，是党和国家的根本所在、命脉所在，是全国各族人民的利益所系、幸福所系，是全面推进依法治国的题中应有之义，是中国特色社会主义最本质的特征，是社会主义法治最根本的保证。

二、全面依法治国是要加强和改善党的领导

1. 加强和改善党对全面依法治国的领导，是由全面依法治国的性质和任务决定的。全面依法治国是复杂的"系统工程"，只有发挥党总揽全局、协调各方的领导核心作用，才能实现总目标。

2. 加强和改善党对全面依法治国的领导，是由党的领导和社会主义法治的一致性决定的。只有坚持党的领导，才能使立法符合党的基本理论、基本路线、基本方略，符合国家经济社会发展战略，适应全面深化改革需要。

3. 党带头厉行法治，把法治作为治国理政的基本方式，各级党组织和广大党员带头模范守法，才能在全社会普遍形成尊法守法风尚，为社会主义法治建设创造浓厚氛围。

【注意】只有在党的领导下依法治国、厉行法治，国家和社会生活法治化才能有序推进。

三、坚持党的领导、人民当家作主、依法治国有机统一

1. 全面依法治国，核心是坚持党的领导、人民当家作主、依法治国有机统一。

2. 坚持党的领导、人民当家作主、依法治国有机统一，最根本的是坚持党的领导。

3. 人民代表大会制度是坚持党的领导、人民当家作主、依法治国有机统一的根本制度安排。

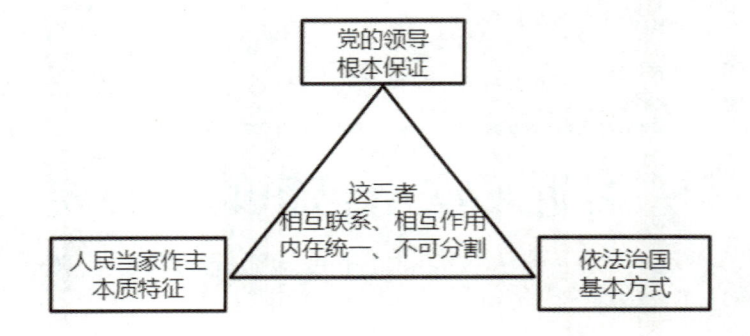

```
        党的领导
        根本保证
           △
   人民当家作主   这三者      依法治国
    本质特征   相互联系、相互作用  基本方式
           内在统一、不可分割
```

四、坚持党领导立法、保证执法、支持司法、带头守法

1. 推进全面依法治国，必须把党的领导贯彻落实到全面依法治国全过程和各方面。一方面，要坚持党总揽全局、协调各方的领导核心作用，统筹依法治国各领域工作。另一方面，要改善党对依法治国的领导，不断提高党领导依法治国的能力和水平。

2. 把党的领导贯彻落实到全面依法治国全过程和各方面，是我国社会主义法治建设的一条基本经验。必须坚持党领导立法、保证执法、支持司法、带头守法，把依法治国基本方略同依法执政基本方式统一起来。

3. 四个"善于"：善于使党的主张通过法定程序成为国家意志，善于使党组织推荐的人选通过法定程序成为国家政权机关的领导人员，善于通过国家政权机关实施党对国家和社会的领导，善于运用民主集中制原则维护中央权威、维护全党全国团结统一。

五、健全党领导全面依法治国的制度和工作机制

1. 加强党对全面依法治国的领导，必须健全党领导全面依法治国的制度和工作机制。组建中央全面依法治国委员会，目的就是从机制上加强党对全面依法治国的集中统一领导。

2. 党委政法委员会是党对政法工作领导的重要组织形式，要带头在宪法法律范围内活动，善于运用法治思维和法治方式领导政法工作。

【理论补充】二十大报告中关于从严治党的论述

全面建设社会主义现代化国家、全面推进中华民族伟大复兴，关键在党。我们党作为世界上最大的马克思主义执政党，要始终赢得人民拥护、巩固长期执政地位，必须时刻保持解决大党独有难题的清醒和坚定。全党必须牢记，全面从严治党永远在路上，党的自我革命永远在路上，决不能有松劲歇脚、疲劳厌战的情绪，必须持之以恒推进全面从严治党，深入推进新时代党的建设新的伟大工程，以党的自我革命引领社会革命。

判断分析

1. 下列关于我国依法治国的说法，正确的是？（2024仿真题·单选）
A. 依法治国是依规治党的前提和政治保障【错误。依规治党是依法治国的前提和政治保障】
B. 民族性是我国同西方法治的最大区别【错误。党的领导是我国同西方法治最大区别】
C. 依法治国的法仅限于国法【错误。依法治国的法包括国法和党内法规】
D. 领导干部的守法标准高于普通公民【正确】

2. 党的领导是中国特色社会主义最本质的特征，是社会主义法治最根本的保证【正确】

3. 人民是依法治国的主体和力量源泉，人民代表大会制度是保证人民当家作主的根本制度【错误。我国的根本制度是社会主义制度，人民代表大会制度是我国的根本政治制度】

4. 坚定不移走中国特色社会主义法治道路，最根本的是坚持中国共产党的领导【正确】

5. 关于党的领导和社会主义法治的关系，下列说法错误的是？（2018年公法卷第86题·单选）

A. 党的领导是中国特色社会主义最本质的特征，是社会主义法治最根本的保证【正确】

B. 必须坚持党领导立法、保证执法、支持司法、带头守法【正确】

C. 政法委员会是党委领导政法工作的组织形式，必须长期坚持【正确】

D. 党内法规应严于和高于国家法律【错误。党纪可以严于国法，但不能高于国法，在法治国家，宪法和法律至上】

第二节　坚持以人民为中心（重点）

一、以人民为中心是中国特色社会主义法治的根本立场

1. 人民群众是我们党的力量源泉，人民立场是中国共产党的根本政治立场。以人民为中心是新时代坚持和发展中国特色社会主义的根本立场，是中国特色社会主义法治的本质要求。

2. 全面依法治国最广泛、最深厚的基础是人民，推进全面依法治国的根本目的是依法保障人民权益。始终代表最广大人民根本利益，保证人民当家作主，体现人民共同意志，维护人民合法权益，是我国国家制度和国家治理体系的本质属性，也是国家制度和国家治理体系有效运行、充满活力的根本所在。中国特色社会主义法治区别于资本主义法治的根本所在是坚持以人民为中心。

二、坚持人民主体地位

1. 坚持人民主体地位，必须把以人民为中心的发展思想融入到全面依法治国的伟大实践中。一方面，要把体现人民利益、反映人民愿望、维护人民权益、增进人民福祉落实到全面依法治国各领域全过程，使法律及其实施充分体现人民意志。另一方面，要保证人民依法享有广泛的权利和自由、承担应尽的义务。

2. 坚持人民主体地位，要求用法治保障人民当家作主。坚定不移走中国特色社会主义民主政治发展道路，坚持和完善人民当家作主制度体系，是坚持和完善人民代表大会制度这一根本政治制度的要求。

三、牢牢把握社会公平正义的法治价值追求

1. 公平正义是法治的生命线，是中国特色社会主义法治的内在要求。坚持全面依法治国，建设社会主义法治国家，切实保障社会公平正义和人民权利，是社会主义法治的价值追求。全面依法治国必须紧紧围绕保障和促进社会公平正义，把公平正义贯穿到立法、执法、司法、守法的全过程和各方面，努力让人民群众在每一项法律制度、每一个执法决定、每一宗司法案件中都感受到公平正义。

2. 坚持以人民为中心，维护社会公平正义，必须坚持法律面前人人平等。必须将坚持法律面前人人平等体现在立法、执法、司法、守法的各个环节。

四、推进全面依法治国的根本目的是依法保障人民权益

1. 我们党全心全意为人民服务的根本宗旨，决定了必须始终把人民作为一切工作的中心。

2. 推进全面依法治国，必须切实保障公民的人身权、财产权、人格权和基本政治权利，保证公民经济、文化、社会等各方面权利得到落实。必须着力解决人民群众最关切的公共安全、权益保障、公平正义问题，努力维护最广大人民的根本利益，保障人民群众对美好生活的向往和追求。

【理论补充】二十大报告中关于人民的论述

江山就是人民，人民就是江山。中国共产党领导人民打江山、守江山，守的是人民的心。治国有常，利民为本。为民造福是立党为公、执政为民的本质要求。必须坚持在发展中保障和改善民生，鼓励共同奋斗创造美好生活，不断实现人民对美好生活的向往。

判断分析

1. 全面依法治国，必须坚持人民的主体地位。对此，下列哪一理解是错误的？（2016年第1卷第1题·单选）

A. 法律既是保障人民自身权利的有力武器，也是人民必须遵守的行为规范【正确】

B. 人民依法享有广泛的权利和自由，同时也承担应尽的义务【正确】

C. 人民通过各种途径直接行使立法、执法和司法的权力【错误。立法、执法、司法的权力由立法机关、行政机关、司法机关直接行使，人民对其予以监督】

D. 人民根本权益是法治建设的出发点和落脚点，法律要为人民所掌握、所遵守、所运用【正确】

2. 党的十九大报告提出："中国特色社会主义进入新时代，我国社会主要矛盾已经转化为人民日益增长的美好生活需要和不平衡不充分的发展之间的矛盾。"关于社会主要矛盾变化对法治建设提出的新要求，下列哪些选项是正确的？（2021年公法卷第126题·多选）

A. 人民美好生活需要日益广泛，不仅对物质文化生活提出了更高要求，而且对于民主、法治、公平、正义、安全、环境等方面的要求也在日益增长【正确】

B. 发展不平衡不充分问题已经成为满足人民日益增长的美好生活需要的主要制约因素【正确】

C. 依法维护国家安全，防范和化解风险，严厉打击严重侵害人民群众生命财产安全的违法犯罪行为，不断增强人民群众的幸福感、安全感【正确】

D. 社会矛盾和问题交织叠加，全面依法治国任务依然繁重，国家治理体系和治理能力有待加强【正确】

3. 社会主义法治把公平正义作为一切法治实践活动的价值追求。下列哪一说法正确体现了公平正义理念的基本要求？（2014年第1卷第6题·单选）

A. 在法律实施中为维护法律的权威性和严肃性，应依据法理而不是考虑情理【错误。社会主义法治公平正义的实现，必须注重法理与情理的相互统一】

B. 在法治实践活动中，仅仅保证程序公正【错误。实体公正和程序公正要兼顾和统一】

C. 迟到的正义是非正义，法治活动应同时兼顾公正与效率【正确】

D. 法律是全社会平等适用的普遍性规范，为维护法制统一，对特殊地域和特殊群体应一视同仁，不作任何区别化对待【错误。特殊情况得到特殊对待，是公正的内涵之一】

4. 某市实行电视问政，市领导和政府部门负责人以电视台开设的专门栏目为平台，接受公众质询，以此"治庸问责"，推动政府积极解决市民关心的问题。对此，下列哪一说法是不正确的？（2013年第1

卷第3题·单选）

A. 社会主义法治是"治权之治"，电视问政有利于强化人民群众对官员的监督【正确】

B. 电视问政体现了高效便民的原则【正确】

C. 电视问政是"治庸问责"的有效法律手段【错误。电视问政并不是法律规定的问政手段】

D. 电视问政有助于引导市民规范有序地参与国家和社会事务管理【正确】

第三节　坚持中国特色社会主义法治道路（重点）

一、中国特色社会主义法治道路是建设中国特色社会主义法治体系、建设社会主义法治国家的唯一正确道路

1. 中国特色社会主义法治道路，是社会主义法治建设成就和经验的集中体现，是建设社会主义法治国家的唯一正确道路。

2. 中国特色社会主义法治道路是最适合中国国情的法治道路。其根植于我国社会主义初级阶段的基本国情，生发于我国改革开放和社会主义现代化建设的具体实践，是被历史和现实证明了的符合我国基本国情、符合人民群众愿望、符合实践发展要求的法治道路，具有显著优越性。

3. 全面依法治国，必须从我国实际出发，突出中国特色、实践特色、时代特色，要同推进国家治理体系和治理能力现代化相适应，既不能罔顾国情、超越阶段，也不能因循守旧、墨守成规。

【特别提示】

中国法治，可以学习借鉴世界上优秀的法治文明成果，但要坚持以我为主、为我所用，不能"全盘西化"，不能"全面移植"，不能照搬照抄。

二、中国特色社会主义法治道路的核心要义

1. 中国特色社会主义法治道路的核心要义是：第一，要坚持党的领导（政党）；第二，坚持中国特色社会主义制度（制度）；第三，贯彻中国特色社会主义法治理论（理论）。这三个方面实质上规定和确保了中国特色社会主义法治体系的制度属性和前进方向。

2. 坚持党的领导。坚定不移走中国特色社会主义法治道路，最根本的就是要坚持党的领导。

3. 中国特色社会主义制度是中国特色社会主义法治体系的根本制度基础，是全面推进依法治国的根本制度保障。

4. 中国特色社会主义法治理论是中国特色社会主义法治体系的理论指导和学理支撑。习近平法治思想是习近平新时代中国特色社会主义思想的重要组成部分，是新时代推进全面依法治国的科学指南和根本遵循。

判断分析

1. 关于坚持中国特色社会主义法治道路，下列哪一选项是不正确的？（2021年公法卷第121题·单选）

A. 坚持中国特色社会主义法治道路，本质上是中国特色社会主义道路在法治领域的具体体现【正确】

B. 坚持中国共产党的领导是中国特色社会主义法治道路最根本的保证【正确】

C. 中国特色社会主义法治道路，是社会主义法治建设成就和经验的集中体现，是建设社会主义法治

国家的唯一正确道路【正确】

D. 要从中国国情和实际出发，走适合自己的法治道路，不借鉴国外法治【错误。中国法治可以借鉴国外法治有益成果，但决不照抄照搬别国模式和做法】

2. 中共中央印发了《法治中国建设规划（2020-2025年）》，关于坚定不移走中国特色社会主义法治道路，奋力建设良法善治的法治中国的主要原则，下列哪一选项是不正确的？（2021年公法卷第119题·单选）

A. 牢牢把握党的领导是社会主义法治最根本的保证，坚持党领导立法、保证执法、支持司法、带头守法【正确】

B. 坚持法治建设为了人民、依靠人民，促进人的全面发展【正确】

C. 聚焦党中央关注、人民群众反映强烈的突出问题和法治建设薄弱环节，着眼推进国家治理体系和治理能力现代化【正确】

D. 汲取中华法律文化精华，应当借鉴国外法治有益经验【错误。不是"应当"借鉴，而是"可以"借鉴】

3. 全面依法治国必须坚持从中国实际出发。对此，下列哪一理解是正确的？（2017年第1卷第1题·单选）

A. 从实际出发不能因循守旧、墨守成规，法治建设可适当超越社会发展阶段【错误。法治建设不能脱离现实，不能超越社会发展阶段】

B. 全面依法治国的制度基础是中华法系，实践基础是中国传统社会的治理经验【错误。全面依法治国的制度基础是中国特色社会主义制度，实践基础是当代中国法治建设的伟大实践】

C. 从中国实际出发不等于"关起门来搞法治"，应移植外国法律制度和法律文化【错误。可以借鉴国外法治经验，但不是"应该"移植其法律制度和法律文化，我们有自己的法律制度和法律文化，要有制度和文化自信】

D. 从实际出发要求凸显法治的中国特色，坚持中国特色社会主义道路、理论体系和制度【正确】

第四节　坚持依宪治国、依宪执政（重点）

一、坚持依法治国首先要坚持依宪治国，坚持依法执政首先要坚持依宪执政

1. 这是宪法的地位和作用决定的，坚持依宪治国、依宪执政，体现了党的领导、人民当家作主、依法治国有机统一，体现了全面推进依法治国的时代要求。

2. 坚持依宪治国，是推进全面依法治国、建设社会主义法治国家的基础性工作；坚持依宪执政，体现了中国共产党的执政理念。

3. 坚持依宪治国、依宪执政，要坚持宪法确定的中国共产党领导地位不动摇，坚持宪法确定的人民民主专政的国体和人民代表大会制度的政体不动摇。

二、宪法是国家的根本法，是治国理政的总章程

1. 宪法是国家的根本法，是治国理政的总章程。

2. 宪法是党和人民意志的集中体现，具有最高的法律地位、法律权威和法律效力。

三、全面贯彻实施宪法

1. 宪法的生命在于实施，宪法的权威也在于实施。全面贯彻实施宪法，切实维护宪法尊严和权威，是维护国家法制统一、尊严、权威的前提，也是维护最广大人民根本利益、确保国家长治久安的重要保障。
2. 加强宪法实施和监督：宪法解释、宪法宣誓、宪法宣传、合宪性审查（需要结合宪法专业知识进行理解）。

四、推进合宪性审查工作

1. 全国人大及其常委会要履行好监督宪法实施的重要职责。
2. 推进合宪性审查，必须加强宪法解释工作，健全备案审查制度。要落实宪法解释程序机制，积极回应涉及宪法有关问题的关切，实现宪法稳定性和适应性相统一。加强备案审查制度和能力建设，实行有件必备、有备必审、有错必纠，坚决维护宪法法律的权威和尊严。

五、深入开展宪法宣传教育

1. 宪法宣传教育要注意方式方法，让人民群众发自内心地拥护宪法、信仰宪法。
2. 宪法宣传教育要抓住领导干部的关键少数，要完善国家工作人员学习宪法法律的制度，推动领导干部加强宪法学习，增强宪法意识，带头尊崇宪法、学习宪法、遵守宪法、维护宪法、运用宪法，做尊法学法守法用法的模范。

【理论补充】《谱写新时代中国宪法实践新篇章——纪念现行宪法公布施行40周年》

1. 关于宪法地位

宪法集中体现了党和人民的统一意志和共同愿望，是国家意志的最高表现形式，具有根本性、全局性、稳定性、长期性。宪法规定的是国家的重大制度和重大事项，在国家和社会生活中具有总括性、原则性、纲领性、方向性。宪法是国家一切法律法规的总依据、总源头，具有最高的法律地位、法律权威、法律效力。只有坚持宪法的国家根本法地位，坚决维护和贯彻宪法规定、原则、精神，才能保证国家统一、法制统一、政令统一。

2. 关于宪法实施和监督

宪法的生命在于实施，宪法的权威也在于实施。要健全保证宪法全面实施的制度体系，不断提高宪法实施和监督水平。（1）健全保证宪法全面实施的制度体系，必须坚持宪法规定、宪法原则、宪法精神全面贯彻，坚持宪法实施、宪法解释、宪法监督系统推进，统筹推进法律规范体系、法治实施体系、法治监督体系、法治保障体系和党内法规体系建设，确保宪法得到完整准确全面贯彻。（2）要完善宪法相关规定直接实施工作机制，充分发挥宪法在应对重大风险挑战、贯彻"一国两制"方针、推进祖国统一进程、维护国家安全和社会稳定中的重要作用。（3）要完善宪法监督制度，推进宪法监督的规范化、程序化建设，提高合宪性审查、备案审查能力和质量，推进合宪性审查工作，落实宪法解释程序机制，积极回应社会各方面对涉宪问题的关切。

判断分析

1. 关于全面贯彻实施宪法，坚定维护宪法尊严和权威，下列哪一选项是不正确的？（2021年公法卷第120题·单选）

A. 坚持依宪治国、依宪执政，把全面贯彻实施宪法作为首要任务【正确】
　　B. 党带头尊崇和执行宪法，把党领导人民制定和实施宪法法律同党坚持在宪法法律范围内活动统一起来，保障宪法法律的有效实施【正确】
　　C. 凡涉及宪法有关规定如何理解、实施、适用问题的，都应当依照有关规定向全国人大书面提出合宪性审查请求【错误。并非所有涉及宪法的理解、实施、适用问题，都要向全国人大书面提出合宪性审查请求，有的由全国人大常委会处理，有的由地方人大及其常委会处理】
　　D. 在备案审查工作中，应当注重审查是否存在不符合宪法规定和宪法精神的内容【正确】
　　2. 党的十八届四中全会《决定》明确指出："完善以宪法为核心的中国特色社会主义法律体系。"据此，下列哪些做法是正确的？（2015年第1卷第66题·多选）
　　A. 建立全国人大及其常委会宪法监督制度，健全宪法解释程序机制【错误。全国人大及其常委会的宪法监督制度在"82宪法"中早已"建立"，现在应该是"完善"】
　　B. 健全有立法权的人大主导立法工作的体制，规范和减少政府立法活动【错误。政府有权立法，政府立法有其独特价值，因此"减少"的说法错误，应为"加强和改进政府立法制度建设"】
　　C. 探索委托第三方起草法律法规草案，加强立法后评估，引入第三方评估【正确】
　　D. 加快建立生态文明法律制度，强化生产者环境保护的法律责任【正确】
　　3. 备案审查是宪法监督的重要内容和环节。根据中国特色社会主义法治理论有关要求和《立法法》规定，对该项制度的理解，下列哪些表述是正确的？
　　A. 建立规范性文件备案审查机制，要把所有规范性文件纳入审查范围【正确】
　　B. 地方性法规和地方政府规章应纳入全国人大常委会的备案审查范围【错误。根据《立法法》，地方政府规章不属于全国人大常委会的备案审查范围，应报相应地方人大常委会备案】
　　C. 全国人大常委会有权依法撤销和纠正违宪违法的规范性文件【正确】
　　D. 提升备案审查能力，有助于提高备案审查的制度执行力和约束力【正确】

第五节　坚持在法治轨道上推进国家治理体系和治理能力现代化（重点）

一、全面依法治国是国家治理的一场深刻革命

1. 我国社会主义法治凝聚着我们党治国理政的理论成果和实践经验，是制度之治最基本最稳定最可靠的**保障**。
2. 在法治轨道上推进国家治理体系和治理能力现代化，要提高党依法治国、依法执政能力，推进党的领导制度化、法治化、规范化。更好发挥法治对改革发展稳定的引领、规范、保障作用，逐步实现国家治理制度化、程序化、规范化、法治化。

二、法治是国家治理体系和治理能力的重要依托

1. **法治是治国理政的基本方式**，是社会文明进步的显著标志，是国家治理体系与治理能力的重要依托。
2. 国家治理体系是在党领导下管理国家的制度体系，包括经济、政治、文化、社会、生态文明和党的建设等各领域的体制机制、法律法规安排，是一整套紧密相连、相互协调的国家制度。
3. 国家治理能力是运用国家制度管理社会各方面事务的能力，是改革发展稳定，内政外交国防、治党治国治军等各个方面国家制度执行能力的集中体现。

三、更好发挥法治固根本、稳预期、利长远的保障作用

1. 习近平总书记指出："我们要更加重视法治、厉行法治，更好发挥法治固根本、稳预期、利长远的重要作用。"

2. 各级党委和政府要全面依法履行职责，坚持运用法治思维和法治方式开展疫情防控工作，在处置重大突发事件中推进法治政府建设，提高依法执政、依法行政水平。

四、坚持依法治军、从严治军

1. 依法治军、从严治军，是我们党建军治军的基本方略。

2. 贯彻依法治军战略是系统工程，要统筹全局、突出重点，以重点突破带动整体推进。

五、坚持依法保障"一国两制"实践与推进祖国统一

1. "一国两制"是党领导人民实现祖国和平统一的一项重要制度，是中国特色社会主义的一个伟大创举。

2. "和平统一、一国两制"是实现国家统一的最佳方式。要运用法律手段捍卫"一个中国"原则、反对"台独"，增进维护一个中国框架的共同认知，推进祖国和平统一。

六、坚持依法治网

1. 网络空间不是"法外之地"。要把依法治网作为基础性手段，推动依法管网、依法办网、依法上网，确保互联网在法治轨道上健康运行。

2. 加快制定完善互联网领域法律法规，实现网络治理有法可依。

判断分析

1. 关于新时代深化依法治国实践的主要任务，下列哪些选项是正确的？（2021年公法卷第125题·多选）

　　A. 成立中央全面依法治国领导小组，加强对法治中国建设的统一领导【正确】

　　B. 推进科学立法、民主立法、依法立法，以良法促进发展、保障善治【正确】

　　C. 加强宪法实施和监督，推进合宪性审查工作，维护宪法权威【正确】

　　D. 建设法治政府，推进依法行政，严格规范公正文明执法【正确】

2. 全面依法治国，需要解决法治建设不适应、不符合推进国家治理体系和治理能力现代化目标的问题。下列有助于解决上述问题的措施是？（2016年第1卷第86题·多选）

　　A. 增强法律法规的针对性和可操作性，避免立法部门化倾向【正确】

　　B. 改进行政执法体制，消除多头执法、选择性执法现象【正确】

　　C. 大力解决司法不公和司法腐败问题，提高司法公信力【正确】

　　D. 增强社会成员依法维权意识和国家工作人员依法办事观念【正确】

第六节　坚持建设中国特色社会主义法治体系（重点）

一、建设中国特色社会主义法治体系是推进全面依法治国的总目标和总抓手

1. 全面推进依法治国的总目标和总抓手就是建设中国特色社会主义法治体系。
2. 中国特色社会主义法治体系，是中国特色社会主义制度的法律表现形式，是国家治理体系的骨干工程。
3. 建设中国特色社会主义法治体系，就是在中国共产党的领导下，坚持中国特色社会主义制度，贯彻中国特色社会主义法治理论，形成完备的法律规范体系、高效的法治实施体系、严密的法治监督体系、有力的法治保障体系，形成完善的党内法规体系。

二、建设完备的法律规范体系

1. 中国特色社会主义法律体系已经形成，国家和社会生活各方面总体上实现了有法可依。要不断完善以宪法为核心的中国特色社会主义法律体系，坚持立法先行，坚持立改废释并举，深入推进科学立法、民主立法、依法立法。
2. 提高立法质量和效率，以良法保善治、促发展。积极推进重要领域立法，健全完善国家治理急需的、满足人民日益增长的美好生活需要必备的法律制度。

三、建设高效的法治实施体系

1. 高效的法治实施体系，最核心的是健全宪法实施体系。"世不患无法，而患无必行之法"，"天下之事，不难于立法，而难于法之必行"。
2. 全面贯彻实施宪法，是建设社会主义法治国家的首要任务和基础性工作。
3. 深入推进执法体制改革，完善执法程序，推进综合执法，严格执法责任，建立权责统一、权威高效的行政执法体制。
4. 深化司法体制改革，完善司法管理体制和司法权力运行机制，加强对司法活动的监督，切实做到公正司法。
5. 坚持把全民普法和守法作为全面依法治国的长期基础性工作，加强法治宣传教育，增强全民法治观念。

【注意】法治实施体系是指执法、司法、守法等宪法法律实施的工作体系。

四、建设严密的法治监督体系

1. 全面依法治国，必须抓紧完善权力运行制约和监督机制，规范立法、执法、司法机关权力行使，构建党统一领导、全面覆盖、权威高效的法治监督体系。
2. 要加强党对法治监督工作的集中统一领导，把法治监督作为党和国家监督体系的重要内容。加强国家机关监督、民主监督、群众监督和舆论监督，形成法治监督合力，发挥整体监督效能。
3. 加强执纪执法监督，推进执纪执法贯通，建立有效衔接机制。建立健全与执法司法权运行机制相适应的制约监督体系，构建权责清晰的执法司法责任体系，健全政治督察、综治督导、执法监督、纪律作风督查巡查等制度机制。

五、建设有力的法治保障体系

建设法治中国，必须加强政治、组织、队伍、人才、科技、信息等方面的保障，为全面依法治国提供重要支撑。

1. **政治和组织保障**：各级党委要切实加强对依法治国的领导，提高依法执政能力和水平。
2. **队伍和人才保障**：牢牢把握忠于党、忠于国家、忠于人民、忠于法律的总要求，大力提高法治工作队伍思想政治素质、业务工作能力、职业道德水准，努力建设一支德才兼备的高素质法治工作队伍。
3. **科技和信息保障**：要充分运用大数据、云计算、人工智能等现代科技手段，全面建设"智慧法治"，推动法治中国建设的数据化、网络化、智能化。

六、建设完善的党内法规体系

1. 党内法规既是管党治党的**重要依据**，也是建设社会主义法治国家的**有力保障**。
2. 必须完善党内法规制定体制机制，完善党的组织法规制度、党的领导法规制度、党的自身建设法规制度、党的监督保障法规制度。要加大党内法规备案审查和解释力度，注重党内法规同国家法律的衔接和协调。
3. 要完善党内法规制度体系，形成制度整体效应，强化制度执行力，为提高党的领导水平和执政能力提供有力的制度保障。

【理论补充】《中共中央关于进一步全面深化改革 推进中国式现代化的决定》

九、完善中国特色社会主义法治体系

法治是中国式现代化的重要保障。必须全面贯彻实施宪法，维护宪法权威，协同推进立法、执法、司法、守法各环节改革，健全法律面前人人平等保障机制，弘扬社会主义法治精神，维护社会公平正义，全面推进国家各方面工作法治化。

（33）深化立法领域改革。完善以宪法为核心的中国特色社会主义法律体系，健全保证宪法全面实施制度体系，建立宪法实施情况报告制度。完善党委领导、人大主导、政府依托、各方参与的立法工作格局。统筹立改废释纂，加强重点领域、新兴领域、涉外领域立法，完善合宪性审查、备案审查制度，提高立法质量。探索区域协同立法。健全党内法规同国家法律法规衔接协调机制。建设全国统一的法律法规和规范性文件信息平台。

（34）深入推进依法行政。推进政府机构、职能、权限、程序、责任法定化，促进政务服务标准化、规范化、便利化，完善覆盖全国的一体化在线政务服务平台。完善重大决策、规范性文件合法性审查机制。加强政府立法审查。深化行政执法体制改革，完善基层综合执法体制机制，健全行政执法监督体制机制。完善行政处罚等领域行政裁量权基准制度，推动行政执法标准跨区域衔接。完善行政处罚和刑事处罚双向衔接制度。健全行政复议体制机制。完善行政裁决制度。完善垂直管理体制和地方分级管理体制，健全垂直管理机构和地方协作配合机制。稳妥推进人口小县机构优化。深化开发区管理制度改革。优化事业单位结构布局，强化公益性。

（35）健全公正执法司法体制机制。健全监察机关、公安机关、检察机关、审判机关、司法行政机关各司其职，监察权、侦查权、检察权、审判权、执行权相互配合、相互制约的体制机制，确保执法司法各环节全过程在有效制约监督下运行。深化审判权和执行权分离改革，健全国家执行体制，强化当事人、检察机关和社会公众对执行活动的全程监督。完善执法司法救济保护制度，完善国家赔偿制度。深化和规范司法公开，落实和完善司法责任制。规范专门法院设置。深化行政案件级别管辖、集中管辖、异地管辖改革。构建协同高效的警务体制机制，推进地方公安机关机构编制管理改革，继续推进民航公安机关和海关缉私部门管理体制改革。规范警务辅助人员管理制度。

坚持正确人权观，加强人权执法司法保障，完善事前审查、事中监督、事后纠正等工作机制，完善涉及公民人身权利强制措施以及查封、扣押、冻结等强制措施的制度，依法查处利用职权徇私枉法、非法拘禁、刑讯逼供等犯罪行为。推进刑事案件律师辩护全覆盖。建立轻微犯罪记录封存制度。

（36）完善推进法治社会建设机制。健全覆盖城乡的公共法律服务体系，深化律师制度、公证体制、仲裁制度、调解制度、司法鉴定管理体制改革。改进法治宣传教育，完善以实践为导向的法学院校教育培养机制。加强和改进未成年人权益保护，强化未成年人犯罪预防和治理，制定专门矫治教育规定。

（37）加强涉外法治建设。建立一体推进涉外立法、执法、司法、守法和法律服务、法治人才培养的工作机制。完善涉外法律法规体系和法治实施体系，深化执法司法国际合作。完善涉外民事法律关系中当事人依法约定管辖、选择适用域外法等司法审判制度。健全国际商事仲裁和调解制度，培育国际一流仲裁机构、律师事务所。积极参与国际规则制定。

⚖ 判断分析

1.习近平总书记在不同场合一再强调"把权力关进制度的笼子里"。将权力管好，尤其是将行政权力管好，涉及人民利益的保障，也符合宪法要求的目的，关于强化行政权力的制约和监督，说法正确的是？（2021年公法卷第127题·多选）

A.加强党内监督、人大监督、民主监督、行政监督等各种监督，努力形成科学有效的权力运行机制和监督体系，增强监督合力和实效【正确】

B.完善省以下地方审计机关人财物统一管理【正确】

C.完善纠错问责机制，健全责令公开道歉、停职检查、引咎辞职、责令辞职、罢免等问责方式和程序【正确】

D.完善政府内部层级监督和专门监督，改进上级机关对下级机关的监督，建立常态化监督制度【正确】

2.习近平总书记在党的十八届四中全会上指出："建设中国特色社会主义法治体系，必须坚持立法先行，发挥立法的引领和推动作用，抓住提高立法质量这个关键。"明确要求要完善立法体制。下列选项不正确的是？（2020年公法卷第174题·单选）

A.加强党对立法工作的领导，完善党对立法工作中重大问题决策的程序。凡立法涉及重大体制和重大政策调整的，必须报党中央讨论决定【正确】

B.党中央向全国人大提出宪法修改建议，依照《宪法》规定的程序进行宪法修改。法律制定和修改的重大问题由全国人大常委会向党中央报告【错误。法律制定和修改的重大问题由全国人大常委会党组向党中央报告，而不是全国人大常委会报告】

C.依法建立健全专门委员会、工作委员会立法专家顾问制度【正确】

D.对部门间争议较大的重要立法事项，由决策机关引入第三方评估，充分听取各方意见，协调决定，不能久拖不决【正确】

3.关于坚持和完善中国特色社会主义法治体系的重大意义，下列选项正确的是？（2020年公法卷第179题·多选）

A. 坚持和完善中国特色社会主义法治体系是坚持和发展中国特色社会主义的内在要求【正确】
B. 坚持和完善中国特色社会主义法治体系是推进国家治理体系和治理能力现代化的重大举措【正确】
C. 坚持和完善中国特色社会主义法治体系是全面推进依法治国的总抓手【正确】
D. 坚持和完善中国特色社会主义法治体系，提高党依法治国、依法执政能力【正确】

4. 建设中国特色社会主义法治体系，必须坚持立法先行，发挥立法的引领和推动作用，关于完善立法体制，下列说法正确的有？（2018年公法卷第51题·多选）

A. 完善立法体制，需加强党对立法工作的领导，完善党对立法工作中重大问题决策的程序【正确】
B. 完善立法体制，需要加强法律解释工作，及时明确法律规定含义和适用法律依据【正确】
C. 完善立法体制，需要明确地方立法权限和范围，依法赋予设区的市地方立法权【正确】
D. 完善立法体制，需要加强政府立法制度建设，完善行政法规、规章制定程序，完善公众参与政府立法机制【正确】

5. 全面推进依法治国，总目标是建设中国特色社会主义法治体系，建设社会主义法治国家。关于对全面推进依法治国的重大意义和总目标的理解，下列哪一选项是不正确的？（2015年第1卷第1题·单选）

A. 依法治国事关我们党执政兴国，事关人民的幸福安康，事关党和国家的长治久安【正确】
B. 依法治国是实现国家治理体系和治理能力现代化的必然要求【正确】
C. 总目标包括形成完备的法律规范体系和高效的法律实施体系【正确】
D. 通过将全部社会关系法律化，为建设和发展中国特色社会主义法治国家提供保障【错误。法律不是万能的，有很多社会关系如情感关系、团体内部关系等就不能法律化】

第七节　坚持依法治国、依法执政、依法行政共同推进，法治国家、法治政府、法治社会一体建设（重点）

一、全面依法治国是一个系统工程

1. 坚持依法治国、依法执政、依法行政共同推进，法治国家、法治政府、法治社会一体建设，是对全面依法治国的工作布局。法治国家、法治政府、法治社会三者相互联系、相互支撑、相辅相成，法治国家是法治建设的目标，法治政府是建设法治国家的主体，法治社会是构筑法治国家的基础。

2. "一规划两纲要"：到2035年，法治国家、法治政府、法治社会基本建成，中国特色社会主义法治体系基本形成，人民平等参与、平等发展权利得到充分保障，国家治理体系和治理能力现代化基本实现。

二、法治国家是法治建设的目标

1. "法治兴则国兴，法治强则国强。"一个现代国家必然是法治国家。
2. 《中共中央关于党的百年奋斗重大成就和历史经验的决议》："明确全面推进依法治国总目标是建设中国特色社会主义法治体系、建设社会主义法治国家"。

【理论补充】《法治中国建设规划（2020—2025年）》

法治是人类文明进步的重要标志，是治国理政的基本方式，是中国共产党和中国人民的不懈追求。法治兴则国兴，法治强则国强。当今世界正经历百年未有之大变局，我国正处于实现中华民族伟大复兴关键时期，改革发展稳定任务艰巨繁重，全面对外开放深入推进，人民群众在民主、法治、公平、正义、安全、环境等方面的要求日益增长，需要更好发挥法治固根本、稳预期、利长远的保障作用。在统揽伟大斗争、伟大工程、伟大事业、伟大梦想，全面建设社会主义现代化国家新征程上，必须把全面依法治国摆在全局性、战略性、基础性、保障性位置，向着全面建成法治中国不断前进。

（一）法治中国建设的基本原则

坚持党的集中统一领导。牢牢把握党的领导是社会主义法治最根本的保证，坚持党领导立法、保证执法、支持司法、带头守法，充分发挥党总揽全局、协调各方的领导核心作用，确保法治中国建设的正确方向。

坚持贯彻中国特色社会主义法治理论。深入贯彻习近平法治思想，系统总结运用新时代中国特色社会主义法治建设的鲜活经验，不断推进理论和实践创新发展。

坚持以人民为中心。坚持法治建设为了人民、依靠人民，促进人的全面发展，努力让人民群众在每一项法律制度、每一个执法决定、每一宗司法案件中都感受到公平正义，加强人权法治保障，非因法定事由、非经法定程序不得限制、剥夺公民、法人和其他组织的财产和权利。

坚持统筹推进。坚持依法治国、依法执政、依法行政共同推进，坚持法治国家、法治政府、法治社会一体建设，坚持依法治国和以德治国相结合，坚持依法治国和依规治党有机统一，全面推进科学立法、严格执法、公正司法、全民守法。

坚持问题导向和目标导向。聚焦党中央关注、人民群众反映强烈的突出问题和法治建设薄弱环节，着眼推进国家治理体系和治理能力现代化，固根基、扬优势、补短板、强弱项，切实增强法治中国建设的时代性、针对性、实效性。

坚持从中国实际出发。立足我国基本国情，统筹考虑经济社会发展状况、法治建设总体进程、人民群众需求变化等综合因素，汲取中华法律文化精华，借鉴国外法治有益经验，循序渐进、久久为功，确保各项制度设计行得通、真管用。

（二）法治中国建设的总体目标

建设法治中国，应当实现法律规范科学完备统一，执法司法公正高效权威，权力运行受到有效制约监督，人民合法权益得到充分尊重保障，法治信仰普遍确立，法治国家、法治政府、法治社会全面建成。

到2025年，党领导全面依法治国体制机制更加健全，以宪法为核心的中国特色社会主义法律体系更加完备，职责明确、依法行政的政府治理体系日益健全，相互配合、相互制约的司法权运行机制更加科学有效，法治社会建设取得重大进展，党内法规体系更加完善，中国特色社会主义法治体系初步形成。

到2035年，法治国家、法治政府、法治社会基本建成，中国特色社会主义法治体系基本形成，人民平等参与、平等发展权利得到充分保障，国家治理体系和治理能力现代化基本实现。

三、法治政府是建设法治国家的主体

1. 法治政府建设是全面依法治国的重点任务和主体工程，对法治国家、法治社会建设具有示范带动作用，是推进国家治理体系和治理能力现代化的重要支撑。

2. 加快建设职能科学、权责法定、执法严明、公开公正、智能高效、廉洁诚信、人民满意的法治政府，为全面建设社会主义现代化国家、实现中华民族伟大复兴的中国梦提供有力法治保障。

【理论补充】《法治政府建设实施纲要（2021—2025年）》

法治政府建设是全面依法治国的重点任务和主体工程，是推进国家治理体系和治理能力现代化的重要支撑。

（二）主要原则

坚持党的全面领导，确保法治政府建设正确方向；坚持以人民为中心，一切行政机关必须为人民服务、对人民负责、受人民监督；坚持问题导向，用法治给行政权力定规矩、划界限，切实解决制约法治政府建设的突出问题；坚持改革创新，积极探索具有中国特色的法治政府建设模式和路径；坚持统筹推进，强化法治政府建设的整体推动、协同发展。

（三）总体目标

到 2025 年，政府行为全面纳入法治轨道，职责明确、依法行政的政府治理体系日益健全，行政执法体制机制基本完善，行政执法质量和效能大幅提升，突发事件应对能力显著增强，各地区各层级法治政府建设协调并进，更多地区实现率先突破，为到 2035 年基本建成法治国家、法治政府、法治社会奠定坚实基础。

四、法治社会是构筑法治国家的基础

1. 法治社会是构筑法治国家的基础，法治社会建设是实现国家治理体系和治理能力现代化的重要组成部分。

2. 建设信仰法治、公平正义、保障权利、守法诚信、充满活力、和谐有序的社会主义法治社会，是增强人民群众获得感、幸福感、安全感的重要举措。

3. 法治建设既要抓末端、治已病，更要抓前端、治未病。要加快建设覆盖城乡、便捷高效、均等普惠的现代公共法律服务体系。

4. 健全共建共治共享的社会治理制度，提升社会治理效能。发展壮大群防群治力量，营造见义勇为社会氛围，建设人人有责、人人尽责、人人享有的社会治理共同体。

5. 加强法治乡村建设是实施乡村振兴战略、推进全面依法治国的基础性工作。

【理论补充】《法治社会建设实施纲要（2020—2025 年）》

（二）主要原则

坚持党的集中统一领导；坚持以中国特色社会主义法治理论为指导；坚持以人民为中心；坚持尊重和维护宪法法律权威；坚持法律面前人人平等；坚持权利与义务相统一；坚持法治、德治、自治相结合；坚持社会治理共建共治共享。

（三）总体目标

到 2025 年，"八五"普法规划实施完成，法治观念深入人心，社会领域制度规范更加健全，社会主义核心价值观要求融入法治建设和社会治理成效显著，公民、法人和其他组织合法权益得到切实保障，社会治理法治化水平显著提高，形成符合国情、体现时代特征、人民群众满意的法治社会建设生动局面，为 2035 年基本建成法治社会奠定坚实基础。

判断分析

1. 中共十八届四中全会提出，深入推进依法行政，加快建设法治政府，下列做法中，不符合建设法治政府基本要求的是？（2020 年公法卷第 172 题·单选）

A. 某市政府要求部门内所有决策都必须进行合法性审查【错误。只有"重大决策"才需要合法性审查】

B. 某市城管局要求执法人员持证上岗【正确】

C. 某市改革行政执法管理体制，推进综合执法，把工商局、食品药品监督管理局、质量监督局合并成为市场监管局【正确】

　　D. 某县政府强化对行政权力的制约和监督，推行政府权力清单，要求各部门把自己的职责、权限等在网上公布【正确】

　　2. 关于法治社会、法治国家、法治政府间的关系，下列说法错误的是？（2020年公法卷第171题·单选）

　　A. 法治社会是建设法治国家的基础【正确】

　　B. 法治政府是建设法治国家的主体【正确】

　　C. 法治社会是法治建设的目标【错误。法治国家是法治建设的目标，法治政府是建设法治国家的主体，法治社会是建设法治国家的基础】

　　D. 法治政府的建设对法治国家的建设具有示范作用【正确】

　　3. 关于全面依法治国的总目标，下列说法错误的是？（2020年公法卷第13题·单选）

　　A. 严密的法治监督体系既是全面依法治国总目标的重要内容，也是法治建设的一个重要环节【正确】

　　B. 依法治国是党领导人民治理国家的基本方略，依法治国能不能做好，关键要看党能否做到依法执政，各级政府能否做到依法行政【正确】

　　C. 法治社会是法治建设的目标，法治政府是法治建设的主体，法治国家是法治社会的基础【错误。法治国家是法治建设的目标，法治政府是建设法治国家的主体，法治社会是建设法治国家的基础】

　　D. 全面依法治国既是国家治理体系和治理能力现代化的重要保障，也是国家治理体系和治理能力现代化的重要内容【正确】

　　4. 关于全面依法治国的总目标，下列说法正确的是？（2019年公法卷第150题·多选）

　　A. 全面依法治国的总目标是建设中国特色社会主义法治体系，建设社会主义法治国家【正确】

　　B. 在中国共产党领导下，坚持中国特色社会主义制度，贯彻中国特色社会主义法治理论，形成完备的法律规范体系、高效的法治实施体系、严密的法治监督体系、有力的法治保障体系，形成完善的党内法规体系【正确】

　　C. 坚持依法治国、依法执政、依法行政共同推进，坚持法治国家、法治政府、法治社会一体建设【正确】

　　D. 实现科学立法、严格执法、公正司法、全民守法，促进国家治理体系和治理能力现代化【正确】

第八节　坚持全面推进科学立法、严格执法、公正司法、全民守法（重点）

一、科学立法、严格执法、公正司法、全民守法是推进全面依法治国的重要环节

1. 全面依法治国是一项长期而重大的历史任务，必须从我国实际出发，切实把握好法治建设各环节工作规律。

2. 党的十一届三中全会确立了有法可依、有法必依、执法必严、违法必究的社会主义法制建设的"十六字方针"。

3. 党的十八大把法治建设摆在了更加突出的位置，强调全面推进依法治国，明确提出法治是治国理政的基本方式，要推进科学立法、严格执法、公正司法、全民守法，此为全面依法治国的重要环节，是指引新时代法治中国建设的"新十六字方针"。

第二章 习近平法治思想的核心要义

二、推进科学立法

1. 法律是治国之重器，良法是善治之前提。建设中国特色社会主义法治体系，必须坚持立法先行。

2. 要完善立法规划，突出立法重点，坚持立改废并举，提高立法科学化、民主化水平，提高法律的针对性、及时性、系统性。要完善立法工作机制和程序，扩大公众有序参与，充分听取各方面意见，使法律准确反映经济社会发展要求，更好协调利益关系，发挥立法的引领和推动作用。

3. 要建设中国特色社会主义法治体系，必须深入推进科学立法、民主立法、依法立法，提高立法质量和效率，以良法促进发展、保障善治。

三、推进严格执法

1. 执法是行政机关履行政府职能、管理经济社会事务的主要方式。行政机关是实施法律法规的重要主体，要带头严格执法。

2. 深化行政执法体制改革，全面推进严格规范公正文明执法，加大关系群众切身利益的重点领域执法力度，完善行政执法程序，健全行政裁量基准。

3. 要加强行政执法与刑事司法有机衔接，坚决克服有案不移、有案难移、以罚代刑等现象。要健全行政纠纷解决体系，推动构建行政调解、行政裁决、行政复议、行政诉讼有机衔接的纠纷解决机制。

【理论补充】党的二十大报告关于严格执法的论述

扎实推进依法行政。法治政府建设是全面依法治国的重点任务和主体工程。转变政府职能，优化政府职责体系和组织结构，推进机构、职能、权限、程序、责任法定化，提高行政效率和公信力。深化事业单位改革。深化行政执法体制改革，全面推进严格规范公正文明执法，加大关系群众切身利益的重点领域执法力度，完善行政执法程序，健全行政裁量基准。强化行政执法监督机制和能力建设，严格落实行政执法责任制和责任追究制度。完善基层综合执法体制机制。

四、推进公正司法

1. 公正司法事关人民切身利益，事关社会公平正义，事关全面推进依法治国。司法是社会公平正义的最后一道防线。

2. 各级司法机关要紧紧围绕努力让人民群众在每一个司法案件中都感受到公平正义这个要求和目标改进工作，坚持做到严格司法、规范司法。

3. 要改进司法工作作风，加大对困难群众维护合法权益的法律援助，加大司法公开力度。深化司法体制和工作机制改革，全面落实司法责任制。

4. 健全各机关各司其职，各权力相互配合、相互制约的体制机制。强化诉讼过程中当事人和其他诉讼参与人的知情权等权利的制度保障，加强对各类诉讼的法律监督。完善人民监督员制度。

【理论补充】党的二十大报告关于公正司法的论述

严格公正司法。公正司法是维护社会公平正义的最后一道防线。深化司法体制综合配套改革，全面准确落实司法责任制，加快建设公正高效权威的社会主义司法制度，努力让人民群众在每一个司法案件中感受到公平正义。规范司法权力运行，健全公安机关、检察机关、审判机关、司法行政机关各司其职、相互配合、相互制约的体制机制。强化对司法活动的制约监督，促进司法公正。加强检察机关法律监督工作。完善公益诉讼制度。

五、推进全民守法

1. 法律要发生作用，全社会首先要信仰法律。

2. 要深入开展法治宣传教育，在全社会形成宪法至上、守法光荣的良好社会氛围。要引导全体人民遵守法律，使法治成为社会共识和基本准则。要突出普法重点内容，落实"谁执法谁普法"的普法责任制，不断提升全体公民法治意识和法治素养。

3. 要坚持法治教育与法治实践相结合，提高社会治理法治化水平。要坚持依法治国和以德治国相结合，做到法治和德治相辅相成、相互促进。

判断分析

1. 某外卖平台外卖员王某在送餐途中，为了抢时间，未注意观察路面情况，将横穿马路的行人杨某撞伤，致其八级伤残。王某认为，他车速过快是为了按时配送快餐，因此应由外卖平台承担责任。而外卖平台认为，其从未和王某签订过任何劳动合同及雇佣合同，拒绝承担责任。法官认为，王某经注册成为该平台外卖员，在完成任务后由平台支付相应报酬，双方已成立雇佣关系，故判决在保险赔偿外，外卖平台和王某承担连带赔偿2万元。关于本案，下列哪一说法是错误的？（2020年公法卷第3题·单选）

A. 应当深入推进科学立法，促进合理竞争，维护公平竞争的市场秩序【正确】

B. 推进公正司法，应当坚持事实认定符合客观真相，办案结果符合实体公正【正确】

C. 外卖员为了维护自身权益，应该有一定的法律常识和证据意识【正确】

D. 应加强行业自治，政府不能对外卖平台制定的相关规定，包括送餐时间如何计算进行监管【错误。行业自治不是行业独立，政府当然要履行对其监管的职能】

2. 某村通过修订村规民约改变"男尊女卑""男娶女嫁"的老习惯、老传统，创造出"女娶男"的婚礼形式，以解决上门女婿的村民待遇问题。关于村规民约，下列哪些说法是正确的？（2016年第1卷第54题·多选）

A. 是完善村民自治、建设基层法治社会的有力抓手【正确】

B. 是乡村普法宣传教育的重要媒介，有助于在村民中培育规则意识【正确】

C. 具有"移风易俗"功能，既传承老传统，也创造新风尚【正确】

D. 可直接作为法院裁判上门女婿的村民待遇纠纷案件的法律依据【错误。村规民约不是法的正式渊源，不属于法院可以直接适用的法律依据】

3. 增强全民法治观念，推进法治社会建设，使人民群众内心拥护法律，需要健全普法宣传教育机制。某市的下列哪一做法没有体现这一要求？（2015年第1卷第7题·单选）

A. 通过《法在身边》电视节目、微信公众号等平台开展以案释法，进行普法教育【正确】

B. 印发法治宣传教育工作责任表，把普法工作全部委托给人民团体【错误。国家机关要落实"谁执法谁普法"的普法责任制，不能当甩手掌柜，把普法工作全部委托给人民团体】

C. 通过举办法治讲座、警示教育报告会等方式促进领导干部带头学法、模范守法【正确】

D. 在暑期组织"预防未成年人违法犯罪模拟法庭巡演"，向青少年宣传《未成年人保护法》【正确】

第二章 习近平法治思想的核心要义

第九节 坚持统筹推进国内法治和涉外法治

一、统筹推进国内法治和涉外法治是全面依法治国的迫切任务

1. 当今世界正面临百年未有之大变局，国际社会经济发展和地缘政治安全发生深刻变化。国家主权、安全、发展利益是国家核心利益，切实维护国家主权、安全、发展利益是涉外法治工作的首要任务。
2. 统筹推进国内法治和涉外法治，协调推进国内治理和国际治理，是全面依法治国的必然要求，是建立以国内大循环为主体、国内国际双循环相互促进的新发展格局的客观需要，是维护国家主权、安全、发展利益的迫切需要。
3. 要求必须统筹运用国内法和国际法，加快涉外法治工作战略布局，提高涉外工作法治化水平，更好地维护国家主权、安全、发展利益，为全球治理体系改革、推动构建人类命运共同体规则体系提供中国方案。

二、加快涉外法治工作战略布局

1. 统筹国内国际两个大局是我们党治国理政的重要理念和基本经验，统筹推进国内法治和涉外法治，加快涉外法治工作战略布局即是这一理念和经验在法治领域的具体体现。
2. 要加快形成系统完备的涉外法律法规体系，积极构建更加完善的涉外经济法律体系。要提升涉外执法司法效能。
3. 要加强反制裁、反干涉和反制"长臂管辖"的理论研究和制度建设。
4. 要加大涉外法治人才培养力度，尽快建设一支高水平法治人才队伍，为我国参与国际治理提供有力人才支撑。

三、加强对外法治交流合作

1. 法治是人类政治文明的重要成果，是现代社会治理的基本手段，既是国家治理体系和治理能力的重要依托，也是维护世界和平与发展的重要保障。
2. 要积极参与执法安全国际合作，坚持深化司法领域国际合作，加强反腐败国际合作。

四、为构建人类命运共同体提供法治保障

1. 必须坚持民主、平等、正义，建设国际法治。不断实现国际法治内容和路径变革，在国际社会确立良法和推行善治，有利于推动人类命运共同体从理想变为现实。
2. 要坚定维护以国际法为基础的国际秩序，为运用法治思维和法治方式推动构建人类命运共同体贡献中国智慧和中国方案。要继续做国际和平事业的捍卫者，坚持按照联合国宪章宗旨、原则和国际关系准则，推动建设相互尊重、公平正义、合作共赢的新型国际关系。
3. 积极参与国际规则制定，做全球治理变革的参与者、推动者、引领者。提高国际法在全球治理中的地位和作用，确保国际规则有效遵守和实施。

⚖ 判断分析

下列说法反映了习近平法治思想坚持统筹推进国内法治和涉外法治的是？

A. 召开中国法治国际论坛【正确】
B. 制定《外商投资法》【正确】
C. 国家监察委员会就反腐败与联合国签署合作备忘录【正确】
D. 增设高校国际法博士点【正确】

第十节 坚持建设德才兼备的高素质法治工作队伍（重点）

一、建设德才兼备的高素质法治工作队伍至关重要

1. 全面推进依法治国，必须建设一支德才兼备的高素质法治工作队伍。要研究谋划新时代法治人才培养和法治队伍建设长远规划，创新法治人才培养机制，推动东中西部法治工作队伍均衡布局。

2. 提高法治工作队伍思想政治素质、业务工作能力、职业道德水准，着力建设一支忠于党、忠于国家、忠于人民、忠于法律的社会主义法治工作队伍，为加快建设社会主义法治国家提供有力人才保障。

3. 要坚持把法治工作队伍建设作为全面依法治国的基础性工作，大力推进法治专门队伍革命化、正规化、专业化、职业化，培养造就一大批高素质法治人才及后备力量。

二、加强法治专门队伍建设

1. 法治工作是政治性很强的业务工作，也是业务性很强的政治工作。全面推进依法治国，首先必须把法治专门队伍建设好。法治专门队伍主要包括在人大和政府从事立法工作的人员、在行政机关从事执法工作的人员，在司法机关从事司法工作的人员。

2. 要坚持把政治标准放在首位，加强科学理论武装，坚持用习近平新时代中国特色社会主义思想特别是习近平法治思想武装头脑。

3. 要把强化公正廉洁的职业道德作为必修课，自觉用法律职业伦理约束自己。

4. 完善法律职业准入、资格管理制度，建立法律职业人员统一职前培训制度和在职法官、检察官、警官、律师同堂培训制度。

5. 加强立法工作队伍建设。建立健全立法、执法、司法部门干部和人才常态化交流机制，加大法治专门队伍与其他部门具备条件的干部和人才交流力度。加强边疆地区、民族地区和基层法治专门队伍建设。健全法官、检察官员额管理制度。加强执法司法辅助人员队伍建设。

三、加强法律服务队伍建设

1. 法律服务队伍是全面依法治国的重要力量。要加强法律服务队伍建设，把拥护中国共产党领导、拥护社会主义法治作为法律服务人员从业的基本要求，引导法律服务工作者坚持正确政治方向。

2. 要充分发挥律师在全面依法治国中的重要作用，加强律师队伍思想政治建设，完善律师执业保障机制，增强广大律师走中国特色社会主义法治道路的自觉性和坚定性。要落实党政机关、人民团体、国有企事业单位普遍建立法律顾问制度和公职律师、公司律师制度。

3. 要加快发展公证员、司法鉴定人、仲裁员、人民调解员、基层法律服务工作者、法律服务志愿者等几只法律服务队伍建设。建立激励法律服务人才跨区域流动机制，逐步解决基层和欠发达地区法律服务资源不足和人才匮乏问题。

四、加强法治人才培养

1. 全面推进依法治国必须坚持以马克思主义法学思想和中国特色社会主义法治理论为指导，坚持立德树人，德法兼修。

2. 高校作为法治人才培养的第一阵地，要充分利用学科齐全、人才密集的优势，为完善中国特色社会主义法治体系、建设社会主义法治国家提供理论支撑。大力加强法学学科体系建设，探索建立适应新时代全面依法治国伟大实践需要的法治人才培养机制。要强化法学教育实践环节，加强法学教育、法学研究工作者和法治实务工作者之间的交流。

3. 坚持以我为主、兼收并蓄、突出特色，积极吸收借鉴世界上的优秀法治文明成果，有甄别、有选择地吸收和转化，努力以中国智慧、中国实践为世界法治文明建设作出贡献。

判断分析

1. 习近平总书记强调："全面推进依法治国，建设一支德才兼备的高素质法治队伍至关重要。"下列哪一选项是不正确的？（2021年公法卷第122题·单选）

A. 要把拥护中国共产党领导、拥护我国社会主义法治作为法律服务人员从业的基本要求【正确】

B. 推进法治专门队伍革命化、正规化、专业化、职业化【正确】

C. 全面推进依法治国，首先要把法律服务队伍建设好【错误。全面推进依法治国，首先要把法官、检察官、监察官、警官等专门队伍建设好】

D. 加强教育、管理、引导，引导法律服务工作者坚持正确的政治方向，依法依规诚信执业，认真履行社会责任【正确】

2. 根据中国特色社会主义法治理论有关内容，关于加强法治工作队伍建设，下列哪些表述是正确的？（2015年第1卷第83题·多选）

A. 全面推进依法治国，必须大力提高法治工作队伍思想政治素质、业务工作能力、职业道德水准【正确】

B. 建立法律职业人员统一职前培训制度，有利于他们形成共同的法律信仰、职业操守和提高业务素质、职业技能【正确】

C. 加强律师职业道德建设，需要进一步健全完善律师职业道德规范制度体系、教育培训及考核机制【正确】

3. 培养高素质的法治专门队伍，旨在为建设社会主义法治国家提供强有力的组织和人才保障。下列哪些举措体现了这一要求？（2015年第1卷第55题·单选）

A. 从符合条件的律师中招录立法工作者、法官、检察官【正确】

B. 实行招录人才的便捷机制，在特定地区，政法专业毕业生可直接担任法官【错误。根据《法官法》第12条，担任法官有严格条件，尤其是需要有一定年限的法律工作经历，刚毕业的学生不能直接当法官】

C. 建立检察官逐级遴选制度，初任检察官由省级检察院统一招录，一律在基层检察院任职【正确】

D. 将善于运用法治思维和法治方式推动工作的人员优先选拔至领导岗位【正确】

4. 全面推进依法治国，必须加强法治工作队伍建设。加强法治工作建设具体要求包括？

A. 建设高素质法治专门队伍【正确】

B. 加强法律服务队伍建设【正确】

C. 创新法治人才培养机制【正确】

D. 建设高效率后勤队伍【错误】

第十一节 坚持抓住领导干部这个"关键少数"

一、领导干部是全面依法治国的关键

1. 领导干部是全面推进依法治国的 重要组织者、推动者、实践者，是全面依法治国的 关键。
2. 高级干部做尊法学法守法用法的模范，是实现全面推进依法治国目标和任务的关键所在。必须把领导干部作为全面依法治国实践的重中之重予以 高度重视，牢牢抓住领导干部这个"关键少数"。
3. 各级领导干部要对法律怀有敬畏之心，带头依法办事、带头遵守法律，不断提高运用法治思维和法治方式深化改革、推动发展、化解矛盾、维护稳定、应对风险的能力。

二、领导干部应做尊法学法守法用法的模范

1. 尊崇法治、敬畏法律，是领导干部必须具备的 基本素质。
2. 领导干部应带头尊法学法守法用法：
（1）领导干部必须做 尊法 的模范，带头尊崇法治、敬畏法律，决不搞以言代法、以权压法。
（2）领导干部必须做 学法 的模范，深入学习贯彻习近平法治思想，带头了解法律、掌握法律。
（3）领导干部必须做 守法 的模范，带头遵纪守法、捍卫法治。
（4）领导干部必须做 用法 的模范，带头厉行法治、依法办事，真正做到在法治之下想问题、作决策、办事情。

三、领导干部要提高运用法治思维和法治方式的能力

1. 法治思维是基于法治的固有特性和对法治的信念来认识事物、判断是非、解决问题的 思维方式。法治方式是运用法治思维处理和解决问题的 行为模式。善用法治思维和法治方式可以促进法治实践，法治实践又会激发人们自觉能动地运用法治思维和法治方式。
2. 党政主要负责人 要履行推进法治建设第一责任人职责。领导干部 要守法律、重程序，做到法定职责必须为、法无授权不可为。
3. 要坚持 以人民为中心，牢记法治的真谛是保障人民权益，权力行使的目的是维护人民权益。
4. 要加强对权力运行的 制约监督，把权力关进制度的笼子里。
5. 要把法治素养和依法履职情况作为重要内容纳入干部考核评价，让 尊法学法守法用法 成为领导干部自觉行为和必备素质。

四、党政主要负责人要履行推进法治建设第一责任人职责

1. 党政主要负责人要履行推进法治建设第一责任人职责，应当切实履行依法治国重要组织者、推动者和实践者的职责。
2. 各级党政主要负责人对法治建设重要工作亲自部署、重大问题亲自过问、重点环节亲自协调、重要任务亲自督办。
3. 党政主要负责人要切实履行推进法治建设第一责任人职责，自觉坚持和加强对法治建设的领导。

判断分析

实施依法治国方略，要求各级领导干部善于运用法治思维思考问题，处理每项工作都要依法依规进行。下列哪一做法违反了上述要求？（2014年第1卷第3题·单选）

A. 某市环保部门及时发布大型化工项目的环评信息，回应社会舆论质疑【正确】

B. 某市法院为平息来访被害人家属及群众情绪签订保证书，根据案情承诺加重处罚被告人【错误。违反了司法公正，没有做到"以事实为依据，以法律为准绳"】

C. 某市人大常委会就是否在地方性法规中规定"禁止地铁内进食"举行立法听证【正确】

D. 某省推动建立涉法涉诉信访依法终结制度【正确】

第三章
习近平法治思想的实践要求
【习近平法治思想的实践要求 A】

第一节　充分发挥法治对经济社会发展的保障作用

一、以法治保障经济发展

1. 厉行法治是发展社会主义市场经济的内在要求，也是社会主义市场经济良性运行的根本保障。贯彻新发展理念，实现经济从高速增长转向高质量发展，必须坚持以法治为引领。

2. 加强党领导经济工作制度化建设，提高党领导经济工作法治化水平，以法治化方式领导和管理经济。不断完善社会主义市场经济法律制度，加快建立和完善现代产权制度，推进产权保护法治化，加大知识产权保护力度。

3. 积极营造公平有序的经济发展的法治环境，依法平等保护各类市场主体合法权益，营造各种所有制主体依法平等使用资源要素、公开公平公正参与竞争、同等受到法律保护的市场环境。

4. 切实贯彻实施好《民法典》，更好保障人民权益，推进全面依法治国、建设社会主义法治国家。

【理论补充】法治是最好的营商环境

　　社会主义市场经济本质上是法治经济，法治是最好的营商环境。习近平总书记深刻指出，"贯彻新发展理念，实现经济从高速增长转向高质量发展，必须坚持以法治为引领"，要"以良法促进发展、保障善治"，"运用法治思维和法治方式解决经济社会发展面临的深层次问题"。进入新发展阶段，为更好贯彻新发展理念，构建新发展格局，实现经济高质量发展，必须进一步加快完善社会主义市场经济法治体系，着力提升营商环境法治化水平，坚持经济发展与法治发展同步协调推进，更加注重运用法治思维与法治方式推动经济发展，为全面建设社会主义现代化国家提供有力法治保障。

二、以法治保障政治稳定

1. 保障政治安全、政治稳定是法律的重要功能。国际国内环境复杂，改革开放和社会主义现代化建设任务繁重，需要运用法治思维和法治手段巩固执政地位、改善执政方式、提高执政能力，保证党和国家长治久安。

2. 推进全面依法治国，必须要加强和改善党的领导，健全党领导全面依法治国的制度和工作机制，推进党的领导制度化、法治化，通过法治保障党的路线方针政策有效实施，以法治方式巩固党的执政地位，以党的领导维护和促进政治稳定和国家长治久安。

三、以法治保障文化繁荣

1. 文化是民族血脉和人民的精神家园，是一个国家的灵魂。坚持用社会主义核心价值观引领文化立法，完善社会主义先进文化的法治保障机制，依法规范和保障社会主义先进文化发展方向，进一步完善中国特色社会主义文化法律制度体系。

2. 深入推进社会主义文化强国建设，加快公共文化服务体系建设，运用法治方式保障人民文化权益，满足人民群众的基本文化需求。

3. 坚持依法治网、依法办网、依法上网，加快网络法治建设，加强互联网领域立法，完善网络信息服务、网络安全保护、网络社会管理等方面的法律法规，依法规范网络行为，促进互联网健康有序发展。

四、以法治保障社会和谐

1. 社会和谐稳定是人民群众的共同心愿，是改革发展的重要前提。

2. 充分发挥法治作为保障和改善民生制度基石的作用，加强民生法治保障，破解民生难题，着力保障和改善民生。

3. 要更加注重社会建设，推进社会体制改革，扩大公共服务，完善社会管理，促进社会公平正义，满足人民日益增长的美好生活需要。

4. 坚持和完善共建共治共享的社会治理制度，完善党委领导、政府负责、社会协同、公众参与、法治保障的社会治理体制，畅通公众参与重大公共决策的渠道，切实保障公民、法人和其他组织合法权益。

5. 社会保障体系是人民生活的安全网和社会运行的稳定器。健全覆盖全民、统筹城乡、公平统一、安全规范、可持续的多层次社会保障体系。

五、以法治保障生态良好

1. 生态环境是关系党的使命宗旨的重大政治问题，也是关系民生的重大社会问题。

2. 生态文明建设必须要纳入法治的轨道，以最严格的制度，最严密的法治，对生态环境予以最严格的保护，对破坏生态环境的行为予以最严厉的制裁，才能遏制住生态环境持续恶化的趋势，保障生态文明建设的持续健康发展。

3. 加大生态环境保护执法司法力度，大幅度提高破坏环境违法犯罪的成本，强化各类环境保护责任主体的法律责任，强化绿色发展法律和政策保障，用严格的法律制度保护生态环境。

4. 建立健全自然资源产权法律制度，完善国土空间开发保护法律制度，完善生态环境保护管理法律制度，加快构建有效约束开发行为和促进绿色发展、循环发展、低碳发展的生态文明法治体系。

判断分析

1. 习近平总书记指出："推进全面依法治国是国家治理的一场深刻变革，必须以科学理论为指导。"对此，下列说法正确的有？（2021年公法卷第129题·多选）

A. 要营造各种所有制主体依法平等使用资源要素、公开公平公正参与竞争、同等受到法律保护的市场环境【正确】

B. 立法要主动适应改革需要，改革也要以习近平法治思想为指导思想【正确】

C.对实践证明已经比较成熟的改革经验和行之有效的改革举措,要尽快上升为法律,先推行改革,再修订、解释或者废止原有法律【错误。改革要于法有据,应该先修订、解释或者废止原有法律,之后再推行改革】

D.立足新发展阶段,贯彻"发展要上,法治要让"的基本原则,对不适应改革要求的现行法律法规,要及时修改或废止,不能让一些过时的法律条款成为改革的"绊马索"【错误。坚决纠正"发展要上,法治要让"的认识误区】

2. 2020年5月28日,我国《民法典》正式颁布。这部法典共1260条,是对新中国成立以来单行民事立法的系统整合修纂,被称为社会生活的百科全书、市场经济的基本法。关于《民法典》对新时代国家治理的作用,下列哪些表述是正确的?(2020年公法卷第2题·多选)

A.《民法典》是一部固根本、稳预期、利长远的基础性法律,对巩固社会主义基本经济制度有重大意义【正确】

B.《民法典》有助于形成完备的法律规范体系,彻底消除民事法律之间的矛盾和冲突【错误。后半句过于绝对】

C.《民法典》是全面依法治国的重要制度载体,有利于提高党治国理政的水平【正确】

D.《民法典》的颁布与实施,一劳永逸地解决了新中国法治建设的问题【错误。表述过于绝对,随着社会发展,总会出现新问题】

第二节 正确认识和处理全面依法治国一系列重大关系

一、政治和法治

1.正确处理政治和法治的关系,是法治建设的一个根本问题。党的领导和依法治国不是对立的,而是统一的,有什么样的政治就是有什么样的法治。**法治当中有政治,没有脱离政治的法治**。

2.党和法的关系是政治和法治关系的**集中反映**。党和法的关系是一个**根本问题**,处理得好,则法治兴、党兴、国家兴;处理不好,则法治衰、党衰、国家衰。

3.要处理好**党的政策和国家法律的关系**,两者在本质上是一致的。党的政策是国家法律的先导和指引,是立法的依据和执法司法的重要指导。要善于通过法定程序使党的政策成为国家意志、形成法律,并通过法律保障党的政策有效实施,从而确保党发挥**总揽全局、协调各方**的领导核心作用。

二、改革和法治

1.法治和改革有着**内在的必然联系**,二者相辅相成、相伴而生,如鸟之两翼、车之两轮。必须在法治下推进改革,在改革中完善法治。须把法治改革纳入全面深化改革的总体部署,以法治凝聚改革共识、以法治引领改革方向、以法治规范改革进程、以法治化解改革风险、以法治巩固改革成果。

2.坚持改革决策和立法决策相统一、相衔接,确保改革和法治实现**良性互动**。立法主动适应改革需要,积极发挥引导、推动、规范、保障改革的作用。确保重大改革于法有据,做到在法治的轨道上推进改革。

3.善于通过改革和法治推动贯彻落实**新发展理念**。深入分析新发展理念对法治建设提出的新要求,深入分析贯彻落实新发展理念在法治领域遇到的突出问题,有针对性地采取对策措施,运用法治思维和法治方式贯彻落实新发展理念。

三、依法治国和以德治国（重点）

1. **法律是成文的道德，道德是内心的法律**。在新的历史条件下，把依法治国基本方略、依法执政基本方式落实好，把法治中国建设好，必须坚持依法治国和以德治国相结合，使法治和德治在国家治理中相互补充、相互促进、相得益彰，推进国家治理体系和治理能力现代化。

2. **法安天下，德润人心**。中国特色社会主义法治道路的一个鲜明特点，就是坚持依法治国与以德治国相结合，既重视发挥法律的规范作用，又重视发挥道德的教化作用，这是历史经验的总结，也是对治国理政规律的深刻把握。

3. **强化道德对法治的支撑作用**。坚持依法治国和以德治国相结合，就要重视发挥道德的教化作用。要在道德体系中体现法治要求，发挥道德对法治的滋养作用，努力使道德体系同社会主义法律规范相衔接、相协调、相促进。

4. 发挥好法律的规范作用，必须**以法治体现道德理念**，强化法律对道德建设的促进作用。以法治承载道德理念，道德才有可靠制度支撑。要把实践中广泛认同、较为成熟、可操作性强的道德要求及时上升为法律规范，引导全社会崇德向善。

5. **运用法治手段解决道德领域突出问题**。要加强相关立法工作，明确对失德行为的惩戒措施。要提高全民法治意识和道德自觉，使全体人民成为社会主义法治的忠实崇尚者、自觉遵守者、坚定捍卫者，争做社会主义道德的示范者、良好风尚的维护者。

【理论补充】把社会主义核心价值观融入法治建设

社会主义核心价值观是社会主义法治建设的灵魂。把社会主义核心价值观融入法治建设，是坚持依法治国和以德治国相结合的必然要求，是加强社会主义核心价值观建设的重要途径。

其一，要坚持以社会主义核心价值观为引领，恪守以民为本、立法为民理念，把社会主义核心价值观的要求体现到宪法法律、法规规章和公共政策之中，转化为具有刚性约束力的法律规定。

其二，推动社会主义核心价值观建设既要靠良法，又要靠善治。社会治理要承担起倡导社会主义核心价值观的责任，注重在日常管理中体现鲜明价值导向，使符合社会主义核心价值观的行为得到倡导和鼓励，违背社会主义核心价值观的行为受到制约和惩处。

其三，司法是维护社会公平正义的最后一道防线，司法公正对社会公正具有重要引领作用。要全面深化司法体制改革，加快建立健全公正高效权威的社会主义司法制度，确保审判机关、检察机关依法独立公正行使审判权、检察权，提供优质高效的司法服务和保障，努力让人民群众在每一个司法案件中都感受到公平正义，推动社会主义核心价值观落地生根。

四、依法治国和依规治党（重点）

1. **国有国法，党有党规**。依法治国、依法执政，既要求党依据宪法法律治国理政，也要求党依据党内法规管党治党。依规管党治党是依法治国的重要前提和政治保障。正确处理依法治国和依规治党的关系，是中国特色社会主义法治建设的鲜明特色。

2. **坚持依法治国与制度治党、依规治党统筹推进、一体建设**，注重党内法规同国家法律法规的衔接和协调，统筹推进依规治党和依法治国，努力形成国家法律法规和党内法规制度相辅相成、相互促进、相互保障的格局，提升我们党治国理政的效能，提高党的执政能力和领导水平。

续表

> 3. **完善党内法规体系**。党内法规体系是中国特色社会主义法治体系重要组成部分，以党章为根本，以民主集中制为核心，以准则、条例等中央党内法规为主干，由各领域各层级党内法规制度组成的有机统一整体。
>
> 4. **坚持依规治党带动依法治国**。只有坚持依规治党，切实解决党自身存在的突出问题，才能发挥好党领导立法、保证执法、支持司法、带头守法的政治优势。只有坚持依规治党，使各级党组织和全体党员牢固树立法治意识、规则意识、程序意识，才能对科学立法、严格执法、公正司法、全民守法实行科学有效的领导。

判断分析

1.（2018年公法卷第86题-D项）党内法规应严于和高于国家法律。【错误。党纪可以严于国法，但不能高于国法，在法治国家当中，宪法和法律至上】

2. 党的十八大以来，党中央对全面依法治国作出一系列重大决策、提出一系列重大举措，中国特色社会主义法律体系日趋完善，社会主义法治稳步迈向良法善治的新境界。在全面依法治国的进程中，处理好全面依法治国各个方面工作的关系至关重要。对此，下列哪些选项的理解是正确的？（2019年公法卷第63题·多选）

A. 只有在党的领导下依法治国、厉行法治，国家和社会生活法治化才能有序推进【正确】

B. 把法治贯穿于改革全过程，立法主动适应改革需要，积极发挥引导、推动、规范、保障改革的作用【正确】

C. 要坚持依法治国和以德治国相结合，实现法治和德治相辅相成、相得益彰【正确】

D. 依法治国和依规治党是相互统一、相互融合的【正确】

3. 关于坚持依法治国和以德治国相结合，下列选项不正确的是？（2020年公法卷第173题·单选）

A. 法律有效实施有赖于道德支持，道德践行也离不开法律约束【正确】

B. 法治和德治不可分离、不可偏废，国家治理需要法律和道德协同发力【正确】

C. 既重视发挥道德的规范作用，又重视发挥法律的教化作用【错误。道德是教化作用，法律是规范作用】

D. 以法治体现道德理念、强化法律对道德建设的促进作用，以道德滋养法治精神、强化道德对法治文化的支撑作用【正确】

4. 为庆祝中华人民共和国成立70周年，体现依法治国理念和人道主义精神，根据第十三届全国人民代表大会常务委员会第十一次会议的决定，国家主席习近平同志签署了《中华人民共和国主席特赦令》。下列说法正确的是？（2019年公法卷第151题·多选）

A. 本次特赦体现了我国承续中华文明慎刑恤囚、明刑弼教的优良传统，推进法安天下、德润人心的仁政【正确】

B. 本次特赦有利于弘扬全面依法治国理念，形成依宪执政、依宪治国的良好社会氛围，深入推进法治中国建设【正确】

C. 本次特赦有利于贯彻落实宽严相济的刑事政策，充分发挥特赦的感召效应，最大限度地化消极因素为积极因素，促进社会和谐稳定【正确】

D. 有利于展现我国人权司法保障水平，进一步树立我国开放、民主、法治、文明的国际形象【正确】